D1654696

oekom

Dieses Buch wurde klimaneutral hergestellt.
CO_2-Emissionen vermeiden, reduzieren, kompensieren –
nach diesem Grundsatz handelt der oekom verlag.
Unvermeidbare Emissionen kompensiert der Verlag
durch Investitionen in ein Gold-Standard-Projekt.
Mehr Informationen finden Sie unter www.oekom.de.

ClimatePartner °

Bibliografische Information der Deutschen Nationalbibliothek:

Die Deutsche Nationalbibliothek verzeichnet diese Publikation in der Deutschen
Nationalbibliografie; detaillierte bibliografische Daten sind im Internet
unter http://dnb.d-nb.de abrufbar.

© 2011 oekom, München
oekom verlag, Gesellschaft für ökologische Kommunikation mbH,
Waltherstraße 29, 80337 München

Satz + Layout: Václav Hraba
Umschlaggestaltung: oekom verlag
Umschlagabbildung: Wolfgang Müller
Druck: DIP – Digitaler Druck Witten

Der Innenteil dieses Buches wurde auf 100%igem Recyclingpapier gedruckt.

Alle Rechte vorbehalten
ISBN 978-3-86581-279-7

Wolfgang Müller

Draußen ist drinnen

eine Anatomie der Umwelt

Inhalt

Vorwort 9

1. Teil

Der derzeitige Umweltbegriff

Kapitel 1 13
Was lernen die Kinder am See? – Ein Stück Natur – Zigarettenschachteln, Getränkedosen, Plastikflaschen – Vom Kleinen zum Großen – Bildung – Inhalte – Neue Akzente – Umweltbildung, Umweltbewusstsein – Tu was für deine Umwelt – Die Kehrseite

Kapitel 2 37
Was bedeutet Umwelt? – Umwelt in der Fachsprache – Wie viel begreifen wir von Umwelt? – Definieren – Umwelt, ein Objekt – Zementierter Begriff

Kapitel 3 63
Wo bleibt der Zweifel? – Der Wald – Club of Rome 1968 – Vierzig Jahre – Moderne Erbsünde

Zwischenbilanz 89
Kommen wir mit diesem Umweltbegriff gut zu recht?

Fazit 91
Dann muss Umwelt neu gedacht werden

2. Teil

Draußen ist drinnen, Argumente für ein neues Verständnis von Umwelt

Kapitel 4   93

Ein Blick zurück – Ein Museum der Entstehungsgeschichte – Theorien erklären die Welt – Raumfahrt – Ursuppe – Leben aus der Hölle – Die Geburtshelfer – Nur ein Schöpfungsakt?

Kapitel 5   117

Kein Endprodukt – Ordnung und Energie – Alles ist Chemie – Nur Molekül oder schon Individuum? – Bedeutung, Wechselwirkung, Umwelt – Tür und Tor

Kapitel 6   149

Wie wurde die Welt zur Umwelt? – Vom Parameter der Außenwelt zum Umweltfaktor – Ein Nebenprodukt mit großer Wirkung – Bewegung als Motor für die Beziehung zur Umwelt – Wer oder was steuert die Bewegungen?

Kapitel 7   179

Vom Mikrokosmos zum Makrokosmos – Raum und Zeit, Parameter der Umwelt – Vorgefertigte Umwelt – Lernen – Reduktion und das Bild der äußeren Welt

Kapitel 8   199

Von der Reduktion zur Konstruktion – Werte – Passende Wirklichkeiten – Erklärungsversuche

3. Teil

Das neue Verständnis und Wege zu seiner Realisation

Kapitel 9   217
Die weiterführenden Gesichtspunkte – Motivation

Leben   226

Efeu   228

Anhang

Literatur   231

Internetquellen   236

Register   238

Danke   241

Vorwort

Dieses Buch beansprucht eine Sonderstellung innerhalb biologischer Sachbücher. Es will sich nicht in die große Zahl der Bücher einreihen, die ihren Lesern – teils wissenschaftlich ernst, teils plaudernd – einen Überblick über die Vielfalt des Lebens und den Ablauf der Evolution näher bringen wollen. Das hieße nur, Eulen nach Athen zu tragen. All diese Publikationen enthalten eine enorme Fülle an Fakten und stillen mit ihrer erstaunlichen Bandbreite nahezu jeden Wissensdurst.

Trotzdem gähnt darin eine Lücke. Dem Thema Umwelt, wenn überhaupt, wird nur wenig Aufmerksamkeit und Raum gewidmet. Dies könnte bedeuten, dass das Thema Umwelt vernachlässigbar ist, weil hierzu ja doch jedermann hinlängliche Kenntnisse besitzt. Scheinbar wissen alle über Umwelt bescheid und glauben deshalb, keiner weiteren Informationen zu bedürfen. Trifft das aber tatsächlich zu? Der andauernde Raubbau an allen Ressourcen und die daraus resultierenden Folgen für das System Erde strafen die soeben getroffene Behauptung Lügen. Wir leben in einer paradoxen Zeit. Gerade das, was im allgemeinen Bewusstsein am häufigsten unter Umwelt verstanden wird, nämlich die uns umgebende Natur oder das Ökosystem, wird einerseits zwar immer wieder als die Existenzgrundlage des Menschen betont, andererseits aber befindet es sich durch die Aktivitäten des Menschen in einem äußerst kritischen Zustand. Obwohl aus einer tiefen, ernst zu nehmenden Sorge heraus zur Bewahrung der Schöpfung aufgerufen wird, wird diese fortschreitend zerstört. Das passt doch nicht zusammen. Die Motive zur Ausplünderung übertreffen bei weitem diejenigen, die sich am Erhalt orientieren. Die Bewusstseinsinhalte und Denkeinheiten von Umwelt widersprechen offensichtlich nicht zwingend der Schädigung oder Zerstörung. Wo liegen die Ursachen für diese Diskrepanz? Liegt es womöglich an dem, was allgemein unter Umwelt verstanden wird? Zeigt sich hier eine Wissenslücke, die dieses Verständnisdefizit bedingt? Deshalb muss die Frage gestellt und diskutiert werden, ob der herkömmliche Vorstellungs- oder Bedeutungsinhalt genügt, denn er scheint nicht hilfreich zu sein bei der Bewältigung der modernen, so genannten Umweltprobleme, geschweige denn um neuen vorzubeugen.

Zum Thema Umwelt existiert zwar auch eine große Fülle an Wissen, im Gegensatz zum Thema Leben jedoch befindet sie sich ausschließlich in diverser Fachliteratur. Leider hat sich nur ein ganz kleiner Bruchteil davon in dem niedergeschlagen, was allgemein unter Umwelt verstanden wird. Deshalb gehe ich im ersten Teil der Frage nach, warum der Begriff Umwelt mit Mängeln behaftet ist. Sodann zeige ich im zweiten Teil, dass es über den herkömmlichen Begriffsinhalt hinaus noch weitere Aspekte gibt: Solche nämlich, die eine unausweichliche, individuelle Verantwortung mit einbeziehen und die somit helfen, Menschen nachhaltig zu einer persönlichen Bindung zu Umwelt hinzuführen. Die, für dieses Verständnis notwendigen, biologischen Fakten, sind somit nicht Selbstzweck und zentraler Gegenstand der Darstellungen, sondern nur Mittel zum Zweck. Hier soll versucht werden, die Umwelt, den verkannten Teilaspekt des Lebens, umfassender als bisher geschehen zu skizzieren, und all die ignorierten Fakten zu den Darstellungen des Lebens hinzuzufügen.

Hat sich der Physiker und Nobelpreisträger Ernst Schrödinger 1944 noch ausführlich dafür entschuldigt, dass er sich als Physiker für Biologie interessiert und eine Zusammenschau von Tatsachen und Theorien wagt, so erscheint dies heute unerlässlich. In nahezu allen Lebensbereichen entstehen moderne, interdisziplinäre Fachrichtungen wie beispielsweise Bionik, oder Bioinformatik. Ein Buch über Umwelt, das neue Akzente setzen will, muss zwangsläufig ein vielschichtiges, Fächer übergreifendes Unterfangen sein. Die wesentlichen, wichtigen Informationen sind oft komplex und kompliziert und weit verstreut. Es bedarf nicht der Betonung, dass eine Auswahl getroffen werden musste. Wo es um die Darstellung des Verständnisses von Umwelt geht, beschreibe ich die öffentliche Meinung so gut ich sie aus Unterrichtsstunden, aus Seminaren, aus den Medien und aus vielen Einzelgesprächen kenne. Bei der Darstellung von Evolutionsvorgängen beschränke ich mich auf allgemein verständliche Grundvorstellungen, beziehungsweise Grundmuster. Vielleicht werden Sie über manche sehr einfach gehaltenen Erklärungen die Nase rümpfen und sie als allzu reduziert betrachten, dann bitte ich zu bedenken, dass verständliche Erklärungen immer den Mut zu ganz kleinen logischen Denkschritten beinhalten. Zudem sei noch einmal betont, dass das vorliegende Buch keinerlei Anspruch erhebt, ein Buch über Evolution zu sein. Vielmehr lenken die ausgewählten Aspekte der Evolution unsere Aufmerksamkeit auf wenig beachtete Umwelt relevante Tatsachen und führen uns Schritt für Schritt zu neuen Einsichten über das Wesen von Umwelt hin.

Selbstverständlich bin ich mir bei diesem Unterfangen all der Widrigkeiten und meiner eigenen Grenzen bewusst! Ich bin nicht so vermessen zu meinen, ein einzelner Biologe könnte ein neues allgemeingültiges Umweltverständnis einfach kreieren wie eine neue Modekollektion oder eine Umwelt- und Ethikwelle auslösen, vergleichbar der der 80er Jahre. Wohl aber sehe ich es als Aufgabe, aus dem schon vorhandenen umfangreichen Wissen Umwelt relevante Informationen zu sammeln, und die sich daraus ergebende neue Perspektive darzustellen.

Warum jetzt?

In erster Linie liegt es an mir. Meine Inkubationszeit ist abgelaufen. Mich drängt es meine Beobachtungen, all meine über die Jahre hinweg zusammengetragenen Informationen, Gedanken und nicht zuletzt Hoffnungen mitzuteilen. Ein Buch über Umwelt passt in die heutige Zeit des Umbruchs. Es passt in die Zeit der Reformen. Es passt zu Hans Küng's Projekt Weltethos, zur politischen Debatte um die Gründung einer Weltumweltorganisation und der Reform der Weltumweltpolitik zu den Vorstellungen eines Global Marshall Plan und nicht zuletzt zu dem von Hans-Peter Dürr geforderten Paradigmenwechsel.

Als in den achtziger Jahren die Veränderungen an den Bäumen, im Klima, in der Natur um uns herum sichtbar wurden, sprach plötzlich jeder von Umwelt. Die öffentliche Diskussion erfuhr einen rasanten Aufschwung. Die plötzliche Nachfrage nach biologischen Themen löste eine Lawine einschlägiger Veröffentlichungen aus. Die vielen Fragen, die mir persönlich gestellt wurden, wollten beantwortet sein. Das eine ergab das andere. Je intensiver ich mich mit Umweltfragen befasste, desto klarer zeichneten sich die dargelegten Gedanken ab.

Wer primär aus Interesse an der uns umgebenden belebten Natur zu »Draußen ist drinnen, eine Anatomie der Umwelt« gegriffen hat, dem sei an dieser Stelle gesagt: Er wird auf weit mehr und andere Themen stoßen. Vielmehr wird er durch Nachdenken über die Natur zu neuen Inhalten des Begriffes Umwelt geführt.

Auf nahezu allen Ebenen, politisch, wirtschaftlich, gesellschaftlich und global, stehen wir am Anfang des 21. Jahrhunderts vor fundamentalen Erneuerungen oder spüren zumindest die dringende Notwendigkeit dazu. Auch den Begriff Umwelt neu zu denken ist wichtiger denn je!

1. Teil

Der derzeitige Umweltbegriff

Kapitel 1

»Wie kann man eine Geschichte anders erzählen als mit Worten?« Das ist im Prinzip egal, es darf nur nicht beim Erzählen stehen bleiben. Wir erzählen ja nicht um des Erzählens willen, sondern für diejenigen, »die Ohren haben zu hören und den Verstand, alles richtig zu deuten.«

frei nach Arthur W. Upfield

Was lernen die Kinder am See?

Durchs offene Fenster dringt Kinderlärm in die kreative Stille an meinem Schreibtisch. Rufe, Gejohle, fröhliches und aufgeregtes Durcheinander, das klingt ganz nach einer ausschwärmenden Schulklasse. Ein Blick auf die Uhr lässt mich staunen. Um neun Uhr morgens? Heute, am Mittwoch? Eher ungewöhnlich! Ich gehe auf den Balkon und schaue zum See hinunter. Tatsächlich! Jungen und Mädchen im Alter von zehn oder elf Jahren rennen über die Liegewiese und verteilen sich am Ufer. Manche tragen blaue Müllsäcke mit sich. Kinderhände stecken in zu großen Arbeitshandschuhen und zwei Kerle, die Mützen verkehrt herum, schleppen mühsam einen Getränkekasten zur Sitzgruppe am Seeufer.

Alles klar! Projekttag an unserer Schule! Umwelt ist das große Fächer übergreifende Thema: Heute lernen die Kinder praktisch etwas für ihre Umwelt zu tun. Sie sind mit ihrem Lehrer gekommen, um sauber zu machen, um den Müll aufzulesen, der sich rund um den See angesammelt hat. Oder besser ausgedrückt: Der rund um den See achtlos liegengelassen, weggeworfen wurde.

Ein Stück Natur

Unser See! Wir nennen ihn gerne See oder auch Badesee, was ihm seiner geringen Größe wegen sicher schmeichelt. Richtiger wäre die Bezeichnung Rückhaltebecken. Er ist also kein natürlicher See, sondern ein Stausee, gebaut vor siebenunddreißig Jahren. Gespeist wird er von einem kleinen Bach, der noch schön naturbelassen ein Stück weit durch das keilförmig zwischen Schwäbische Alb und Schwarzwald eingeschobene Keuper-Bergland mäandert. Ein paar Kilometer bevor er in den See mündet wird der Bach von einem schmalen Auwald aus Erlen, Weiden, Pappeln und Büschen gesäumt und lädt zu Spaziergängen ein. An geeigneten Stellen genügt ein Schritt und man ist auf der anderen Seite. Nach starken Sommerregen jedoch zeigt er, was in ihm steckt. Ich habe schon oft erlebt, dass er dann sein ganzes Bett ausfüllt und auf geschätzte zehn Meter Breite anschwellen kann. Wen wundert es da, dass er vor dem Bau des Dammes regelmäßig nach heftigen Sommerregen das tiefer gelegene Dorf überschwemmt hatte?

Die Natur rings herum hat den Eingriff, so scheint es, dankbar angenommen. Sie hat mit den Jahren den künstlichen See integriert. Viele Pflanzen und Tiere haben eine neue Heimat gefunden. Grün und blau schillernde Libellen jagen im Sommer über der Wasserfläche nach Beute. Erlen und Weiden säumen das Ufer.

Dort nisten und singen eine Vielzahl von Vögeln. Neuerdings erfreuen uns etwa ein Dutzend Laubfrösche mit ihrem spätabendlichen, lautstarken Konzert.

Unser See ist ein so winziger Ort, dass er nur lokale Bedeutung haben kann, sollte man meinen. Für die Menschen trifft das sicherlich zu – nicht aber für Vögel. Immer wieder beobachte ich Vogelgäste am See. Die spektakulärsten darunter waren vor einigen Jahren im Winter sieben Schellenten aus dem hohen Norden, die hier, im noch nicht zugefrorenen See in Baden-Württemberg, eine Zwischenrast auf ihrer Winterreise einlegten. Im Sommer darauf ertönte Tag und Nacht, stundenlang ein tiefes, lautes Quaken, wiederholt im Abstand weniger Sekunden. »Wer macht hier solch einen Lärm?« wurde ich des Öfteren von Leuten gefragt, die sich gestört fühlten. Einer umher streichenden Zwergdommel hatte für einige Wochen unser See als Quartier gefallen und sie nervte mit ihrem nächtlichen Rufen manchen Anwohner. Sie gehört zu den Reihervögeln, ist ein kleinerer Verwandter der etwas bekannteren Rohrdommel – wegen ihres Rufens im Volksmund Moorochse genannt – und wird in der Roten Liste unter der Rubrik »vom Aussterben bedroht« geführt. Das stundenlange, wiederholte Rufen ist ihr Markenzeichen. Voriges Jahr erschreckte mich und meinen Hund ein Gänsesäger, als er unmittelbar vor uns geräuschvoll mit seiner über einem Meter Spannweite aus dem Gebüsch aufflog und dann rasch über den See strich. Er hatte wie die Schellenten ein ideales Plätzchen zum Ausruhen vor dem Weiterflug gefunden. Alle Begegnungen dieser besonderen Art trage ich in eine Liste ein, die über die Jahre schon recht stattlich angewachsen ist. Nicht nur Vögel, sondern auch besonders viele selten gewordene Insekten finden sich hier. Die Tatsache, dass immer wieder Vogelgäste am See anzutreffen sind, zeigt uns seine weitreichende ökologische Bedeutung. Er ist offensichtlich in ein Biotope verbindendes, unsichtbares ökologisches Netz integriert. Gerade der moderne europaweite Naturschutz bemüht sich intensiv um eine Naturschutzkonzeption, die sich den Aufbau eines Netzes natürlicher und naturnaher Lebensräume zum Ziel gesetzt hat. Nur so können die Vorkommen gefährdeter Tier- und Pflanzenarten als Naturerbe auch für kommende Generationen erhalten werden. Offensichtlich ist zu meiner großen Freude unser See ein Teil eines solchen bereits natürlich entstandenen Verbundes.

Das wissen aber wohl die wenigsten Anwohner. Und wenn es viele wüssten, was dann? Wie vielen würde es wirklich etwas bedeuten? Die meisten sehen eben in dem See entweder ihren Badesee, oder das Ziel von Spaziergängen mit dem Hund, oder einen geeigneten Ort für das DLRG – Sommerfest oder das Anglerparadies. Auch recht so, denn die Westseite gehört den Menschen zur

Erholung. Hier werden eine Liegewiese und der Strand für Badegäste von der Gemeinde gepflegt. Immer wieder erstaunt es mich, wie sich noch zwischen den letzten Häusern am Ortsrand ein so reichhaltiges Ökosystem hat entwickeln können, obwohl der See vielen Anforderungen gerecht werden muss:

Er muss als Rückhaltebecken funktionieren und den Ort vor Überschwemmungen bewahren – zu diesem Zweck allein wurde er gebaut. Somit ist er Eigentum der Gemeinde, die auch die Pflegemaßnahmen durchführen und finanzieren muss. Er dient dem Fischereiverein des Ortes als gepachtetes Fischgewässer. Er ist das ganze Jahr über Naherholungsgebiet. In den Sommermonaten dient er als Badesee und im Winter, bei entsprechenden Temperaturen, als Eislauffläche.

Wir Menschen dürfen ihn benützen, müssen ihn pflegen. In Wirklichkeit aber gehört er all den Lebewesen, den Pflanzen und Tieren, die sein Ökosystem, seine Schönheit ausmachen. Solche Eigner sind auch all die Kröten und Frösche, denen im Frühjahr zur Laichzeit gute Menschen mit Krötenzaun und Sammeleimer über die Straße helfen, an der ihnen jetzt sogar neue Krötentunnel zur kreuzungsfreien Unterquerung zur Verfügung stehen. Ihnen und all den anderen Lebewesen bedeutet der See mehr als den Menschen. Er bedeutet ihnen Leben!

Der See ist ein treffendes Beispiel dafür, dass sich die oft diametralen Interessen von Mensch und Natur gut vereinen lassen. Kurz um, hier ist ein Stück Natur, wie es vielerorts vorkommt und wie es jedermann kennt. Ein Naherholungsgebiet also, das überall sein könnte; nichts Spektakuläres, aber schön und erholsam.

Zigarettenschachteln, Getränkedosen, Plastikflaschen

Auch wir haben mit dem modernen Problem zu kämpfen, welches in der Diskussion um das Dosenpfand »die Vermüllung der Landschaft« genannt wurde. Welch hässliches Wort für die noch hässlichere Erscheinung! Obwohl an unserer Liegewiese eine Mülltonne bereitsteht, werfen manche Menschen ihre Abfälle ins Gebüsch oder lassen sie einfach liegen. Wo die Decke mancher Badegäste – Betonung liegt auf mancher – lag, bleibt nach Verlassen des Platzes ein sauberer, rechteckiger Fleck niedergedrückten Grases zurück, eingerahmt von Zigarettenschachteln, Papierschnipseln, Kippen, leeren Streichholzbriefchen, Chiptüten, Alufolie und von vielem anderem mehr. An manchen Tagen und in mancher Badesaison nimmt der Müll augenfällig zu, je nachdem, wer den See für sich entdeckt hat. Der Virus ist hochgradig ansteckend. Sie lassen ihren Müll halt achtlos liegen, so dass die Gemeinde zusätzlich während der Badesaison vor und nach jedem Wochenende das Terrain säubern muss. Auch außerhalb der Badesaison bleibt noch schändlich viel Müll liegen.

Ob Kinderhände ein geeignetes Mittel dagegen sind, darf bezweifelt werden. Nach mir die Schulklasse, das kann's nicht sein! So wie die Arbeitshandschuhe den Kindern zu groß sind, so ist das ganze Thema für sie zu groß. Dennoch ist es das Recht der Jugend, aus der »Seeputzete«, dem Schüler gerechten Teilaspekt des großen Themas, ein fröhliches Fest zu machen. Ich schaue ihnen noch eine Weile zu und sinniere darüber nach: Das ist kein schlechter Ansatz, den Unterricht zum Lokaltermin werden zu lassen und die strenge Sitzordnung durch Bewegung zu ersetzen. Hier herrscht Goldgräberstimmung. Ein Wettbewerb wie beim Ostereiersuchen ist im vollen Gange. Dosen, Flaschen, Plastikabfälle, Tüten usw. leuchten in allen Farben aus dem Gebüsch. Für kurze Zeit fallen die Kinder in die urzeitliche Sammlerphase zurück und genießen das Glück des Findens. Hat jemand etwas Spektakuläres, wird es lautstark bejubelt und Anerkennung heischend herumgezeigt. Wer am meisten Unrat gesammelt hat, ist Sieger. Davon profitiert ganz sicher die Gründlichkeit, mit der die Kinder sauber machen. So lernen die Mädchen und Jungs schon bei Zeiten, dass man für seine Umwelt etwas tun kann.

Also Leute, vielen Dank! Eure schweinische Hinterlassenschaft wird pädagogisch wertvoll!

Dürfen wir Kinder dazu missbrauchen, den Unrat gedankenloser Wegwerfer aufzuräumen, nur damit sie lernen, dass man etwas für die Umwelt tun kann? Vielleicht werden Sie, liebe Leserin und lieber Leser, sofort empört einwenden: so könne man das doch nicht sehen! Der pädagogische Wert, etwas Gutes für die Umwelt zu tun und den Umweltbegriff beizeiten aufzunehmen, wiege diese Kehrseite der Medaille auf. Leider kann ich mich des Eindrucks nicht erwehren, dass häufig dann so argumentiert wird, wenn man die Vorteile sehen und genießen will und die Nachteile unter den Teppich kehren möchte. Der negative Aspekt des Ganzen bleibt: Vergessen wir bitte dabei nicht, dass nämlich die einen Energie und Zeit aufwenden, um den anderen, den Nachlässigen, den Gedankenlosen, den Dreck wegzuräumen. Derlei Guttaten wären gar nicht notwendig, wenn sich der »Umweltgedanke« in den Köpfen der Leute verankern ließe!

Der Projekttag ist eine herrliche Sache: Raus aus den Klassenzimmern war schon eh und je eine willkommene Abwechslung und dazu hin für ein Fest gut. Egal warum! Da spielt der Anlass eine untergeordnete Rolle. Hauptsache, man kann dem Schulalltagstrott entfliehen. Die Kinder haben ihren Beitrag zum

Thema: »Haltet die Umwelt sauber« geleistet. Jetzt sind sie fertig und über den vielen aufregenden Dingen im Leben sind die Ausführungen des Lehrers schnell vergessen.

Es mag ja sein, dass solche Kinderaktionen nicht überall praktiziert werden. Die Kinder am See sind ein Teil meines persönlichen Erlebens, kommen aus meiner näheren Umgebung. Ich erzähle dieses Beispiel, so wie ich es erlebt habe und wie es sich mir eingeprägt hat. Sie, liebe Leserin und lieber Leser, kennen aus ihrer eigenen Erfahrung und Umgebung ähnliche Geschichten und Berichte, die alle um das Thema Umwelt kreisen.

Seit einigen Jahren jedoch werden solche Projekttage gar nicht mehr durchgeführt. Als Gründe schiebt man Lehrermangel, Geldmangel, und die Schulorganisation mit dem umfangreichen Lehrplan und der Zeiteinteilung vor.

Ich habe mich trotzdem entschlossen, diese Geschichte an den Anfang zu stellen, weil sie aus mehreren Gründen wichtig ist:

Zum einen hat das, so wie beschrieben, tatsächlich stattgefunden.

Zum anderen war Müll in den 70er und 80er Jahren einer der wesentlichen Aufhänger für die grüne Ökobewegung. Vielerorts quollen die Mülldeponien über, und der Ruf nach neuen brachte vielschichtige Probleme mit sich: Neue Deponien mussten den modernen Anforderungen genügen. Der Untergrund musste aufwändig abgedichtet werden, denn Sickerwasser durfte nicht mehr in das Grundwasser gelangen, sondern musste in die Kläranlagen geleitet werden. Deponiegas durfte auch nicht mehr einfach in die Luft entweichen, sondern man benötigte Gassammelbrunnen, mit nachgeschalteten, leistungsstarken Motoren zur Stromgewinnung. Alles in allem eine kostspielige Angelegenheit. Wollten Städte und Kommunen neue Gebiete als Deponien ausweisen, so wurde mancherorts heftig gegen den verschwenderischen Landschaftsverbrauch gekämpft.

Fazit: Müllvermeidung war das Gebot der Stunde.

Das Müllsammeln, die Mülltrennung und das Müllvermeiden eignen sich als Zugangsbezug zum Thema Umwelt im Sachunterricht auch heute noch, weil sie Schlüsselprobleme aus der Lebenswelt der Kinder darstellen, die sie direkt betreffen. Schon von klein an sind wir Müllproduzenten. Auch sehen viele Lehrer darin einen methodischen Ansatz: Müllsammelaktionen bieten konkrete Handlungsmöglichkeiten und direkte, sichtbare Erfolgserlebnisse für die Kinder.

Wer sich mit Müll beschäftigt und darüber nachdenkt, muss sich mit wirtschaftlichen Aspekten und biologischen Tatsachen ebenso auseinandersetzen, wie mit seiner persönlichen Einstellung.

Vom Kleinen zum Großen

Für jeden einzelnen ist Müll ein kleines überschaubares Problem; ein privates, ein persönliches. Für die Gemeinschaft jedoch ein großes. Die Verschandelung der Landschaft, das achtlose Liegenlassen oder Wegwerfen von Müll ist nur ein kleiner Teilaspekt. Es ist nur der Einstieg in die Umweltprobleme. Ich habe bewusst auf spektakuläre Beispiele verzichtet und das lokale Beispiel vor der Haustüre gewählt, denn Vergleichbares gibt es überall. All die vielen kleinen Beispiele zusammengenommen sind auch flächendeckend. Hier ist nicht der Ort, um eine Zusammenfassung aller Umweltschäden und −zerstörungen aufzulisten. Ein »Sündenregister« fiele auch an verschiedenen Orten der Erde völlig unterschiedlich aus.

Ganz klar: Man benötigt keine Beispiele aus der Ferne, um dem Umweltbewusstsein Schub zu geben. Überall auf der Welt, wirklich überall, könnte jeder in seinem Lebenskreis motiviert und tätig werden. Ich höre schon, wie die vielen Naturschützer, Tierfreunde, grünen Politiker, Landwirte, Forstbeamte und alle engagierten Leser hier sofort aufstöhnen und lautstark protestieren: »Wir tun es doch!«. Aus ihrer Sicht mit Recht! Sie, liebe Leserin und lieber Leser, meine ich doch gar nicht. Menschen wie Sie, die dagegen anarbeiten, tragen zur Entschärfung der Situation bei. Wie viel Sie in der Vergangenheit tun konnten, und in der Zukunft werden tun können, lässt sich schwer beurteilen, denn Sie befinden sich leider in der Minderheit. Sie, die Vernünftigen zur Mehrheit zu machen und die Kenntnisse derer zu erweitern, die die Natur achten, sollte das erklärte Ziel sein. Aber zwischen den Umweltschützern und ihren Zielen steht die physische Präsens eines zahlen- und namenlosen Kontingents von (nicht allen) Wirtschaftlern, Wissenschaftlern, Politikern, Entscheidungsträgern und Hörigen, die aus Angst, sie könnten durch Naturschutz etwas verlieren, großen Schaden verursachen. Diese meine ich! (frei nach Miller)

Warum hat schulische Umwelterziehung so wenige Resultate? Warum klemmt bei so vielen Menschen die sprichwörtliche »Umweltschublade«? Wegwerfflaschen sind doch Flaschen, die man wegwirft, oder? Falsch! Richtig: Wegwerfflaschen, sind Flaschen, die Flaschen wegwerfen.

Einweg-Getränke-Verpackungen im wahrsten Sinne des Wortes, sie gehen den einen Weg! Bis zum See! Ob das Pflichtpfand hilft, das Zumüllen der Landschaft mit Verpackungen zu verhindern, darf stark bezweifelt werden. Die Augsburger Allgemeine Zeitung titelte: »Saubere Landschaft ohne Dosenpfand«. Der Umweltminister Bayerns forderte im zugehörigen Artikel, die Wirtschaft solle 400 Millionen Euro im Jahr für Pro-Mehrweg-Initiativen und für Aktionen zur Säuberung der

Landschaft von Müll bereitstellen. Zugleich forderte er die gesetzliche Verankerung einer Mindestmenge, die von der Wirtschaft in ökologisch vorteilhaften Getränkeverpackungen abgefüllt werden müsse. Ist das der richtige Weg? Im Gegenzug sollte vorläufig auf die Einführung eines Pflichtpfandes verzichtet werden.

Damit wurde Folgendes angesprochen:
- Das unsägliche Problem der Mindestmengen oder Grenzwerte. Das bedeutet hier doch nur: Jenseits der Mindestmenge darf die Wirtschaft ökologisch unvorteilhafte Verpackungen behalten!
- Es wird zugegeben, dass ein Großteil des Mülls in der Landschaft auf Getränkeverpackungen entfällt.
- Es würden den Unverbesserlichen für das Wegräumen ihres Drecks auch noch Mittel in Aussicht gestellt.
- Die Größenordnung des Problems. 400 Millionen sind nicht gerade wenig.
- Müll in der Landschaft ist ein allgegenwärtiges Problem.

So kommen wir vom Kleinen zum Großen.

Bildung

Wenn es um Bildung geht, schauen wir immer zuerst nach der Schule, denn die Schulen verwirklichen den, im Grundgesetz der Bundesrepublik Deutschland und in den Verfassungen der Bundesländer, verankerten Bildungsauftrag. Müll ist nur eines der Probleme. Es geht doch um viel mehr! Es geht generell um unser Verständnis von Umwelt. Die Frage, wie es darum bestellt sei, führt uns direkt zur Frage nach der Umweltbildung. Letztere ist als Ausgangsbasis immens wichtig. Das Thema Müll lenkt also die Aufmerksamkeit von unserem Umwelthandeln über unser Umweltbewusstsein, hin zu unserer Umweltbildung! Das alles ist ein untrennbarer Komplex von Zusammengehörigkeiten und Abhängigkeiten.

Sollten Wissen und Kenntnisse aus der Schulzeit, verbunden mit Gefühl und Gespür für Natur und Lebendiges, nicht ohne Schwierigkeiten aktiviert werden können für aktuelle Fragen der Umweltproblematik? Wächst nicht aus Kenntnis Verständnis? Seit dem Beschluss der Kultusministerkonferenz zur Umwelterziehung 1980 gab es zahlreiche und intensive Umweltpädagogische Bemühungen. Unbeachtet von der breiten Öffentlichkeit diskutieren Fachkreise die Zielsetzungen und Methoden der Felder Umweltpädagogik, Umwelterziehung und Umweltbildung. Dies geschieht unter dem Druck der Probleme, die wir mit den Auswirkungen unseres Tuns auf die belebte und unbelebte Natur haben. Wäre da nicht die Rückwirkung auf die eigene Existenz, wären wir höchstwahrscheinlich nicht dazu motiviert.

Einer langen Tradition folgend wird an Schulen Biologieunterricht erteilt. Sicher war immer wieder handfester Bedarf dafür vorhanden – halfen doch gewisse Biologiekenntnisse mit, die Ernährungsgrundlage zu sichern oder aufzubessern. Schulgärten des vorigen Jahrhunderts sprechen hier eine deutliche Sprache für sich. Schon damals verlangte das Thema dem Lehrer modern anmutende Unterrichtsmethoden ab: Praxisorientierter Wissenserwerb oder learning by doing. Vielleicht war die Notwendigkeit der beste Anlass für den praktischen Biologieunterricht. Nachdem er in dieser Form nicht mehr notwendig war, verlor er an Bedeutung. Gefragt waren dann Sprachen und Mathematik. Naturwissenschaftliche Fächer verkamen zu Nebenfächern, wurden zu »Lernfächern« degradiert. Rektor an weiterführenden Schulen wurden praktisch nur Philologen. Diese Haltung dauerte bis Ende der 60er Jahre. Sie wurde von der Umweltwelle der 70er und 80er Jahre abgelöst. Heute ist das sicher wieder anders.

Inhalte

Im Bildungsplan für Grundschulen in Baden-Württemberg, gültig von 1994 bis 2004, heißt es in der Einleitung unter der Überschrift »Erziehungs- und Bildungsauftrag« mit Bezug auf Verkehr und Umwelt:
- *»Orientierung an der Lebenswirklichkeit der Kinder verlangt nach konkreten Bezügen. Der Heimat- und Sachunterricht kann deshalb nicht auf Medien und Klassenzimmer beschränkt bleiben. Lernen vor Ort ermöglicht unmittelbare Beziehungen.*
- *Entdeckendes Lernen betont die Bedeutung des Lernenden. Den individuellen Interessen, Sichtweisen und Verstehensformen wird Raum gegeben. Eine anregungsreiche Lernumgebung und Lernhilfen sind notwendig.*
- *In lehrgangsorientierten Arbeitsformen erwerben die Kinder die Fähigkeit, Ausschnitte ihrer Lebenswirklichkeit, Naturphänomene oder technische Geräte kennen zu lernen und zu verstehen.*
- *Viele Inhalte des Heimat- und Sachunterrichts sind in besonderem Maße geeignet, in projektorientierten Lernformen bearbeitet zu werden. Die Verknüpfung mit anderen Lernbereichen trägt dazu bei, dass die Lebenswirklichkeit in ihrer Vielfältigkeit sichtbar wird.«*

Im Bildungsplan für Hauptschulen, ebenfalls gültig von 1994 bis 2004 in Baden Württemberg, heißt es:

»Neben der Sicherung grundlegender Schulleistungen und der Förderung der persönlichen Entfaltung, wird besonderer Wert auf die Stärkung ganzheitlicher Bildung und Erziehung gelegt. Dieser ganzheitliche, auf die Persönlichkeit der Schülerinnen und Schüler ausgerichtete Erziehungs- und Bildungsauftrag der Schule erfordert das bewusste Zusammenwirken der Fächer; er wird durch die Integration von Themen mit besonderer gesellschaftlicher und erzieherischer Relevanz ausdrücklich betont. Hierher gehören vor allem Themen wie:
- *Das wiedervereinigte Deutschland, der europäische Einigungsprozess und die Friedenssicherung,*
- *Die Begegnung mit der eigenen und mit anderen Kulturen ...*
- *Die Entwicklung und die Veränderung der Geschlechterrollen in unserer Gesellschaft ...*
- *Das Verhältnis der Generationen zueinander ...*
- *Die Bereitschaft zur Übernahme von Verantwortung ...*
- *Die Fähigkeit zum Umgang mit Freizeit ...*
- *Umwelterziehung ...*
- *Gesundheitserziehung und Suchtprävention*
- *Verkehrserziehung«*

Halten wir fest: Umwelterziehung wird ausdrücklich erwähnt und ist einen eigenständigen Gliederungspunkt wert; sie wird jedoch nicht absolut eigenständig gesehen, da auf ein ausgewogenes Verhältnis zwischen Ökologie und Ökonomie zu achten sei, heißt es weiter.

Neue Akzente

Seit 2004 ist in Baden-Württemberg ein neuer Bildungsplan für alle Schulen verbindlich, der andere, neue Akzente setzt.

Ganz allgemein gesehen sind Naturwissenschaften eine wesentliche Grundlage unseres Weltbildes. Somit betrachten wir sie auch als einen selbstverständlichen Teil unserer Kultur. Damit sind sie auch zwangsläufig Bestandteil des allgemein bildenden Schulunterrichts. Woraus wiederum folgt, naturwissenschaftliche Inhalte sind Bestandteile von Bildungsstandards, welche allgemeine Bildungsziele

aufgreifen und Kompetenzen benennen. Im Bildungsplan 2004 für Grundschulen im Baden Württemberg heißt es deshalb:
»*Die moderne Gesellschaft unterliegt einem raschen technologischen, sozialen und kulturellen Wandel, der das Leben der Menschen beeinflusst. Eine naturwissenschaftliche und technische Bildung ist daher für die Lebensbewältigung in unserer Gesellschaft unerlässlich. Es ist Aufgabe des Unterrichts im Fächerverbund Materie – Natur – Technik, den Schülern eine grundlegende naturwissenschaftliche und technische Bildung zu ermöglichen, die sich am aktuellen Stand von Wissenschaft und Technik und deren Zukunftsfähigkeit orientiert. Sie vermittelt ein Verständnis grundlegender Zusammenhänge und leitet zu reflektiertem Handeln an.*«

Kein Wort mehr von Umwelt! Hieß es 1994 noch: »*Die Lehrpläne greifen Bewährtes auf und sind inhaltlich und methodisch an die Erfordernisse von Gegenwart und Zukunft angepasst*«, so muss man ernsthaft fragen, ob ab 2004 Umweltbildung nicht mehr zu den Erfordernissen der Gegenwart und Zukunft gehört? Natur wird jetzt nur noch im Zusammenhang mit Naturwissenschaften gesehen und eine naturwissenschaftliche Bildung steht in engem Verbund mit der technischen Bildung. Schon stellt sich die zentrale Frage: Will man eine ausdrückliche Umweltbildung nicht mehr vermitteln? Zunächst betrifft diese Frage nur Baden-Württemberg. Ich bin jedoch davon überzeugt, dass die neue Verlagerung der Schwerpunkte nicht auf ein einziges Bundesland beschränkt bleibt, sondern als Ausdruck des wieder allgemein schwindenden Umweltbewusstseins gewertet werden muss. Bleibt die Frage: Wozu wollen wir die Kinder anleiten in Bezug auf Umwelt? Was sollen die Kinder im späteren Leben können?

Alle Kinder sollten erfahren, was Umwelt bedeutet. Weil Wissen brachliegt, wenn nicht gehandelt wird, war es vernünftig, die Kinder genau zu dem anzuleiten, wofür der Projekttag gedacht war: Alle lernen durch Erleben, dass man etwas aktiv für die Umwelt tun kann und, dass dies überaus wichtig ist. »*Durch die Verbindung schulischen Lernens mit dem eigenen Handeln wird das Lernen persönlich bedeutsam und damit nachhaltig,*« lesen wir auch im Leitgedanken zum Kompetenzerwerb des Bildungsplans 2004 für Grundschulen im Baden Württemberg. Mit dem Erwerb von Wissen, Können und Verstehen sowie dem Aufbau von Einstellungen und Haltungen legt der Unterricht die wesentlichen Grundlagen für die Handlungskompetenz der Schülerinnen und Schüler. Dies scheint für alle Fächer und Fächerkombinationen Gültigkeit zu besitzen, nur nicht mehr für Fragen der Umwelterziehung. Dabei wären doch Kinder mit

Verständnis und Bewusstsein für die Umwelt, und mit Kenntnissen über die belebte Natur ein wertvolles Kapital für die Zukunft. Nur aus Kenntnis wächst Verständnis.

Umweltbildung – Umweltbewusstsein

Was ist nun die Aufgabe von Umweltbildung?

Sie soll bei Kindern die Bereitschaft für den verantwortlichen Umgang mit der Umwelt fördern. Schaub und Zenke beschreiben 1995 Umwelterziehung als »*eine besondere Aufgabe (...), die bei jungen Menschen ein Bewusstsein für Umweltfragen erzeugen, die Bereitschaft zu verantwortlichem Umgang mit der Umwelt fördern und zu einem umweltbewussten Verhalten anleiten soll, das über die Schulzeit hinaus wirksam bleibe*«. Umweltbildung verstehen wir also im Sinne einer Bildung für eine nachhaltige Entwicklung. So stellt sich sofort die Frage: Werden die, im jüngsten Bildungsplan Baden-Württembergs dargelegten Ziele und Inhalte dieser Forderung gerecht und können sie methodisch effizient übermittelt werden? Kann der Lehrer Anspruch und Wirklichkeit wegen der vielfältigen Fachperspektiven, die Umweltbildung integriert, als Praktiker einschätzen und weitergeben?

Nach einer Studie von Godemann, Michelsen, Stoltenberg – »Lehrerinnen – Umwelt – Bildungsprozesse (...)« »*haben sich mehr als die Hälfte der befragten Lehramtsanwärter weder in ihrem Studium noch darüber hinaus mit Umweltfragen auseinandergesetzt, ja, nicht einmal Interesse daran entwickelt. Umweltfragen scheinen im professionellen Verständnis als Lehrkraft nicht präsent zu sein. Das ist angesichts der Bedeutung, die selbst in traditionellen Unterrichtskonzepten der Umweltbildung zugemessen wird, eine erschreckende Bilanz. Nimmt man den seit Anfang der 90er Jahre zunehmend formulierten Anspruch hinzu, dass Schule Kinder befähigen soll, sich an der Gestaltung einer zukunftsfähigen Welt gerade auch unter ökologischer Perspektive zu beteiligen, ist dieses Bild von Lehrerprofessionalität ein Armutszeugnis. Wem dieses ausgestellt werden muss, ist sicher nicht eindeutig: Defizite hinsichtlich der Verankerung von derart zukunftsrelevanten Fragen in offiziellen Lehrplänen und Studienplänen sowie hinsichtlich der breiten Thematisierung dieser Bildungserfordernisse sind sicher auch den Universitäten und der Bildungspolitik zuzurechnen – genauer, den dafür Verantwortlichen.*«

Mit der Aufgabe, Umweltbewusstsein zu schaffen, ist die Pädagogik allein heillos überfordert. Umwelterziehung stellt nur einen minimalen Bestandteil am Gesamtunterricht dar. Zu Verhaltensänderungen kann sie nur dann einen wirksamen Beitrag leisten, wenn auch andere Instanzen das Ihre hinzutun, d.h. in erster Linie die Eltern, alle privaten Umweltorganisationen und ganz besonders die Medien. Das fehlende Vorbildverhalten der Erwachsenen innerhalb der Gesellschaft ist äußerst problematisch, weil es im krassen Gegensatz zu den in der Schule gestellten Ansprüchen steht.

Umweltbewusstsein beinhaltet zwei Prozesse: Erstens, das allgemeine Wachsein im Sinne von Vigilanz, also die Aktivierung des Gehirns überhaupt bei Umweltrelevantem. Aus neurobiologischer Sicht bedarf es zweitens einer zusätzlichen selektiven Aufmerksamkeit, um bevorzugt die behandelte Information zu verarbeiten. Eltern und Lehrer sollten das Hervorrufen dieser so wichtigen Aufmerksamkeit für Umweltthemen nicht den Werbestrategen überlassen! Denn, worauf reduzieren wir Umwelt, wenn wir für unseren Einkauf an Stelle einer Plastiktüte einen Stoffbeutel benützen, weil der Slogan darauf heißt: »Tu was für Deine Umwelt«?

Erkenntnisreiche, wichtige Neuigkeiten werden im Gehirn schnell und dauerhaft abgespeichert. Darüber wird wohl kaum Zweifel bestehen. Diese Behauptung enthält jedoch Stolperfallen, weil sie ungenau, einfach schnell dahingesagt ist. Wichtige Neuigkeiten? Was ist wichtig? Wichtig für wen? Das ist der entscheidende Knackpunkt. Was für den Lehrer auf Grund des Lehrplans wichtig ist und was für das Schülerhirn wichtig ist, muss nicht immer übereinstimmen. Man ist versucht zu fragen: »Wann stimmen diese beiden je überein?« Mit anderen Worten, die zu vermittelnden Inhalte sind für den ›Sender‹, den Lehrer wichtig. Ob dies für den ›Empfänger‹, das Schülerhirn, auch so wichtig ist, hängt weder vom Lehrer noch vom Inhalt ab. Für das Gehirn allein erscheint wichtig, was im Gehirn eine Tiefenwirkung erzielt! Geschichten treiben uns um, nicht Fakten, schreibt der Diplompsychologe, promovierte Philosoph und Professor für Psychiatrie Manfred Spitzer in seinem Buch »Lernen«.

So erklärt es sich, dass bei den Kindern ein im Bach gefundenes kaputtes Fahrrad viel dauerhafter in Erinnerung bleibt als irgendwelche Ausführungen des Lehrers. Warum wohl? Das Fahrrad löst sofort Assoziationen zum eigenen Fahrrad und zu seinem Gebrauch aus. Es ist in eigene Aktionen eingebaut: Es wird herumgezeigt. Alle fünf Sinne sind involviert! Die Kinder kommentieren den Zustand: Die Reifen platt, alles total verrostet und verdreckt, der Sattel hat Schimmel angesetzt und stinkt. Beim Versuch es zu schieben, quietscht es erbärmlich, weil ein Rad blockiert. Nur wenige fassen es überhaupt an. Den Mädchen ekelt es, oder sie tun wenigstens so. Hinzu kommt die Anerkennung und Bewunderung über den Fund einerseits und die mutige, anstrengende Bergung andererseits. Schlussendlich sorgt es noch für weiteren Gesprächsstoff und fordert eine neue Problemlösung: Es lässt sich ja schlecht im blauen Müllbeutel entsorgen. Wenn dieser Fund in den Köpfen der Kinder nicht alle Register zieht, sprich eine Tiefenwirkung mit dauerhafter Erinnerung erzeugt, was dann? Dagegen wirken die Techniken der Wissensvermittlung und die Ausführungen des Lehrers über Umwelt – er möge mir verzeihen – blass. Erstens sind die Kinder an ihn gewöhnt – bietet er wirklich etwas aufregendes Neues? Zweitens steht das, was die Kinder von ihm hören, meist im krassen Gegensatz zu ihren außerschulischen Erfahrungen. Das ist nun einmal so, weil sie ja nicht nur in der Schule lernen! Ganz im Gegenteil. Sie lernen zwar Rechnen, Lesen, Schreiben, Englisch, usw. auf der Schulbank. Sie lernen aber auch nachmittags in der Freizeit oder abends auf dem Sofa vor dem Fernseher. Lernen ist die Lieblingsbeschäftigung des Gehirns (Spitzer). Sie lernen die Namen und Geschichten der Gummibären, der Maus und all der anderen Figuren. Auf dem Spielplatz lernen sie Sozialverhalten, Durchsetzungsvermögen und Orientierung. Sie lernen die Welt und ihre Tücken kennen. Die Erwachsenen lernen auch im Beruf und in der Werkskantine – hier vor allem. Sei es bewusst oder nur so nebenbei, jeder lernt immer und überall! Das Gehirn hat nie Freizeit. Man lernt viel mehr aus den Lebensumständen als aus dem Unterricht. *»Unsere Gehirne sind äußerst effektive Informationsstaubsauger, die gar nicht anders können als alles Wichtige um uns herum in sich aufzunehmen und auf effektive Weise zu verarbeiten«*, um noch einmal Manfred Spitzer zu zitieren,

Nach zwanzig Jahren oder noch später werden sie sich dann erinnern: »Weißt du noch? Mensch, was haben wir alles aus dem Gebüsch und aus dem Bach gezogen: Einen alten Autoreifen, ja sogar ein altes Fahrrad, weißt du noch?«

Diese Geschichte mit dem Fahrrad und die Erinnerung daran, liebe Leserin, lieber Leser, habe ich nicht frei erfunden, weil sie gut in den Zusammenhang passt, die Sachverhalte verdeutlicht und so schön zeigt, was hängen bleibt. Nein! Ich habe nur meine Söhne zitiert, die hier aufgewachsen, und in die Schule gegangen sind und auch an solchen Projekttagen teilgenommen haben.

Umweltschutzbemühungen werden nur dann Erfolg haben, wenn *»Menschen wieder lernen, im engen Kontakt mit der Natur zu leben.«* (Spitzer). Kleine Kinder erfahren Umwelt zunächst als undifferenziertes Phänomen, in das sie hineinwachsen. Durch Erleben einzelner Aspekte lernen sie dann Schritt für Schritt zugehörige Inhalte und Wertungen. Sie lernen dabei jedoch längst nicht alles, sondern, wie wir oben erfahren haben, nur das, was ihre Aufmerksamkeit hervorruft – aus welchem Grund auch immer. Jeder nimmt, ob Kind oder Erwachsener, generell nur einen kleinen Bruchteil der vielen Reize wahr, denen er ständig ausgesetzt ist und ignoriert den Rest. Alle kennen das Phänomen, dass Teile der Umgebung einfach nicht wahrgenommen werden. Sie treffen beispielsweise einen Bekannten, begrüßen Ihn, unterhalten sich eine Weile mit ihm und jeder geht danach seiner Wege. Später, nach der Bekleidung Ihres Bekannten befragt, können Sie nicht mit Sicherheit sagen, ob er eine blaue Jacke oder eine grüne trug, oder dergleichen. Wie kommt es dazu? *»Der Grund dafür liegt darin, dass wir – entgegen unserem subjektiven Empfinden – absolut keine Erinnerung für Teile einer Szenerie aufbauen, auf die wir nicht unsere Aufmerksamkeit richten«* lesen wir hierzu im Lehrbuch der Biopsychologie.

In nahezu allen Lebensbereichen erfahren wir von Umwelt: Im Kindergarten, in Spielen, in Schul- und anderen Büchern, bei Projekttagen, aus Zeitschriften, im Fernsehen, in Berichten über Umweltschützeraktivitäten von Greenpeace, von Atomgegnern, von Zivis im Umweltschutz, vom Müllsammeln an der Straße durch orange gekleidete Männer der Straßenmeisterei, und, und, und. All diejenigen, die sich über Umwelt äußern, stützen sich auf die allgemeingültigen Annahmen, und sie geben die vorherrschende Meinung so undifferenziert weiter, wie sie sie übernommen haben.

Wie viel Aufmerksamkeit schenken wir der Umwelt? Wie oft und mit welchen Mitteln machen wir auf die Umwelt aufmerksam? Welches Vorbild geben wir jungen Menschen mit unserem Umweltverständnis? Welche Grenzen setzten wir ihnen?

Was lernt ein Kind, wenn es täglich – selbst kurze Strecken – mit dem Auto in den Kindergarten, später in die Schule, den Musikverein usw. gefahren und auch wieder abgeholt wird? Die meisten Mütter fungieren als ein frequentiertes Transportunternehmen. Im April 2008 erfahren zu diesem Thema die Leser einer kleinen Süddeutschen Zeitung, dass Schulkinder, die zu Fuß in die Schule gehen »schon morgens super drauf sind«. Die morgendliche Bewegung bringt Luft in ihre Lungen. Mit Sauerstoff lässt sich besser aufpassen. Und ein schöner Nebeneffekt sei es, wenn man sich nicht mit dem »Elterntaxi« direkt vor der Schule absetzen lässt, sondern unterwegs die Natur beobachten kann.

Was lernt ein Kind über Umwelt, wenn es Pestizide versprühende Traktoren erlebt, oder zu Hause die Anwendung von Insektensprays und dergleichen gewohnt ist?

Welches Verhalten lernt ein Kind, wenn es beim Anblick eines Käfers angewiesen wird: »Tritt drauf!«

Was lernt ein Kind über Tiere, wenn man ihm, entsetzt und begleitet von lautem pfui, den Regenwurm aus der Hand schlägt?

Und was lernt ein Kind über Tiere, wenn seine Mutter schon beim Anblick einer Spinne oder einer Maus hysterisch kreischt?

Was lernt es über Umwelt, wenn saubere Kleidung wichtiger ist als das Erlebnis, auf einen Baum zu klettern oder durch Pfützen zu waten?

Was lernt ein Kind über Umwelt, wenn im Wald Räuber, böse Geister und Gespenster hausen?

Setzen Sie die Reihe der Fragen bitte nach Ihren Erfahrungen beliebig fort!

»Aus der Fülle von Sinnesdaten wird eine, alle Einzelheiten integrierende Folgerung gezogen« stellt Konrad Lorenz über die Fähigkeit der Gestaltwahrnehmung fest. Welche Sinnesdaten geben wir in Bezug auf Umwelt ein? Oder böse formuliert: »Werden uns eingegeben?« Es scheint ein Zeitzeichen unserer Kultur zu sein, dass sich Medienbilder viel eher mit negativen Erscheinungen und Ausdrucksformen verbunden, verkaufen lassen: Umweltverschmutzung, Umweltbelastung, Umweltkatastrophe, Umweltzerstörung, Umweltschäden, Ökosteuer, Umweltgifte, ... Was haben Verschmutzung, Belastung, Katastrophe, Zerstörung, Schäden, Steuer, Gifte, ... gemeinsam?

Auf alle Fälle nichts Gutes.

Im Bildungsplan von 1994 für die Hauptschule lesen wir unter Fächerverbindende Themen: *»Umweltprobleme durch Stickstoffverbindungen. In einem der Bereiche Landwirtschaft oder Personen- und Güterverkehr wird den Schülerinnen und Schülern das Spannungsfeld zwischen Ökonomie und Ökologie aufgezeigt. Beide Wirtschaftsbereiche sind wichtige Träger unseres Wohlstandes, tragen aber auch wesentlich zur Belastung unserer Umwelt bei. Am Beispiel der Stickstoffverbindungen erfahren die Schülerinnen und Schüler exemplarisch, wie vielschichtig Umweltprobleme sein können und wie breit das Spektrum möglicher Schäden ist. Dabei wird ihnen die Verantwortung jedes einzelnen für eine intakte Umwelt bewusst; Strategien für umweltbewusstes Verhalten werden entwickelt.«*

Das Negative hervorheben – in obiger Reihenfolge: Umweltprobleme, Belastung der Umwelt, Umweltprobleme, Verantwortung für eine intakte Umwelt,

Strategien für umweltbewusstes Verhalten entwickeln. – In einem 10 Zeilen umfassenden Text finden sich fünf, also in jeder zweiten Zeile, negative Umweltaspekte! Die Darstellungsweise beinhaltet nicht nur, ja sie betont geradezu die negativen Aspekte.

Viele der Wortkreationen sind von vornherein negativ, andere entpuppen sich bei genauerem Hinsehen ebenfalls als nachteilig: Umweltschützer rufen uns auf: Rettet die Frösche, rettet die Kröten, rettet die Flussauen, rettet die Seen, rettet die Algarve, den Baikalsee und den Seeadler, die Robben und vieles mehr. Ja natürlich ist das wichtig! Keine Frage! Aber anders herum: Ich muss doch nur etwas Bedrohtes retten; etwas, dem etwas Negatives droht oder zustößt. Sehen Sie, schon wieder verbinden wir Umwelt mit Negativem, auch wenn wir es so weder bewusst denken, noch aussprechen. Wir täten gut daran, solche unbewussten Aspekte nicht zu unterschätzen, denn in unserem Gehirn gibt es zwei Arten der Informationsverarbeitung, die parallel ablaufen: Die eine kann unser Verhalten bewusst beeinflussen, wo hingegen die andere unser Verhalten steuert, ohne dass wir uns dessen bewusst werden.

Die Gehirnforschung der letzten vier Jahrzehnte hat gezeigt, dass die sensorischen Systeme, von den Sinneseingängen aufwärts bis zu den höchsten Assoziationszentren zwar hierarchisch aufgebaut, jedoch funktionell untergliedert und parallel organisiert sind. Das Schema (Seite 186) mag Ihnen den Sachverhalt verdeutlichen. Von einem zum nächst höheren Zentrum werden die Informationen kopiert und die Kopien dann getrennt weiterverarbeitet. Arbeitsteilung ist ein Kennzeichen. In vielfältigen spezialisierten Gebieten auf mehreren Ebenen und in parallelen Bahnen werden die neuen Informationen mit bereits vorhandenen Informationen, den Erfahrungen, verglichen und gewertet. Obwohl sie getrennt verarbeitet werden, werden komplexe Stimuli, wie Worte, Sätze, Erlebnisse, als Ganzes wahrgenommen, weil sie über viele Areale kombinierter Aktivität hinweg integriert werden. Manche Informationen werden auf diesem Wege im Entscheidungssystem der Assoziationszentren als weniger bedeutend erachtet und behandelt und daher unterdrückt, andere werden verstärkt. Nur die wenigsten dieser Abläufe geschehen bewusst, das meiste passiert unbewusst. Frühzeitig unterdrückte oder abgeschwächte Information, weil beispielsweise negativ besetzt, kann so keine Aufmerksamkeit oder gar Tiefenwirkung erzeugen. Allgemein ausgedrückt heißt das: Wer mit negativen Argumenten kommt, kann keine guten Resultate erwarten. Fast eine Binsenweisheit! So erklärt es sich jedoch auch strukturell, dass trotz des prinzipiellen Vorhandenseins von »wichtiger und richtiger« Umweltinformation aufgrund des internen Störfeuers der eigenen Erfahrung keine gewünschten Erfolge erzielt werden. Wer seine Mitmenschen ausschließlich durch Aufmerksammachen auf Probleme zu problembewusstem Verhalten motivieren möchte, begeht basale pädagogische Fehler und darf sich daher nicht über zu wenig Erfolg beklagen.

Jeglicher Lernprozess ist überaus komplex und viele, viele Einzelschritte zusammenkomponiert ergeben erst den Lernerfolg. Neurone werden dabei angeregt, im Gehirn viele Synapsen, gleich Schaltstellen zwischen den Gehirnzellen, zu bilden. Diejenigen Neuronenverbindungen, welche häufiger benutzt werden, verstärken sich. Auf diese Weise etablieren sich ganze Neuronenketten mit oft überraschender Reichweite und Verzweigung. Man könnte sie mit Trampelpfaden in einem schwierigen Gelände vergleichen. Der Neurophysiologe spricht von Bahnung, der Laie von den Bahnen, in denen wir denken. Unbenützte Verbindungen werden wieder rückgebildet. Soweit der anatomische Bezug für das physiologische Verhalten. Der Erfolg des Lernens tritt immer dann ein, wenn »gekonnt« wird. Wissen allein nützt wenig. Es muss angewendet werden, es muss für etwas zuständig sein. Diese Zuständigkeit oder Handlungsfähigkeit in einem bestimmten Bereich nennt man Kompetenz. Dabei stehen die Grundhaltung, die emotionale Einstellung zu einer Sache, das spezielle Wissen und Verständnis, sowie die zugehörigen praktischen Fähigkeiten in einem engen, sich gegenseitig bedingenden Beziehungsgefüge. Das Ergebnis, der »output« ist das Handeln.

Wenn schon die Grundhaltung, die emotionale Einstellung von Negativem ausgeht, kann dann das Endergebnis, das Handeln, positiv ausfallen? Aber gerade in Bezug auf Umwelt erwarten wir, wie die Beispiele zeigen, bei negativem Input positives Handeln.

Umweltschutz hat sich in den 70er Jahren als eine Problem bezogene Aufgabe quer durch nahezu alle Bereiche des Lebens dargestellt. Umweltschutz allgemein wird angegeben als die Gesamtheit aller Maßnahmen, die notwendig sind, um Menschen eine Basis zu sichern, die für ihre Gesundheit und ihre Überlebensfähigkeit unter menschenwürdigen Bedingungen erforderlich sind. Das Ministerium für Umwelt bemüht sich um die Umsetzung der Kiotobeschlüsse, verschärft die Heizungs- und Abgasverordnung, gibt Ozonalarm und verhängt Fahrverbote. Alles im Ansatz positiv gedachte Maßnahmen, die aber in den Geldbeutel der Menschen greifen: Können Sie sich, abgesehen von den jüngsten Katastrophen, etwas Negativeres vorstellen, das man mit Umwelt in Verbindung bringen könnte?

Die Umweltschützer selbst trugen durch das Aufstellen von Forderungen kräftig zum negativen Image von Umwelt bei und verstärken es immer noch. Mit dieser Behauptung sind Proteste vorprogrammiert, nicht wahr? Ich weiß! Jedoch besteht wohl kaum Dissens darüber, dass – wie gezeigt – auf vielen Ebenen Umwelt wenig positiv besetzt ist. Es ist tragisch, aber im Grunde war die Umweltbewegung chancenlos. Wie sollte man auch aus den plötzlich erkannten Umweltschäden, dem erkannten Nachteiligen, etwas andres machen als negative Meldungen und Forderungen? Die Medien stürzen sich auf Negatives. Keine Schlagzeile oder Nachricht erzeugt größere Aufmerksamkeit als die einer Katastrophe. Die Menschen lieben es, vom bequemen Wohnzimmersessel aus Explosionen, Überschwemmungen und Tod möglichst ausführlich und detailgetreu mitzuerleben. Entsprechend werden auch Pressemeldungen und Filme aufbereitet. Ein krasser Widerspruch zur obigen Feststellung, dass negativ besetzte Informationen in unserem unbewussten Denken zu Blockaden, Ablehnung, und Hemmungen führen können. Der Widerspruch ist nur scheinbar. Unsere Sensationslust wird nicht für Umwelt relevante Entscheidungsprozesse herangezogen. Welches Aufsehen zum Beispiel ruft eine Pressemitteilung über den nach wie vor katastrophalen Zustand unserer europäischen Wälder hervor?

Vergleichen Sie es einmal mit der Werbung. Immer wieder gehen wir ihr auf den Leim. Was macht die Kunst der Verführung so erfolgreich und uns so anfällig? Eines können wir vorweg mit Sicherheit sagen: Es ist nicht das Negative! Wer würde schon einen Partner finden, wenn am Beginn einer neuen Beziehung stünde: Du musst auf mich aufpassen, weil ich schrecklich labil bin! Du musst mich pflegen, weil ich hier und da und dort kränkle und Haare verliere! Ich bin auch sehr dankbar, wenn Du ganz allgemein viel Rücksicht auf mich nimmst, weil alle anderen auf mir herumtrampeln und mich keiner haben will! Wenig Erfolg versprechend, oder nicht?

Die erste Lektion, die alle Fachleute der Werbebranche lernen, heißt schlicht: »Sag es positiv!«

Nüchtern besehen ist die Aufgabe der Werbung, dem Artgenossen Motive zur Paarung, oder den Konsumenten Motive für ihr Konsumverhalten zu liefern. Sie stützt sich hierbei vor allem auf die Anwendung der Werbepsychologie, woran sich jedoch vielfach auch Befürchtungen über eine mögliche Manipulation der Partner durch psychologisch ausgetüftelte Werbemaßnahmen, Tricks, knüpfen. Was ja auch stimmt. Werbung ist in jedem Fall Manipulation und wer überlegt, was ist das *relevante Versprechen*, das USP (unique selling proposition), der bedient sich eben schon ausgetüftelter psychologischer Maßnamen. Das Negative erscheint in der Werbung nur als Kontrast zur überaus positiven Lösung! Sicher ist Ihnen aus Ihren Erfahrungen bekannt, wie professionelle Verkäufer Terminabsprachen treffen: Der Profi fragt Sie nicht: »Möchten Sie einen Termin mit mir?« Kein Profi fragt so! Warum wohl? Sie hätten ja die Möglichkeit *nein* zu sagen. Der Profi treibt ein doppeltes Spiel mit Ihnen: »Passt es Ihnen am Montag, später Nachmittag, gegen 17 Uhr oder wäre der Mittwochabend geschickter für Sie?« Er lässt Ihnen eine Wahl und somit das gute Gefühl, die Handlung selbst zu übernehmen und lenkt dadurch Ihre Gedanken weg von einer grundsätzlichen Ja-Nein Entscheidung hin zu einer, die Ja Entscheidung vorwegnehmenden Überlegung – Montag gegen Mittwoch. Kurz gesagt, Sie entscheiden nicht mehr ob, sondern nur noch wann. Das funktioniert zwar nicht immer, aber sehr oft – genügend oft! Nun kenne ich persönlich kein Beispiel in dem von Umweltschutzorganisationen aufgerufen wird, helfen Sie uns bitte bei Projekt A die Flussauen zu erhalten oder wenn ihnen die Robben mehr am Herzen liegen, dann bitte doch bei Projekt B. Sollte ich mich irren, würde es mich freuen.

Das Ausmaß der Verarbeitung von dargebotener Information ist abhängig davon, wie sehr wir uns ihr zuwenden. Wie muss eine Information, so fragen wir uns sogleich, beschaffen sein, damit wir uns ihr zuwenden? Sie muss einfach, klar, merkbar, emotional, relevant und glaubwürdig sein und sie muss in uns klare Ziele erreichen. Folglich hängt unser Verhalten vor allem von unseren eigenen Erfahrungen ab. Unwillkürlich rufen wir sie aus unserem Gedächtnis auf, wenn wir vor Entscheidungen stehen und projizieren sie. Die Beispiele verdeutlichen, dass die Wahrnehmung von Dingen oder Ereignissen, je nach dem also, was in unserem Gehirn auf Grund von Assoziationen in einer gegebenen Situation als Vergleich abgerufen wird, total anders ausfallen kann. Die größere Bedeutung erfahrungsbasierter Assoziationen gegenüber neuen erklärt sich durch ihre, so scheint es, leichtere Aktivierbarkeit. Sie können über den Trampelpfad schneller aus dem Gedächtnis abgerufen werden und haben somit mehr Einfluss auf unsere Beurteilung.

Welche Aufmerksamkeit ruft schon Umwelt hervor? Welcher Stellenwert kommt ihr zu? Wer identifiziert sich schon damit? Umwelt genießt keinen emotionalen Mehrwert und bleibt deshalb bei Entscheidungen meist der Verlierer. Gerade so wie in der Werbung, wo durch kostenlose Probepackungen oder durch Identifikationsfiguren Glaubwürdigkeit und Aufmerksamkeit geschaffen werden und durch das Herausstellen der, vom Kunden erwarteten Vorteile, eine positive Einstellung erreicht wird, so sollten auch für Umwelt positive Aufmerksamkeit geschaffen werden, nicht negative!

Das Negative, das dem Wort Umwelt anhaftet, beabsichtigte niemand. Es widerspricht jedoch in allem dem Sehnen nach Geborgenheit in einer heilen Welt, die uns, unserer Meinung nach, doch zusteht. Also: Gewinnen wir mit emotional negativ besetzten Assoziationen viel Aufmerksamkeit und Verständnis? Wohl kaum! Noch einmal: Worauf reduzieren wir Umwelt, wenn wir für Stoffbeutel statt Plastiktüten mit dem Slogan werben: Tu was für deine Umwelt?

Tu was für deine Umwelt!

»Als Naturschützer ist US-Präsident George W. Bush nicht in Erscheinung getreten. Er hat aber eine Gruppe von zehn Inseln und acht Atollen im Nordwesten von Hawaii zum größten Meeresschutzgebiet der Welt erklärt. Die Fläche entspricht etwa der von Deutschland.« Nun, das ist erfreulich. Andererseits ein lächerlich kleines Gebiet, bezogen auf die Gesamtheit der Weltmeere; ein winzigster Punkt. Zollt die Welt ein anerkennendes »immerhin« oder stellt das ganze lediglich ein Feigenblatt dar, das die Blöße eines unterentwickelten Umweltverständnisses bedecken soll?

Du musst etwas für deine Gesundheit tun! Du musst etwas für deine Rente tun! Du musst, Du musst, Du musst ... ja natürlich, man muss so vieles, und all die Aufrufe sind sicherlich gut gemeint und berechtigt, keine Frage. Aufforderungen, Appelle haben jedoch auch eine Kehrseite: Wer wird denn schon gerne gedrängt, aufgefordert etwas zu tun und konsequenterweise stigmatisiert, wenn er der Aufforderung nicht nach kommt? Menschen werden in ihrem Leben in so vielen Bereichen fremd bestimmt. Bitte nicht auch noch bei der Umwelt! So wird wohl mancher stöhnen. Kurzum, all das ist sehr wohl geeignet, eine negative Front aufzubauen. Diese wird weiter verstärkt durch die Tatsache, dass häufig die Dinge der Natur, die zu schützen wir aufgefordert werden, im Bewusstsein vieler Menschen eine untergeordnete Rolle spielen, weniger Wert besitzen als die Gesundheit und die Rente. Die Aufforderung stößt daher auf mangelndes Verständnis und führt zu der verheerenden, aber weit verbreiteten Frage: Wozu braucht man das? Wozu braucht man die Frösche, die Kröten, die Stechmücken usw.? Wollten wir hier die Fragen beantworten, so stünden wir wieder vor ganz grundsätzlichen Problemen. An dieser Stelle stoßen wir unweigerlich auf die Ethik, denn weiterführende Gedanken verbinden die soeben getroffenen Aussagen sofort zwingend mit unseren Wertvorstellungen und der Frage: »Was soll sein?« – womit wir auf kürzestem Wege in der Ethikkommission und der Ethikdiskussion angelangt sind. Nur leider gibt es viele von sich selbst überzeugte Menschen, die gar nicht mehr bereit sind, solch anderes Wissen, weiterführende Informationen anzunehmen. Sie ziehen sich zurück und warten auf die Taten anderer. Das Einfachste und Bequemste von der Welt. Dann sind immer die anderen schuld an der Misere.

Die Kehrseite

Es ist eine allgemeingültige Binsenweisheit, dass Schüler oft nicht das lernen, was ihnen der Lehrer vorsetzt. Einen der wichtigen Gründe hierfür haben wir oben am Beispiel kennen gelernt. Wir sind nur für Dinge empfänglich, denen wir uns öffnen, für die wir aufnahmebereit sind. Pisa-Studie hin oder her, ganze Heerscharen von frustrierten Lehrern werden Ihnen bestätigen, wie schwierig es heutzutage ist, junge Menschen mit den vorgegebenen Lerninhalten zu erreichen. Warum sollte es dann bei den Themen, die Umwelt betreffend, anders sein? Wir lernen selbstverständlich nicht nur einzelne Episoden und speichern sie im Gedächtnis chronologisch ab. Nein! Unser Gehirn leistet noch mehr: Unser Gehirn ist nicht nur der Informationsstaubsauger, sondern auch eine Regelextraktionsmaschine (Spitzer). Wir alle haben innerhalb unserer Sprachentwicklung beispielsweise einmal gelernt: Steht ein anderes Satzglied als das Subjekt am Anfang des Satzes, folgt Inversion, d.h. die Umstellung von Subjekt und Prädikat. Auch wenn Ihnen diese grammatischen Begriffe und Regeln aus dem Deutschunterricht längst entfallen sind, sprechen Sie automatisch richtig. Sie sagen zum Beispiel entweder: Ich gehe jeden Morgen zur Arbeit. Oder: Jeden Morgen gehe ich zur Arbeit. Sind Regeln erst einmal extrahiert und gespeichert – sei es aus dem Bereich Sprache oder Umwelt oder sonst woher -, dann erweisen sie sich als sehr resistent und langlebig. Wir sprechen Zeit unseres Lebens grammatikalisch richtig, ob wir Schriftdeutsch oder Dialekt sprechen, denn jeder Dialekt hat auch, wie die Hochsprache seine eigenen Regeln. Solche übergeordneten Steuermechanismen arbeiten zum einen im Unterbewusstsein und sitzen zum anderen an strategisch wichtigen, steuernden Positionen in unsrem Denkapparat. Jeder, der als Erwachsener eine Fremdsprache zu lernen versucht hat, weiß wie schwierig es ist, eingeschliffene Denkschemata durch neue zu ersetzen. »*Morgen ich komme nicht*« entlarvt jeden Sprecher.

Wir wären also recht gut beraten, wenn wir uns häufiger fragen würden, welche Regeln aus unserem Verhalten abgeleitet werden können. Welche Lernprozesse setzen wir tatsächlich in Gang? Aus welchen Inhalten werden Regeln fürs Leben extrahiert?

Machen wir die Probe aufs Exempel: Was lernen die Kinder beim Saubermachen am See? Was lernen die Wegwerfer? Wäre es nicht möglich, dass sie im Beispiel ‚Projekttag' lernen: Bei einem Picknick im Grünen darf man Getränkedosen, Tüten, Zigarettenschachteln und -stummel, Pappteller und Verpackungen jeglicher Art in die Botanik werfen, denn alles wird weggeräumt. In diesem Jahr müssen/dürfen wir es tun; im nächsten Jahr sind es die anderen. Es macht ja immer jemand anders. So einfach! So kann ich mir erklären, warum junge Menschen zu gedankenlosen Wegwerfern werden, auch wenn sie vor Jahren in der Schule an Umwelttagen teilgenommen und gehört haben, dass man seinen Müll fachgerecht entsorgt. Seinen Abfall mit nach Hause zu nehmen ist jedoch »uncool«, wobei cool bedeutet, sich über Dinge hinwegzusetzen, selbst zu bestimmen. Immer kommt irgendjemand und räumt den Dreck weg.

Es genügt nicht, pauschal Umweltbewusstsein einzufordern, ohne das Wissen um relevante Fakten und Vorgänge, Hintergründe, Begleitumstände und vor allem andere Wertvorstellungen und Wertbeurteilungen mitzuliefern. Wie wir erwarten, dass Schüler nach Beendigung der Schule Lesen, Rechnen, Schreiben können und diese Fähigkeiten ganz selbstverständlich im Leben einsetzen, so erwarten wir auch, dass sie Kenntnisse über die Natur mit entsprechendem Umweltbewusstsein und daraus folgendem Umweltverhalten erwerben. Ist diese Erwartung – hier nur die Umwelt betreffend – realistisch? Welches Wissen nehmen Schüler mit ins tägliche Leben? Was bleibt hängen? Aus Schülern werden Verantwortung übernehmende Erwachsene. Je nachdem wie Entscheidungsträger von heute einst Umwelt erfahren und gelernt haben, wissen sie um die Wechselwirkungen oder auch nicht und treffen Entscheidungen auf Grund dessen, was hängen geblieben ist. Setzt man die Reihe fort, so muss man sich auch ernstlich fragen: »Welches Wissen und welche Werte nehmen die Entscheidungsträger von morgen jetzt aus ihrer Kindheit und Jugend mit in das Erwachsenenleben, in die zukünftigen Entscheidungsprozesse?«

Also stellt sich wieder die Frage nach den Inhalten.

Der derzeitige Umweltbegriff

Kapitel 2

»Wir sind unfähig, die Begriffe, die wir gebrauchen, klar zu umschreiben – nicht, weil wir ihre Definition nicht wissen, sondern weil sie keine wirkliche ›Definition‹ haben. Die Annahme, dass sie eine solche Definition haben müssen, wäre wie die Annahme, dass Ball spielende Kinder grundsätzlich nach strengen Regeln spielen«

Ludwig Wittgenstein

Was bedeutet Umwelt?

Das Wort Umwelt ist zunächst einmal einfach ein Begriff. Darunter versteht man sprachwissenschaftlich das Bild, das wir in unserem Kopf haben, von einem äußeren Ding (Apfel, Stuhl, Buch,) einem Sachverhalt (Krankenversicherung, Arbeitsverhältnis, Religion), oder einem Ereignis (Urlaub, Hochzeit, Olympiade) und das wir mit einem bestimmten Wort bezeichnen. Das Bild und das Wort gehören eng zusammen und nur beide gemeinsam bilden eine Einheit. Eine binäre Einheit. DIN 2342 definiert Begriff als eine »*Denkeinheit, die aus einer Menge von Gegenständen unter Ermittlung der diesen Gegenständen gemeinsamen Eigenschaften mittels Abstraktion gebildet wird*«. DIN 2330 »Begriffe und ihre Benennung« geht ausführlicher auf den Begriff ein: »*Jeder Mensch lebt in einer Umwelt von Gegenständen, die einmalig, das heißt zeitlich gebunden sind und deshalb* »*individuelle Gegenstände*« *genannt werden. Individuelle Gegenstände können materieller oder nichtmaterieller Art sein. Die gedankliche Zusammenfassung von individuellen Gegenständen zu gedachten* »*allgemeinen Gegenständen*« *führt zu Denkeinheiten, die als* »*Begriffe*« *bezeichnet werden können.*«

Die Bedeutung eines Ausdruckes, eines Begriffes zu kennen heißt in der Philosophie, ihn seiner festgelegten Verwendung gemäß zu gebrauchen. In der Sprachwissenschaft versteht man nach Ullmann darunter die wechselseitige Beziehung zwischen Wortkörper und Begriff. Somit ist die Bedeutung eines Wortes, seine Fähigkeit, ein Stück Wirklichkeit zu meinen. Aus dieser Ausdrucksfähigkeit entstanden einst die Sprachen und so entstehen auch heute noch Begriffe: Neue Teilstücke einer Wirklichkeit, gleich neue Tatsachen, neue Bilder, werden mit einem Wort belegt. Umwelt war für viele Menschen am Anfang der Ökobewegung ein Stück neue Wirklichkeit. Also kam man von der Sache oder dem Sachverhalt zum Begriff. Begriffe sind wie Signale, weshalb es hier unbedingt nötig ist, den Begriff Signal mit einzubeziehen, weil es bei Signalen zunächst viel leichter verständlich ist, dass zu ihrem Wesen eine Absprache gehört: Wenn ich pfeife, kommst du! Aufleuchtende rote Lichter am Auto vor mir – der Wagen bremst! Signale in der Tierwelt haben dieselbe Funktion wie Begriffe in den Sprachen: Ich bin gelbschwarz gestreift und fliege mit Gebrumm: Vorsicht ich könnte stechen! Eine allgemeingültige Absprache muss getroffen, oder bereits bestehende Absprachen gelernt werden. Wer einmal von einer Wespe gestochen wurde, begreift schmerzlich schnell solche und ähnliche Wesen zu meiden. Mein Hund schnappt nach jeder Wespe, die ihm zu nahe kommt. Eine einschlägige Lernerfahrung, die einer Absprache zwischen Wespe und Hund gleich kommt, fehlt ihm noch. So auch beim Begriff: Der Empfänger muss ihn kennen um ihn zu verstehen. Sonst ist alles verpufft.

Sprache ist eine Lebensäußerung und dient zur Verständigung und zur Erkenntnis innerhalb einer Gesellschaft, einer Kultur – sprechen und sich verständigen! Sprechen müssen wir lernen. Das heißt nun nichts weiter, als dass der Lernvorgang auch binären Charakter haben muss. Wir lernen den Wortkörper als Lautäußerung zu artikulieren und wir lernen die Worte mit einem Bild oder mit Bildern oder Erfahrungen zu verknüpfen, wodurch sie zu Bewusstseinsinhalten werden. Bedeutung als Information. Nach der materialistischen Auffassung ist die Bedeutung die inhaltliche Widerspiegelung eines Gegenstandes, einer Erscheinung oder einer Beziehung der objektiven Realität.

Nicht nur durch Wortweiterentwicklung, d.h. durch Anwendung auf Neues, sondern auch durch Wortübernahmen aus anderen Sprachen, und durch Neuerfindungen beispielsweise aus Abkürzungen oder Zusammensetzungen entstehen viele neue moderne Begriffe. Weiß man viele Begriffe, kann man Unbekanntem viel zuordnen, d.h. sich die Welt erklären. Begriffe sind der Ausdruck von Wissen über die Welt und von fortschreitender Erkenntnis.

Was wissen wir von Umwelt?

Umwelt in der Fachsprache

Heute ist Umwelt ein Allerweltsbegriff. Dies war nicht immer so, wie man meinen könnte. Man darf auch nicht glauben, dass Umwelt eine neue Wortschöpfung aus den 70er – 80er Jahren sei. Der Begriff beruht nicht auf einem plötzlichen Einfall von Umweltschützern, geboren aus der Not der sichtbaren Veränderung und dem sich bewusst werden der Schäden in der Natur. Begriffe entstehen nicht aus dem Nichts. Nein man hat auf einen bereits existierenden Begriff zurückgegriffen.

Wer die Augen auf macht, sieht die Welt um sich. In diesem Sinne, der Umgebung, oder der ihn umgebenden Welt, gebrauchte Johann Wolfgang von Goethe (1749 – 1832) den Begriff Umwelt in seiner Italienischen Reise, veröffentlicht 1829. Nach dem er den Brenner überschritten hatte findet er wieder Zeit und Muse an seiner »Iphigenie« weiter zu arbeiten: » ... *und nehme sie mit in das schöne, warme Land als Begleiterin. Der Tag ist so lang, das Nachdenken unge-*

stört und die herrlichen Bilder der Umwelt verdrängen keineswegs den poetischen Sinn, sie rufen ihn vielmehr, von Bewegung und freier Luft begleitet, nur desto schneller hervor.«

Ob Ernst Haeckel (1834–1919) Goethes Italienische Reise kannte, weiß ich nicht, da vermag ich nur zu spekulieren. Das Wort Umwelt, wenn er es denn übernahm, gebrauchte er, das ist sicher, in einem anderen Sinn. Ernst Haeckel, der Zoologe und Philosoph, war ab 1862 der erste Ordinarius für Zoologie in Jena. Er habilitierte sich mit einer Schrift über eine in ihrer ornamentalen Struktur exquisite Gruppe von einzelligen Lebewesen, die Radiolarien (siehe Abbildung 1), welche darüber hinaus in diesem Buch noch einen besonderen Symbolcharakter erlangen werden.

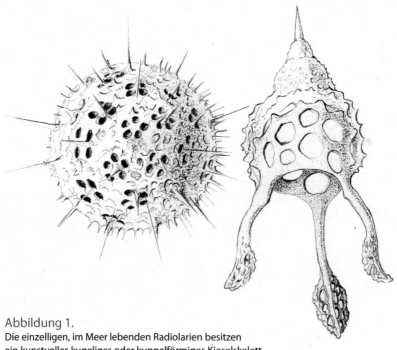

Abbildung 1.
Die einzelligen, im Meer lebenden Radiolarien besitzen
ein kunstvolles kugeliges oder kuppelförmiges Kieselskelett
mit radiären Skelettnadeln. Zum Nahrungserwerb können sie durch
die zahlreichen Gehäuseöffnungen fadenförmige Scheinfüßchen ausstrecken. Abgebildet sind Skelettgehäuse der Arten Haeckelina porzellana und Dyctiopodium scaphopodium. Gezeichnet und modifiziert nach Haeckel.

Von da an beschäftigte Haeckel sich mit der generellen Morphologie der Organismen und gründete auf Symmetriebezügen, gewonnen aus morphologischem Vergleich, eine Klassifikation der Strukturvielfalt der Lebensformen. Aus der Faszination, die diese Fülle an Formen und ihre Ästhetik auf ihn ausübte, entstand das Werk Kunstformen der Natur, welches eine ganze Epoche prägte und letztendlich ihren Ausdruck im Jugendstil fand. In keinem intellektuellen Hause um die Jahrhundertwende durften die »Kunstformen der Natur« fehlen. Haeckel war einer der führenden Vertreter der darwinschen Evolutionstheorie, der er in Deutschland zu allgemeiner Anerkennung verhalf. Er bezog den Menschen konsequent in das Evolutionsgeschehen ein, was Darwin vor ihm nur äußerst zögerlich getan hatte, und verband die Abstammungslehre mit den Ergebnissen seiner umfangreichen morphologischen Studien. Er verstand Selektion als entscheidenden Faktor der Evolution, beruhend auf einem Prozess, in dem sich Vererbung und Anpassung wechselseitig ineinander fügen. Selektion geschieht durch Faktoren der Außenwelt. In diesem Sinne prägte er seine neue Bedeutung für das Wort Umwelt vor mehr als hundert Jahren als einen biologischen Fachausdruck, der zwar wie bei Goethe aus den Worten ‚Welt' und ‚um' gebildet ist – nicht aber allgemein die Welt um uns herum bedeutete, sondern Haeckels Umwelt ist der Teil der Welt um ein Individuum herum, der selektiv auf den Organismus einwirkt!

Jakob von Uexküll (1864 – 1944) griff diesen wissenschaftlichen Fachausdruck auf und fügte ihm seine, also noch eine weitere Bedeutung hinzu. Von Uexküll wurde 1926 Professor in Hamburg und richtete hier das »Institut für Umweltforschung« ein. Er ist der Begründer einer neuen Umwelttheorie: Jedes Lebewesen lebt in seiner artspezifischen Umwelt. Sie ist der subjektive Teil einer, über Funktionskreise geschlossenen, sinnvollen biologischen Einheit. Umwelt ist nicht länger wie bei Haeckel eine einseitig, von außen, auf einen Organismus einwirkende Größe. Von Uexküll hat in genialer Weise erkannt, wie Umwelt mit dem Subjekt durch Wechselwirkungen und deren Bedeutung verknüpft ist. Er führt die subjektive Beziehung zu den Objekten ein und nennt sie Wirkwelt. Das äußere Geschehen, das uns durch unsere Sinnesorgane indirekt bekannt wird, induziert subjektive Empfindungen, Beziehungen und Vorstellungen, also Wirkungen. Jede Sinnesempfindung, die in uns wachgerufen wird, verlegen wir aber unmittelbar nach draußen in die Außenwelt und verwandeln diese Projektion dabei scheinbar in eine Eigenschaft äußerer Dinge. Draußen ist also eigentlich drinnen! Wir sagen der Himmel ist blau. Weil die langwelligen Anteile, rot, gelb, des sichtbaren Lichtes, wobei sichtbar ausschließlich auf den Menschen bezogen ist, auf dem langen Weg durch die Atmosphäre stärker gebrochen werden, gelangen nur die kurzwelligeren Anteile in unsere Augen und erzeugen die Empfindung blau. Deshalb besitzt der Himmel für uns die Farbe blau und nicht weil er a priori blau wäre. Der große Verdienst Jakob von Uexkülls liegt darin, dass er den Umweltbegriff um seine Bedeutungslehre bereicherte. Dabei hatte er vornehmlich die durch die Sinnesorgane erfassbare und wahrnehmbare Außenwelt im Blick, weniger die sozialen Aspekte, welche sich erst sekundär ergeben.

Zum weiteren Verständnis ist es wichtig, zwischen den Begriffen der Alltagssprache und den Begriffen einer Fachsprache zu unterscheiden. Dies ist auch dann sinnvoll, wenn Sie einwenden werden, dass man es nur schwer trennen könne und dass die Übergänge fließend seien. Recht haben Sie! Eine wissenschaftliche Fachsprache bedient sich selbstverständlich der Alltagssprache. Jedoch: Vielen Worten und Begriffen, die aus der Umgangssprache entnommen sind, fügt sie neue, oft abstrakte, eindeutige Bedeutungen hinzu.

Der Wortschatz der Fachsprache ermöglicht durch seine exakten, definierenden Bezeichnungen, durch seine Terminologie eine präzise Verständigung. Sie ist ausschließlich für diesen Zweck vorhanden. Ein Terminus ist in der Regel einer einzigen Sache, einem Sachverhalt allein oder einer speziellen Funktion zugeordnet, so dass in der Kommunikationskette, kein Interpretationsspielraum bleibt: Auf das Erkennen folgt eine eindeutige Kennzeichnung oder Benennung, was man auch als Bild – Begriffzuordnung verdeutlichen kann. Wird diese Begriffzuordnung in einem Gespräch geäußert, oder geschrieben, – allgemein ausgedrückt: gesendet -, dann versteht der Hörer, – der Empfänger -, dank seiner jetzt umgekehrten Begriff – Bildzuordnung exakt das Bild, das der Sender vermitteln wollte. Output und Input stimmen exakt mit einander überein. Der Hörer hat eindeutig begriffen, was der Sprecher exakt ausdrückte. Viele Redewendungen einer Fachsprache sind auch ihrerseits in die Umgangssprache eingeflossen: Jeder Patient versteht sofort was auf ihn zukommt, wenn der Arzt sagt, ich gebe Ihnen eine Spritze. Die Eindeutigkeit ist der Idealfall.

Nicht so in der Allgemeinsprache, hier ist die Mehrdeutigkeit der Normalfall. Der folgende Begriff, als Beispiel für ein äußeres Ding, zeigt es uns deutlich. Der Begriff Baum: Ein Sprecher kann Baum auf viele Objekte anwenden, das kann ein Nadelbaum, eine Fichte, eine Tanne, ein Laubbaum, eine Buche, ein Apfelbaum oder gar eine Palme sein, die Liste ließe sich beliebig fortsetzen. Der Hörer jedoch ordnet dem Begriff ein völlig anderes Bild zu; vielleicht einen blühenden Mandelbaum, eine Eiche, usw. Welche der vielen Möglichkeiten Sie vor

Ihrem geistigen Auge sehen, also denken, hängt ausschließlich von Ihnen, d.h. von Ihrem momentanen geistigen Zustand ab. Ist Ihr Kopf noch voll vom jüngsten Urlaub, wird es vielleicht eine Palme sein; treffen Sie sich immer mit der Freundin (dem Freund) bei der Linde im Park, dann ist es mit einiger Wahrscheinlichkeit ein Laubbaum, den Sie sich vorstellen.

Ich habe mit zwei Gruppen von Personen folgendes Experiment durchgeführt: Anfang Dezember stellte ich der ersten Gruppe (zwölf Personen) kommentarlos die Aufgabe: »Bitte zeichnen Sie einen Baum.« Sieben Personen zeichneten einen Nadelbaum, fünf Personen einen Laubbaum. Im April darauf wiederholte ich das kleine Experiment mit einer zweiten Gruppe (14 Personen). Ergebnis: Alle Probanden zeichneten einen Laubbaum, keiner einen Nadelbaum! Wenn das kleine Experiment auch jegliche allgemeingültige Aussagekraft entbehrt, so ist sein Ergebnis doch verblüffend und geeignet zu illustrieren, was unter dem momentanen geistigen Zustand gemeint ist. Ich interpretiere das Ergebnis so: Alle dachten an den Frühling und keiner mehr an Weihnachten.

Der Baum stand als Beispiel für ein äußeres Ding, jetzt ein Beispiel für einen Sachverhalt: Spricht ein Sprecher das Wort Geschichte, so kann der Hörer wie beim Baum verschiedenes darunter verstehen: Jeder kennt eine Geschichte. Nicht nur eine, jeder kennt viele Geschichten. Welche kennen Sie aus Ihrer eigenen Kindheit und welche haben Sie Ihren Kindern oder vielleicht sogar schon Ihren Enkelkindern erzählt oder vorgelesen? Geschichten begleiten uns solange wir klein sind, selbst bis ins Schulalter hinein werden wir damit konfrontiert. Sind wir erst mal in der Schule etwas fortgeschrittener, dann löst die Geschichte die Geschichten ab. Eine neue Variation der *Vorstellung* von Geschichte, nämlich der Geschichte im Geschichtsunterricht hat begonnen und wenn wir in ein bestimmtes Alter kommen, dann machen wir Geschichten. Fragen Sie sich selbst oder Ihre Eltern, mit welchen Bildern wir nun das Wort verknüpfen.

Ich denke, dass Sie das, was die Beispiele verdeutlichen, längst durchschaut haben. Was ein Hörer sich unter dem gesprochenen Wort vorstellt, muss nicht mit dem übereinstimmen, was der Sprecher meinte. Ein Wort ist nicht wie in der Fachsprache oder wie ein Name einer Person oder Sache unmittelbar zugeordnet, sondern bezieht sich vielmehr auf eine ganze Klasse von gleichartigen Erscheinungen. Baum oder Geschichte ist eine Abstraktion aus vielen möglichen Bildern. Wenn nun von einem geschriebenen oder gesprochenen Wort viele zum Teil sich erheblich unterscheidende virtuelle Bilder vor dem geistigen Auge entstehen können, wie können wir uns dann in der Umgangssprache ohne allzu häufige Missverständnisse verständigen? Müsste nicht längst schon die babylonische Sprachverwirrung, selbst innerhalb einer einzigen Sprache herrschen? Warum ist das dennoch nicht der Fall? Warum kommen wir trotzdem aufs Trefflichste zurecht? Antwort: Weil wir den Reichtum an Bildern verinnerlicht haben und weil die natürliche Sprache darüber hinaus voll von Redundanz ist.

Die Wörter unserer Alltagssprache sind ja keine bloße Nomenklatur, kein Verzeichnis das jedem Ding einen eigenen Namen zuordnet. Vielmehr gründen sie die Welt auf ihre besondere Weise. *»Erst mit der sprachlichen Benennung gewinnt die außer sprachliche Wirklichkeit Gestalt«* schreibt der Grammatik Duden 4, Seite 558. Je vielschichtiger, je gehaltvoller, je reicher die Wortbegriffe an Bildern sind, desto reicher und bewusster wird die Wirklichkeit. Je weniger Inhalte oder Bilder ein Begriff umfasst, desto diffuser und verschwommener muss die Vorstellung der Wirklichkeit werden. *»Mangel an Überfluss hieße Armut:«* sagt der Physiker und Philosoph C.F. v. Weizsäcker. Die Armut an Bedeutungsnuancen hat zur Folge, dass unser Gehirn mangels Vergleichsmöglichkeiten kaum brauchbare allgemeingültige Folgerungen ableiten kann. Umwelt ist für unsere zentralnervöse Regelextraktionsmaschine oder Gestaltwahrnehmung ein langweiliges, uninteressantes, wenig lohnendes Objekt. Umwelt erzeugt keine Tiefenwirkung. Wer die Vielfalt der Bilder, den Nuancenreichtum kennt, kann sich über Begriffe viel von der Welt erklären! Wer nur die Reduktion kennt, ist sprachlich und damit inhaltlich verarmt und kann sich die Welt nur mangelhaft erklären.

In der Muttersprache sind wir uns der unterschiedlichen Bilder meist gar nicht bewusst; erst beim Erlernen einer Fremdsprache fällt die verwirrende Vielfalt auf. Wie wertvoll die Redundanz der Sprache für das Verstehen ist, zeigt das Beispiel von Geschichte. Aus dem Zusammenhang heraus ordnet man sofort aus dem zur Verfügung stehenden Angebot an Bildern die richtigen zu, versteht also alles richtig.

Wie bei den besprochenen Lernvorgängen der Kinder am See, die Umwelt lernen, so liegt auch hier die bewundernswerte Grundeigenschaft und Leistung der Extraktion zugrunde. Die Begriffe beschreiben nicht die Eiche auf dem Galgenberg, oder die Geschichte vom Tapferen Schneiderlein, sondern den Kerninhalt, das innewohnende Wesen einer Sache, hier das Wesen des Baumes Stamm – Krone – Verzweigung, oder das Wesen einer Geschichte schlechthin. Das Wort Baum stellt also eine Worthülse dar, die mit beliebig vielen Bedeutungsvariationen angefüllt werden kann. Also ein Gefäß in das wir etwas hinein tun können. Wir sprechen das *Drumherum*, denken aber den Inhalt. Außen ist innen! Eine Hülse allein ohne zugehörigen Inhalt ist nur eine halbe Sache – auf den Inhalt, den Gehalt eben kommt es an. Die Hülse Baum: Welche Vielfalt kann das sein! Ein ganzes Kaleidoskop von Inhalten blitzt auf. Die Bedeutung oder besser Bedeutungen sind das Wesentliche. Sowohl im Rahmen der rationalistischen (Descartes) als auch im Rahmen der empiristischen (Locke) Erkenntnistheorie wird diese Abstraktion jedoch nicht als eine logische, sondern richtig als eine mentale Operation verstanden, ein Begriff daher auch allgemein als ein mentaler Gegenstand bezeichnet – modern gesprochen würde man sagen: Ein virtueller Gegenstand. Wie wir ein Objekt oder einen Sachverhalt wahrnehmen und bewerten, hängt von den Vorerfahrungen, vom Erlernten, und damit von den persönlichen Einstellungen und Erwartungen ab, die wir in eine bestimmte Situation einbringen. Davon wird im zweiten Teil ausführlich die Rede sein.

Das Erkennen des Wesentlichen ist eine Leistung des Gehirns, welche sich je nach dem mit Regelextraktionsmaschine (Spitzer) oder aber auch mit Gestaltwahrnehmung (Lorenz) beschreiben lässt. Aus einer Fülle von Sinnesdaten wird eine, alle Einzelheiten integrierende »Folgerung« gezogen. Mit anderen Worten heißt das ganz allgemein, *»unser Gehirn erschließt aus vielerlei konkreten Einzelheiten die in ihnen obwaltenden Gesetzlichkeiten. Es ist ein ganzes System von einfachen und komplizierten Mechanismen in unserem Großhirn, die es uns ermöglichen, ein für unser Überleben ausreichendes Bild der uns umgebenden Dinge zu erlangen und sie trotz dauernden Wechsels der Wahrnehmungsbedingungen als dasselbe wieder zu erkennen.«* (Lorenz). Der Ursprung solcher Phänomene liegt in grundlegenden, in der Evolution weit zurückreichenden Anpassungsvorgängen. Zweifelsohne hatte ein Wesen mit verbesserter Wahrnehmung und daraus resultierender erweiterter Umweltinterpretation einen erheblichen Selektionsvorteil. Was unser Gehirn letztendlich ableitet, hängt von der Qualität und der Bandbreite der Sinneseindrücke (Input) ab. Ich erinnere noch einmal an die Kinder am See. Was leiten sie sich aus der Kombination von Anleitung und Erlebtem ab?

Sind die Ableitungen erst einmal im Kopf, dann sind die Begriffe die Bindeglieder zwischen den Wörtern und den Sachen. So wie wir zu sprechen gelernt haben, denken wir und wie wir denken, so sprechen wir! *»Hirn macht Sprache, Sprache macht Hirn«*, drückt es kurz und prägnant der Wissenschaftsphilosoph Popper aus. W. v. Humbold, (1767 – 1835) der Sprachphilosoph im frühen 19. Jahrhundert gibt uns in seiner Abhandlung »Über die Verschiedenheit des menschlichen Sprachbaues und ihren Einfluss auf die geistige Entwicklung des

Menschengeschlechts« zu verstehen, dass die Menschen in ihren Sprachen und speziell in ihren Wörtern die Welt je auf ihre Weise begreifen, denn *»die Sprache ist das bildende Organ der Gedanken«.*

Jeder macht hin und wieder die Erfahrung, dass so manches nur vage oder mehrdeutig, also unpräzise, ausgedrückt wird; ein Umstand, der die Verständigung erschwert und für das Verständnis schädlich sein kann. Folglich müssen Verständnisschwierigkeiten durch eine Definition beseitigt werden. Eine Definition ihrerseits wiederum bedeutet nichts anderes als eine Absprache: »So meine ich es oder so will ich es verstanden wissen«. Das führte zu der klassischen, weit verbreiteten Meinung, Definitionen müssten eindeutig sein. Die Lebenspraxis jedoch zeigt, dass das nicht immer so uneingeschränkt seine Gültigkeit haben kann. Das trifft in besonderem Maße für den Begriff Umwelt zu.

Wie viel begreifen wir von Umwelt?

Stellt man in einem Kurs, oder Seminar für Erwachsene, beispielsweise im Fach Umwelthygiene, die Frage: »Was ist Umwelt?«, dann kommt mit Sicherheit die Antwort: »Das ist schwierig.«

Selbstverständlich ist das schwierig, denn wer hat schon Definitionen auf Abruf parat? Oder, wer könnte auf Anhieb einen komplexen Sachverhalt beschreiben? Weicht man jedoch der Schwierigkeit aus und fragt, welche Begriffe den Teilnehmern zum Thema Umwelt einfallen, dann geht es meist leichter. Es geht deshalb leichter, weil jetzt keine, wie auch immer geartete Definition abgefragt wird, sondern nur bedeutungsverwandte Ausdrücke zu suchen sind. Egal was wir definieren wollen, das Definieren folgt immer Schritt für Schritt festgelegten, auf die Sache bezogenen Regeln: An erster Stelle steht das Sammeln von Begriffen, die alle unter den zu definierenden fallen oder mit ihm wesensverwandt sind.

Haben Sie sich schon einmal Gedanken darüber gemacht, was Sie selbst unter Umwelt verstehen - oder ist das eine törichte Frage, weil doch in der modernen Umgangssprache der Begriff Umwelt so selbstverständlich ist? Welche Erlebnisse verbinden Sie mit dem Begriff? Welche Bilder erzeugt das Wort Umwelt in Ihrem Kopf, in Ihrer Vorstellung? Also, nehmen Sie doch bitte einen Stift zur

Hand und notieren Sie einmal ihre eigenen Gedankenblitze auf einem Notizblatt! Schreiben Sie alles auf, was Ihnen zum Begriff Umwelt einfällt. Was gehört für Sie zur Umwelt? Scheuen Sie sich nicht, greifen Sie zum Stift, ehe Sie weiter lesen! Warum denn nicht? Vielleicht sind Sie überrascht. Sie können ja im Nachhinein vergleichen.

Bäume, Wald, Flüsse, Seen, Luft, Wasser, Berge, Landschaft, stehen ganz sicher auf Ihrer Liste und sehr wahrscheinlich ziemlich am Anfang. Was noch? Haben Sie an die Sonne gedacht, an die Tiere, an alle Pflanzen? An das Wetter, das Klima? An die Erderwärmung? Sie ist derzeit immer wieder für Schlagzeilen, Fernsehsendungen und Appelle gut.

Auch das Ozon gehört dazu! Dann denken Sie sicher auch an das Ozonloch und an Ozonwarnungen, auch wenn es in der letzten Zeit still darum geworden ist und kaum noch jemand davon spricht. Die Erderwärmung, der Treibhauseffekt, hat jetzt diesen Platz eingenommen und die Bilder abschmelzenden Eises und frustrierter Eisbären gehen um die Welt. Hier schließen sich nahtlos die Umweltverschmutzung, der Katalysator, die Reinhaltung der Luft und die Umweltkonferenzen an.

Der Mond, die Sterne, …

Nun haben Sie ein Sammelsurium von Begriffen, die sich lose, ohne System, ohne Ordnung aneinander reihen, so wie sie Ihnen eingefallen sind. Das Sammeln war der erste Schritt, jetzt kommt der zweite: Ordnung schaffen! Ordnung ist mit Methode gleichzusetzen. Sie sei das Geheimnis der Methode, wusste schon der französische Philosoph, Mathematiker und Naturwissenschaftler Descartes (1596 – 1650).

Die Begriffe Luft, Wasser, Berge, Flüsse, Seen, Ozon, Mond Sterne, Klima beschreiben alle Teile der physikalischen oder unbelebten Natur, gehören somit ein und derselben Kategorie an. Ihr steht folgerichtig als nächstes Ordnungsprinzip die belebte Natur gegenüber, mit den Stichworten Tiere, Pflanzen, Mensch, Nahrung, Wald, einschließlich der Begriffe, welche sowohl die belebte als auch die unbelebte Natur in sich vereinigen, wie zum Beispiel: Landschaft, Feld, Biotop, Park, Erholungsgebiet usw.

Als gemeinsamer Nenner, sozusagen als nächst höherer, zusammenfassender Oberbegriff, durch den der zu definierende Begriff ›Umwelt‹ ersetzt werden kann, bietet sich das Ökosystem, oder die unbelebte und belebte, uns umgebende Natur an.

Der dritte methodische Schritt überprüft nun, ob der gefundene Begriff den alten ersetzen kann. Setzt man ein, dann heißt es: Als Umwelt gilt die unbelebte und belebte, uns umgebende Natur.

Definitionsbeispiel 1

Das Einsetzmanöver brachte ein logisches, verständliches also zufrieden stellendes Ergebnis. Das erwartet man ja doch auch von einer Definition. Das, was die Bedeutung des zu definierenden Begriffes angibt, muss den Begriff in allen Zusammenhängen ersetzen können. Und das scheint es ja zu tun: So hat es jeder einmal gelernt – und so lernen es die Kinder jetzt. Weil Ökosystem nun einmal kein kindgerechter Ausdruck ist, ersetzen die Kinder ihn durch ihre Erlebnisse: Draußen ist die Umwelt. Kinder können den Begriff nur so verstehen, wie die Erwachsenen ihn vorleben und weitergeben.

Dieses Verstehen jedoch ist immer nur eine Momentaufnahme aus der täglichen Erfahrungswelt. Ihre Phänomene werden nicht nach Fachdisziplinen oder nach Kategorien oder Definitionen geordnet wahrgenommen, sondern ausschließlich im Kontext von Aktionen. Die Grenze zwischen allgemeinem Wissen und der Definition ist nur schwerlich festzulegen. Wie sollte man auch sagen können, wo sie verläuft? Wer kann das überhaupt für sich bestimmen? Die Kinder machen draußen sauber. Draußen am See ist also ein starker, einprägsamer Inhalt des Phänomens, dem wir die Worthülse Umwelt zuordnen. Keine Frage! Dieser Inhalt ›draußen‹ verankert sich umso leichter, je stärker die Kinder bei ihrem Tun engagiert sind. Sie tun etwas für ihre Umwelt. Lernen aus Erfahrung! Die Konsequenz daraus: Umwelt ist draußen!

Solche Erfahrungen haben mitunter eine enorme Langzeitwirkung. In der oben schon erwähnten, sehr interessanten Studie: »Lehrerinnen – Umwelt – Bildungsprozesse«, wurden die Kandidatinnen und Kandidaten für das Lehramt an Grund- Haupt- und Realschulen auch befragt, welche Erinnerungen sie an Umwelterfahrungen aus der eigenen Schulzeit haben: Die erinnerten Umwelterfahrungen wurden folgenden Themenfeldern zugeordnet; in Klammern stehen ihre Häufigkeiten: »Tier- und Pflanzenwelt« (70,4 Prozent), »Müll und Abfall« (51,7 Prozent), »Wasserverschmutzung« (43,3 Prozent), »Klima« (39,4 Prozent) und »Naturerfahrungen« (38,9 Prozent). Lediglich 20,7 Prozent erinnerten sich an Themen aus dem Bereich Energie allgemein und Atomenergie. Der Hauptanteil der gemachten Erfahrungen liegt eindeutig auf Natur bezogenen Themen und konkreten Naturerlebnissen. Die eigenen schulischen Erfahrungen sind für die Berufsbiographie von Lehrern von zentraler Bedeutung (Terhart et al. 1994).

Es dürfte wohl nur eine rhetorische Frage sein, ob diese Erfahrungen den später selbst praktizierten Unterricht beeinflussen, indem sie direkt oder indirekt an die Schüler weitergegeben werden. Die Erhebung wurde bei angehenden Lehrerinnen und Lehrern gemacht. Die Schlussfolgerung darf jedoch für alle Berufe, ja für alle Menschen verallgemeinert werden, denn ganz generell wird »*berufliches Handeln nicht nur durch den institutionellen und organisatorischen Rahmen, in dem es stattfindet, sondern immer auch durch die persönliche Lebensgeschichte beeinflusst*« *(Goolemann et al.)*.

Hinzu kommt, dass Umwelt sehr häufig in zusammengesetzten Wörtern vorkommt. Alle sprechen modern von Umweltschutz, wenn sie auch den begrifflich viel älteren, aus dem 19. Jahrhundert stammenden Naturschutz meinen. Die Worte Umweltverschmutzung, Umweltsünden und Umweltsünder sind so alltäglich geworden, dass sie problemlos von den Lippen gehen. An den Umweltskandal, wenn zum Beispiel giftige, biologisch schwer- oder nicht abbaubare oder radioaktive Abfallprodukte in ein Ökosystem, pauschal und salopp gesprochen, in die Botanik gelangen, hat man sich schon fast gewöhnt. Jedermann weiß, das Umweltministerium befasst sich mit Klima und Energie, Atomenergie und mit erneuerbarer Energie, mit Strahlenschutz, Abfall, Boden und Wasser, so wie mit Chemikalien, Luft und Lärm, mit Natur und Arten, mit Verkehr und Feinstaub und anderem mehr. Viele dieser Begriffe haben Sie in ihrem *brain storming* für Umwelt aufgelistet. Also liegen Sie richtig!

Definieren

Welche Aufgabe hat eine Definition? Was muss sie leisten?

Eine Definition sollte das Ergebnis eines logischen Denkvorganges sein, um die wesentlichen Merkmale eines Begriffes zu bestimmen, und seine Bedeutung zu ermitteln. Man tut dies hauptsächlich, um seine Verwendung zu klären oder zu präzisieren. Das Wort Definition stammt vom latcinischen *definire* ab, das man mit bestimmen übersetzen kann. In *definire* wiederum steckt das Wort *finis*, soviel bedeutend wie Ende oder Grenze. Deshalb wird Definition in sprachwissenschaftlicher Literatur auch mit *Abgrenzung* übersetzt – wobei die Abgrenzung zu anderen Begriffen derselben Sprache gemeint ist.

Diese Art der Begriffsbestimmung geht auf den antiken griechischen Philosophen Platon (428 – 348, v. Ch.) zurück. Sie wurde von seinem Schüler Aristoteles

(384 – 322, v. Ch.) weiterentwickelt. Dieser unterschied zwischen Nominaldefinitionen und Realdefinitionen. Die Nominaldefinition erklärt oder legt nur den Namen beziehungsweise die Bezeichnung für eine Sache fest, wie zum Beispiel: ›Die Wissenschaft, die sich mit den Lebewesen beschäftigt heißt Biologie. Die Nominaldefinition steht damit im Gegensatz zur Realdefinition, die sich auf den Sinninhalt eines Gegenstandes bezieht: ›Die Biologie, als die Wissenschaft vom Leben, erforscht die Erscheinungsformen aller lebenden Systeme und ihre Leistungen, sowohl mit beschreibenden, als auch mit experimentellen Methoden.

Diese Unterscheidung zwischen Nominal- und Realdefinition wurde bis in die Neuzeit beibehalten. Nominaldefinitionen haben fast ausschließlich wissenschaftliche Bedeutung, weswegen sie hier, ebenso wie die vielen anderen Varianten der neueren Wissenschaftstheorie, nur eine untergeordnete Rolle spielen und vernachlässigt werden können.

Realdefinitionen dagegen benötigt man in der täglichen Praxis. Sie sind ein unabdingbarer Bestandteil des Denkens und somit ungleich lebenswichtiger als alle anderen. Deshalb bezeichnet man sie auch als Gebrauchsdefinitionen.

Aus dem Gebrauch resultiert: Eine Definition ist ein Werkzeug. Ein Werkzeug für einen bestimmten Zweck. Wenn dem so ist, dann muss es unterschiedliche Definitionen geben, denn Werkzeuge werden je nach ihrem Gebrauchszweck geformt. Das trifft auch generell für die tägliche Praxis zu. Deshalb werden Realdefinitionen nicht nur auch Gebrauchsdefinitionen, sondern auch Zweckdefinitionen genannt. Weil sich generell zu verfolgende Zwecke je nach Blickrichtung, Inhalt und Gewichtung durchaus unterscheiden können, werden häufig verschiedene Definitionen zu ein und demselben Begriff formuliert, um den Begriff entsprechend dieser Zielvorgabe benützen zu können.

Umwelt ist so ein Begriff! Ein Naturschützer wird unter Umwelt sicherlich etwas ganz anders verstehen als ein Sozialarbeiter in strukturarmen Gebieten; und ein Bürgermeister einer Großstadt, der Industrie ansiedeln möchte um Arbeitsplätze zu schaffen, hat mit Sicherheit noch mal eine ganz andere Zweck orientierte Vorstellung von Umwelt.

Umwelt als die uns umgebende belebte und unbelebte Natur, kann folglich nur eine solche Zweckdefinition sein. Insgesamt gesehen ist diese Interpretation von Umwelt durchaus ernst zu nehmen. Sie ist für viele Menschen vertraut und hat die Gewissheit einer festen Größe angenommen.

Sie stellt jedoch lediglich die erste einer ganzen Reihe möglicher Definitionen dar. Man könnte dieses Definitionsbeispiel 1 auch die grüne Umwelt nennen. Es beschreibt zweifellos einen wichtigen Aspekt, aber eben nur eine Sichtweise, die nicht das Ganze, sondern nur einen Teil sieht. Die Biosphäre wird auch als primäre Umwelt verstanden, signalisierend, dass es auch eine sekundäre Umwelt gibt.

Haben Sie in Ihrer Sammlung von Gedankenblitzen zum Thema Umwelt ausschließlich »grüne« Begriffe aufgelistet, oder haben Sie auch Autos, Abgase, Häuser, Städte, Fabriken, Arbeit, Fernsehen, Urlaub, Theater, Kino, Musik, Bücher, Sport, Menschen ....? Sicher haben Sie!

Verfahren Sie, bitte, mit diesen Begriffen methodisch ebenso wie vorher mit den grünen Stichworten. Suchen Sie wieder Kategorien und Überbegriffe.

Selbstverständlich haben Sie sofort erkannt, dass noch zwei Kategorien darin enthalten sind: Zunächst einmal heißt alles, was mit Wohnen und mit Arbeiten zu tun hat, also nicht die Natur, sondern das Menschenwerk, das heutzutage fast ausschließlich von Technik geprägt ist, die Wohn- und Arbeitswelt oder die Technische Umwelt.

Die noch verbleibenden Bereiche Musik, Kunst, Kino, Bücher, Politik, Religion, Elternhaus, Kinderstube, Schule, Bildung ... repräsentieren das, was unser gesamtes Denken, unser Tun, unser Wesen beeinflusst und prägt: Es umfasst die Gesellschaft und ihre Kultur. Der gesellschaftliche Aspekt wird oft aus der Umwelt ausgeklammert und mit einem eigenständigen Begriff belegt: Umgebung. Umgebung ist ein Terminus technicus aus der Soziologie und bezeichnet die soziale Umwelt, sie ist auch bekannt als das Milieu oder Umfeld. Dieser Begriff umfasst alle gesellschaftlichen Lebensumstände und Handlungsbedingungen. Die Abgrenzung zur Kultur kann nur sehr unscharf sein.

Gesellschaft und Kultur werden sowohl von der grünen, natürlichen Umwelt als auch von der technischen Seite der Lebensgestaltung abgegrenzt. Die vielen materiellen Begehrlichkeiten und die sich daraus ergebenden Wertungen bedingen diese Unterscheidung. Sie ist im Laufe der Zeit bis heute zunehmend deutlicher geworden. Das war aber nicht immer so.

Das Wort Kultur wird vom Partizip II des lateinischen Wortes »*colere*«, also »*cultum*« abgeleitet, das soviel wie »bebaut, bewohnt, gepflegt, geehrt« heißt. Menschengruppen lebten seit eh und je hauptsächlich in geografisch, klimatisch und somit auch ökologisch überschaubaren Lebensräumen. Je nach ihren Fähigkeiten haben sie sich mit diesem vorgegebenen Lebensraum auseinandergesetzt. Dies bedeutet jedoch nicht nur einsinnig vom Menschen ausgehende, schrittweise Veränderung der natürlichen Welt, beispielsweise durch Ackerbau, sondern auch umgekehrt eine Prägung der Menschen durch den vorgefundenen

Lebensraum. Er beeinflusste die Menschen sehr stark in ihrem Denken und folglich in der Gestaltung ihres Handelns, ihrer Sprache, ihrer Tradition und ihren Theorien. So genannte Hochkulturen trifft man in allen historischen Epochen. Man findet ihre Zentren meist in Gegenden, deren geografische Bedingungen den Bewohnern einerseits besondere Leistungen abverlangten und andererseits diese aber auch begünstigten. Die Wechselwirkungen zwischen Natur und Mensch gaben immer den Ausschlag für die Richtung einer Entwicklung. Eine Sprache musste sich notwendigerweise, Hand in Hand mit den das Leben gestaltenden örtlichen Bedingungen, Handlungen und Vorstellungen, entwickeln.

Sprache, Mythologie und Ethik sind in ihrem Ursprung und in ihrem Kern nicht voneinander abtrennbar. Erst die Folgeleistungen aus dem Normensystem und aus den entwickelten Zielvorstellungen, Religion, Staat, Politik, Recht, Handwerk, Technik, Kunst, Philosophie und Wissenschaft, werden als eigenständige Institutionen betrachtet. Daraus wiederum entwickelt jeder nach seinem Wissensstand seine persönlichen Sichtweisen, Überzeugungen und Wertungen. Sie helfen ihm die Deutung der Welt, die Sicht auf die Gesellschaft und die eigene Rolle darin zu reflektieren. Die Vokabeln »Folgeleistungen« und »entwickeln« signalisieren, dass sich das ganze System im Fluss, in Veränderung befindet. Eine, zu einem beliebigen Zeitpunkt vorgefundene, oder beschriebene Deutung der Welt stellt immer nur eine Momentaufnahme in einem dynamischen Prozess dar. Dies sollte zweifelsohne auch für unsere Vorstellungen von Umwelt gelten.

Umwelt erfasst nicht nur die Natur, auch wenn der Begriff in diesem Sinne eigenständig gebraucht wird. Sie beinhaltet alle drei Bereiche:
- Die grüne Welt, die Natur um uns herum, oder die primäre Umwelt
- All das Menschenwerk, die Wohn- und Arbeitswelt, und
- die Kultur, beide zusammen als die sekundäre Umwelt.

Der Begriff Umwelt des Menschen als Ökosystem allein schließt also die soziale Umwelt nicht oder nur indirekt mit ein.

Die Wohn- und Arbeitswelt oder auch Wirtschaftswelt und die soziale kulturelle Welt sind vielen Menschen, vor allem in den industriellen Ballungsgebieten rund um den Globus, bewusster und näher stehender als die Natur, allerdings weniger unter dem Oberbegriff ‚Umwelt'. Es ist bezeichnend, dass schon auf der Ebene der Begriffe in denen wir denken eine Trennung stattfindet zwischen Natur und Milieu, zwischen Umwelt und Umfeld, als wären es vollkommen getrennte Bereiche, die wenig miteinander zu tun haben oder sich sogar gegenseitig ausschließen. Aber das Gegenteil ist der Fall! Ausgehend vom grünen Bereich haben sich, historisch gesehen, die Bereiche Wohn- und Arbeitswelt und Kultur erst auf der Basis einer intensiven Naturerfahrung gebildet. Lediglich in der modernen Zeit, einhergehend mit der rasanten technischen Entwicklung, haben wir die Symmetrie zwischen den Bereichen gestört. Alle drei Bereiche sind gleich wichtig, aber nicht gleichwertig. Der grüne Bereich ist der umfassendste, weil er die natürliche Grundlage allen Lebens auf dieser Erde ist.

Abbildung 2

a) Die grüne Umwelt, die Wohn- und Arbeitswelt, grau, und die kulturelle Umwelt, weiß, nehmen in etwa einen gleichgroßen Raum im Bewusstsein der Menschen ein und befinden sich im Gleichgewicht.

b) In der modernen Zeit hat das Menschenwerk, die technische Wohn- und Arbeitswelt eine Überbetonung und Überbewertung erfahren und das Gleichgewicht verschoben, vor allem zu Ungunsten des Naturverständnisses.

Umwelt, ein Objekt

Wie auch immer Umwelt im herkömmlichen Sinne verstanden wird, die Begriffsinhalte und Definitionen beschreiben ein Objekt. Ein eigenständiges Objekt. Das ist auch weiter nicht verwunderlich, denn jeder Mensch ist überzeugt von seiner Fähigkeit, die Welt um ihn herum zu erkennen. Alles was außerhalb der Person existiert, das ›nicht-ich‹ muss folglich ein Objekt sein. Das Wort Umwelt beschreibt somit eine Summe fremder Objekte. Der Betrachter ist unbeteiligt. Dieses Unbeteiligtsein kommt ganz deutlich zum Ausdruck in der Definition, die im A NEW ENGLISH DIKTIONARY, von 1897 gegeben wird.

Unter dem Stichwort »environment« heißt es
1 *The action of environing; the state of being environed.*
2 *That which environs; the objects or the region surrounding anything.*
zu Deutsch:
1 Die Handlung des Umgebens; Der Status umgeben zu sein.
2 Umwelt ist das, was umgibt; die Dinge die umgeben, oder der Bereich, der irgendwas umgibt.

Definitionsbeispiel 2

Eine solche pauschale unpersönliche Auffassung scheint immer noch weit verbreitet zu sein. Die Dinge draußen tun etwas: Sie umgeben. Sie umgeben alles und jedes, vor allem den Menschen. Sie sind für die Menschen da und erbringen sozusagen eine Dienstleistung. Die Objekte können sogar auf die Lebewesen einwirken, also selbständig agieren. Der Mensch bleibt passiv. Er hat zu vielen Dingen, die ihn umgeben kaum einen oder keinen Bezug. Die Menschen, um die herum die Dinge da sind, vermissen den fehlenden Bezug nicht. Somit spüren sie auch kaum ein oder gar kein Bedürfnis, einen persönlichen, aktiven Bezug herzustellen. Es ist sehr bequem anonym und unbeteiligt zu sein. Als Ergebnis hat sich ein trennender Abstand zwischen den Dingen der äußeren Welt und den Menschen eingenistet.

In ganz ähnlicher Weise lernen Schüler höherer Schulen diesen unpersönlichen Aspekt aus dem Buch Abiturwissen Biologie, Fischer Kolleg, das 2002 erschienen ist, unter der Überschrift »Mensch und Umwelt«:

»Der Mensch ist ohne seine Umwelt, die ihm Lebensraum, Nahrung und Schutz bietet, nicht existenzfähig. Dennoch hat der Mensch bei seinem Bestreben nach materiellem Wohlstand Raubbau an der Natur betrieben. Der Mensch findet sich in einem Zwiespalt. Auf der einen Seite steht der Schutz der Natur, auf

der anderen Seite die menschliche Zivilisation, ohne deren technische Errungenschaften ein Existieren kaum noch möglich erscheint.«

Definitionsbeispiel 3

Auch hier ist es zunächst wieder die Welt draußen, die Natur, die Umwelt, die ›handelt‹: Sie bietet uns etwas – also nehmen wir es. Die Tatsache allein, dass die Menschheit ohne Umwelt, sowohl der natürlichen, als auch der kulturellen und technischen, scheinbar nicht existieren kann, stellt keine Eigenschaft der Umwelt dar, sondern der Menschen. Nicht nur der Menschen. Kein Lebewesen kann ohne Umwelt existieren!

Halten wir fest, die drei Definitionsbeispiele unterstellen: Die Teilbereiche natürliche physikalisch und biologische Umgebung sowie die technischen und kulturellen Errungenschaften des Menschen seien die wesentlichen Inhalte des Begriffes Umwelt. Sie beschreiben jedoch wiederum nur einen Teilaspekt, nämlich den, der auf den Menschen hin orientiert ist. Das heißt, Umwelt wirkt von außen auf das Individuum oder den Betrachter hin beziehungsweise ein.

Der Hinweis auf den Raubbau an der Natur ist gleichzeitig ein Hinweis auf die umgekehrte Wirkungsrichtung. Der Begriff Umwelt wurde in den siebziger Jahren ausschließlich im Zusammenhang mit den vom Menschen verursachten Problemen, die in der Natur sichtbar wurden – Baumsterben, Fischsterben, Artensterben etc. – neu aktiviert. Umwelt steht deshalb immer im Schatten des Umweltschutzes und wird oberflächlich vielfach mit dem zu erhaltenden Ökosystem gleichgesetzt. Die Tatsache, dass der Mensch die Natur vor dem Menschen schützen muss, ist ein klassisches Dilemma ungeahnten Ausmaßes. Das Definitionsbeispiel 3 betont unsere Abhängigkeit als wäre sie ein gutes Argument, um die Menschen dazu zu motivieren, die Natur zu schätzen und zu bewahren und aus dem Dilemma herauszufinden. Da Appelle wenig fruchten, verwundert es nicht allzu sehr, dass Umwelt nicht tief und nachhaltig genug in unser Bewusstsein dringt und deshalb allzu häufig unbeachtet bleibt.

Die beiden nachfolgenden Definitionsbeispiele sprechen ebenfalls davon, dass die äußeren Dinge umgeben und dass die Menschen sich bedienen. Darüber hinaus weisen sie jedoch auf etwas hin, was sie von den anderen Definitionsbeispielen abhebt und weit mehr beinhaltet als nur Geben und Nehmen: Sie betonen die Wechselwirkungen, die von v. Uexküll bereits eingeführt worden waren und von denen noch ausführlich in die Rede sein wird.

Im großen Wörterbuch der deutschen Sprache in 10 Bänden, dem Duden von 1999 steht:
Umwelt:
a) *auf ein Lebewesen einwirkende, seine Lebensbedingungen beeinflussende Umgebung: die soziale, kulturelle, technische, geistige Umwelt;*
b) *Menschen in jemandes Umgebung, mit denen jemand Kontakt hat, in einer Wechselbeziehung steht.*

Definitionsbeispiel 4

Das Deutsche Institut für Normung e.V., kurz DIN, hat ebenfalls eine Definition für Umwelt erarbeitet. Hier stehen nicht die Wirkungen der Umwelt auf den Menschen hin, sondern die Auswirkungen der menschlichen Aktivitäten auf die Umwelt im Vordergrund. Diese Zweckdefinition ist deshalb recht beachtenswert, weil in den zu gehörenden Begriffsbestimmungen, ausgerechnet hier, wo wir es vielleicht am wenigsten vermuten würden, ebenfalls auf die Wechselwirkungen zwischen Mensch und Umwelt hingewiesen wird.

Definition nach DIN EN ISO 14001:
»*Kurzreferat: Diese Norm legt Anforderungen an ein Umweltmanagement fest, die es einer Organisation ermöglichen, eine Umweltpolitik und entsprechende Zielsetzungen unter Berücksichtigung von rechtlichen und anderen Anforderungen über bedeutende Umweltauswirkungen zu entwickeln und zu verwirklichen. Sie gilt für jene umweltbezogenen Aspekte, die die Organisation als solche identifiziert, die sie kontrollieren beziehungsweise beeinflussen kann. Sie legt jedoch keine spezifischen Kriterien für Umweltleistungen fest.*«
»*Für die Zwecke dieser Internationalen Norm gelten folgende Begriffe:*
Umwelt: Umgebung, in der eine Organisation tätig ist; dazu gehören Luft, Wasser, Land, natürliche Ressourcen, Flora, Fauna, der Mensch sowie **deren Wechselwirkungen** *– Anmerkung: Die Umgebung erstreckt sich in diesem Zusammenhang vom Inneren einer Organisation bis zum globalen System.*
Umweltaspekt: Derjenige Bestandteil der Tätigkeiten, Produkte oder Dienstleistungen einer Organisation, der in Wechselwirkung mit der Umwelt treten kann – Anmerkung: Ein bedeutsamer Umweltaspekt ist ein Umweltaspekt, der eine bedeutende Umweltauswirkung hat oder haben kann.

Definitionsbeispiel 5

In vielen anderen Lexika, Fachbüchern und Fachartikeln entdeckt man in den Definitionen ebenfalls das gegenseitige aufeinander Einwirken von Natur und Mensch, beziehungsweise Lebewesen. Das Wissen um diese Wechselwirkungen schlummert dort vor sich hin und wird von der Allgemeinheit, dem Hauptträger des Begriffs, also derjenigen Instanz, die das Werkzeug gebraucht, die dem Begriff ›Leben‹ verleiht, wenig beachtet. Wer macht sich schon im Alltag klar, dass die meisten unserer Entscheidungen auch Entscheidungen über die Natur sind; dass Rodungen, Fällungen, Pflegemaßnahmen, die Ausbreitung des Siedlungsraumes mit der einhergehenden fortschreitenden Versiegelung des Bodens, etc. immer Entscheidungen auch über das Ökosystem sind?

Vielleicht spiegelt der Beitrag im Brockhaus 2006 ganz treffend die allgemeine Einschätzung und Wertung dessen wider, was wir für Umwelt halten:

»Umwelt, die Gesamtheit aller direkt und indirekt auf einen Organismus, eine Population oder eine Lebensgemeinschaft einwirkenden biotischen und abiotischen Faktoren einschließlich ihrer Wechselwirkungen. – Der Terminus Umwelt wurde 1921 durch Jakob von Uexküll als zentraler Begriff der Ökologie eingeführt; nach ihm bezeichnet er die spezifische lebenswichtige Umgebung einer Tierart, die als Merkwelt (Gesamtheit ihrer Merkmale) wahrgenommen wird und als Wirkwelt (Gesamtheit ihrer Wirkmale) alle die Umgebungsfaktoren umfasst, mit denen das Tier aktiv in Beziehung tritt und an denen es wirkt (Funktionskreis). Als vorwiegend naturwissenschaftlich konzipierter Begriff hat sich diese Definition jedoch als zu eng erwiesen, so dass eine Differenzierung in die verschiedenen Teilbereiche, unter denen die Umwelt eines Organismus betrachtet werden kann, vorgenommen wurde; man unterscheidet:
1. *biologische Umwelt, die etwa dem Umweltbegriff Uexkülls entspricht.*
2. *minimale Umwelt, die Summe der für einen Organismus lebensnotwendigen Faktoren;*
3. *physiologische Umwelt, alle direkt auf den Organismus wirkenden Faktoren der Außenwelt sowie (in Erweiterung) auch die Wirkung des Organismus auf diese;*
4. *ökologische Umwelt, die neben den direkt wirkenden Faktoren auch indirekt wirkenden Faktoren (zum Beispiel: die den Zwischenwirt des Parasiten einer Art) einbezieht;*
5. *kosmische Umwelt, die Gesamtheit der im Weltzusammenhang stehenden Faktoren, die auf einen Organismus einwirken (zum Beispiel Klima, Sonnenlicht).*

Für den Menschen ist neben der physiologischen Umwelt (natürliche Faktoren) und der technischen Umwelt (die von Menschen geschaffene) besonders die soziale Umwelt bedeutend; sie besteht aus der Sozialstruktur, in der der Mensch lebt. Die Entwicklung der menschlichen Persönlichkeit ist durch das Milieu geprägt, in dem er seine sozialen Erfahrungen macht.«

Definitionsbeispiel 6

In der Einleitung wird zwar auf die Wechselwirkungen eingegangen, weil sich der Autor an die Lehrmeinung von Jakob von Uexküll (1864 – 1944) anlehnt. Bezeichnender Weise wird deren Bedeutung jedoch als zu eng abgetan. Umwelt wird sodann in fünf Teilbereiche gegliedert, unter denen die Umwelt eines Organismus betrachtet werden könne. Aus dreien davon spricht die eindeutige Ausrichtung der Umweltfaktoren auf das Lebewesen hin. Lediglich der eine Punkt weist auf die Wechselwirkungen hin, bezieht also die umgekehrte Wirkung mit ein. Somit erhält die Ausrichtung auf das Lebewesen hin das hinlänglich bekannte Übergewicht. Bleibt zu fragen, ob dieses Übergewicht tatsächlich vorhandene, natürliche Verhältnisse widerspiegelt? Wenn ja, hieße das, dass die meisten Umweltfaktoren tatsächlich auf ein Lebewesen hin gerichtet sind und einwirken, oder handelt es sich dabei um eine reine menschliche Betrachtungsweise? Sind tatsächlich schon alle Winkel ausgeleuchtet, oder gibt es noch andere Perspektiven?

Zementierter Begriff

Ja die gibt es.

Aber die Medien haben längst die Rollen verteilt, entschieden und uns die Definition abgenommen. Wir hören und sehen hauptsächlich wie sie den Begriff, in das schnelle Tagesgeschehen passend, verwenden und kommen unweigerlich wieder zu dem Resultat: Umwelt ist draußen! Verstärkt wird dieser Eindruck durch Erfahrungen hauptsächlich, aus zwei Bereichen: Aus dem Bereich Umweltmanagement und aus den Aktivitäten privater Umweltschutzorganisationen.

Als Beispiel für das Umweltmanagement möge der Beitrag aus »Forschungsraum Europa, herausgegeben von der Europäischen Kommission, Generaldirektion Bildung und Kultur, und Generaldirektion Forschung, Brüssel 2000, dienen. Da heißt es:

»Für einen blaueren Planeten, Lebensqualität und Know-how
Die Europäische Umweltforschung umfasst in einem tief greifenden Ansatz auch die regionalen und lokalen Ökosysteme. Zahlreiche Projekte untersuchen die Möglichkeiten der Erhaltung, Wiederherstellung und umsichtigen Bewirtschaftung von Gebirgsmassiven, Seen und Flüssen, Feuchtgebieten, Anbauflächen, Küstengegenden und Grundwasserressourcen. Das Streben nach Umweltqualität beschränkt sich jedoch nicht auf die Natur und die Vermeidung der Naturgefahren, sondern betrifft auch Städte, in denen 80 Prozent der Europäer leben. Dies geschieht über Forschungsprojekte, die sich mit der Luft, dem Lärm, dem Verkehr und der Erhaltung des Kulturerbes befassen.

Parallel zu diesen Ansätzen hat Europa ein erstklassiges Know-how in den Bereichen Technologien und saubere Produktions- und Wirtschaftssysteme erworben. Für eine nachhaltige Entwicklung stellt der Umweltschutz eine technologische und wirtschaftliche Herausforderung dar, der sich Europa umfassend stellt.«

Zugegeben, Vieles wurde bisher erreicht – keine Frage. Trotzdem mangelt es den privaten Umweltschutzorganisationen nicht an Anlässen, aktiv zu werden. Nach wie vor melden sie sich immer zu Wort, wenn es gilt, gefährdete Biotope oder Tier- beziehungsweise Pflanzenarten zu erhalten oder Missstände anzuprangern: Rettet die Wale – rettet die Schildkröten – erhaltet die Flussauen und unzählige Appelle mehr!

Als Beispiel für ihre dringend notwendige Arbeit sei Greenpeace zitiert. Greenpeace mobilisierte im Juni 2006 wieder einmal gegen die Urwaldzerstörung am Amazonas: *»Mit der zunehmenden Nachfrage der Verbraucher nach Fleisch steigt auch die Nachfrage nach Soja. Egal ob Schwein, Kuh oder Federvieh – zur Tierfütterung werden große Mengen Soja nach Deutschland importiert. Allein die Importe aus Brasilien haben sich in den vergangenen vier Jahren verdoppelt, schreibt Greenpeace. Bislang war der Süden Brasiliens Zentrum der Sojaindustrie. Nun frisst sich die »Sojafront« immer schneller in die unberührten Urwälder Amazoniens hinein. Die Rodung des Waldes entwickelt sich für die Landwirtschaft zum bedrohlichen Faktor. Die meisten Flächen werden brandgerodet, was den Klimawandel weiter anheizt. Deshalb fordert Greenpeace:*
• *Den sofortigen Stopp von Holzeinschlag und Brandrodung in den noch intakten Urwaldregionen, um ein umfassendes und funktionierendes Netzwerk von Schutzgebieten auch zum Schutz der lokalen Bevölkerung einrichten zu können.*

- *Die Rechte der eingeborenen Bevölkerung müssen anerkannt werden. Die Eingeborenen müssen mitentscheiden können, was mit ihrem Land geschieht.*
- *Einfuhr, Besitz und Handel mit Produkten aus Urwaldzerstörung müssen verboten und bestraft werden.*
- *Urwaldschutz braucht Geld. Die Regierungen der Welt, auch die deutsche Bundesregierung, müssen deutlich mehr Geld für den Schutz der Urwälder bereitstellen. Urwaldschutz ist gleichzeitig Vorsorge gegen Armut.«*

Der Urwald als Umwelt, welch ein einprägsames Bild! Die Kinder und die Erwachsenen natürlich auch, zählen eins und eins zusammen. So ergänzen und erweitern alle kontinuierlich den Inhalt der Worthülse Umwelt aus ihrem Erfahrungsbereich, denn das, was wir unter Umwelt verstehen, definiert sich von selbst durch die Anwendung des Begriffs und umgekehrt, wie wir es gelernt haben, so wenden wir den Begriff wieder an – die Katze beißt sich in den eigenen Schwanz: Landschaft, Natur, Gewässer Fauna und Flora, die gesamte Ökologie, die Botanik, alles haben wir in einen Topf geworfen, gut durchgerührt und zum Einheitsbrei verkocht. So wurde der Brei zur Definition.

Genügt das?

Viele Menschen geben sich mit diesen und ähnlichen Formulierungen vollauf zufrieden, weil Sie in der Regel einfache, unkomplizierte Antworten auf oft komplexe Fragen bevorzugen. Sie erliegen dabei der Illusion, diese einfachen Antworten seien bereits der Weisheit letzter Schluss, und das Ziel für all die Anstrengungen, die erbracht werden müssen, sei hinlänglich benannt. Je nach Bedarf stehen biologische, physikalische, chemische, technische, soziologische, ökologische, ökonomische, und nicht zuletzt politische Aspekte im Vordergrund. Argumente also, die auf ein Objekt bezogen, gegenständlich, sichtbar und sachlich sind. Somit handelt es sich um reine Zweckdefinitionen.

Ist aber dieser Status quo, so wie wir jetzt Umwelt begreifen, der jetzige, verfügbare Erkenntnisstand endgültig? Ich denke nicht. Sollten wir wirklich im 21. Jahrhundert auf der Erkenntnisstufe des ausgehenden 19. Jahrhunderts (Ernst Haeckel) oder gar der der Kinder stehen bleiben? Umwelt ist draußen? Wer eine solche Meinung vertritt, hat wenig Vertrauen in die Zukunft. Er eignet sich somit als Preisträger für den Dinosaurier des Jahres. Das ist ein peinlicher Preis, der seit 1993 vom Naturschutzbund Deutschland an Personen des öffentlichen Lebens vergeben wird, die seiner Meinung nach veraltete Umweltstandards vertreten oder sich in Sachen Umweltschutz als besonders antiquiert erwiesen haben.

Als ich mit einer ehemaligen Studienkollegin über die Umweltthematik diskutierte und diese allgemeinen Definitionen in Frage stellte, wurde ich – meine Bekannte ist Oberstudienrätin – sogleich scharf zurechtgewiesen, so und nicht anders wird Umwelt definiert! Basta!

Die Bedeutung des im Wort *Definition* enthaltenen Wortes *finis* gleich Ende scheint hier durchzuschlagen. Die Definition wird zur Endstation des Denkens, zur Sackgasse. Definitionen werden oft als Schlussstrich missverstanden, dann behindern sie. Wenn die Software verhärtet, lässt sie keinerlei Freiheitsgrade des Denkens mehr zu. Weiterdenken, in Frage stellen, anzweifeln, nach neuen Gesichtspunkten suchen wäre demnach reine Zeitverschwendung. So wird es definiert, so ist es, also muss ich mir keine weiteren Gedanken machen.

Muss man da nicht skeptisch werden?

Der derzeitige Umweltbegriff

Kapitel 3

Sei nüchtern und lerne zu zweifeln, denn das macht geschmeidig den Geist.

Epicharmos (um 550 – 460 v. Chr.)

Wo bleibt der Zweifel?

Durch den Zweifel an der Existenz aller Dinge erhofften sich die Skeptiker des antiken Skeptizismus innere Distanzierung, Glück, Lebensgenuss und Freiheit zu gewinnen. War der grundsätzliche Zweifel in der Antike eine theoretische und moralische Geisteshaltung, so war er für den französischen Philosophen und Naturwissenschaftler Descartes (1596 - 1650) ein Hebel, den das Denken ansetzen musste. Waren die Zweifel ausgeräumt, gelangte man zu einer ersten Gewissheit. Auf ihr ließ sich dann ein Gebäude unbezweifelbarer und daraus ableitbarer Gewissheiten errichten. Durch diesen »methodischen Zweifel«, der im Gegensatz zum grundsätzlichen, skeptizistischen Zweifel steht, erarbeitete sich Descartes einen für die damalige Zeit Bahn brechenden Ansatz und legte damit den Grundstein für die moderne Erkenntnistheorie. Für ihn war der Zweifel der Anfang der Weisheit.

Und heute? Wir tun so, als wäre der fest zementierte Begriff Umwelt bereits eine Gewissheit, auf der wir aufbauen können. Wo bleibt der Zweifel? An welcher Stelle könnte der Hebel angesetzt werden? Meine Bekannte, die Oberstudienrätin, hatte keinen Zweifel. Sie ist damit nicht allein. Wer zweifelt heute überhaupt an unserem Umweltverständnis? In der Tat haben wir in den letzten 50 Jahren, unter der Annahme, es wäre tragfähig, auf diesem Fundament ein riesiges Konstrukt aus nationalen sowie internationalen Umweltorganisationen, Rechtsvorschriften und Abkommen errichtet. Ereignisse, Anlässe, die einen echten methodischen Zweifel hätten auslösen können, beziehungsweise müssen, gab es immer wieder. Auch Zweifler, aber man schenkte ihnen kein Gehör.

Bis weit in die 1960er Jahre des letzten Jahrhunderts hinein war Umwelt überhaupt kein Thema in der Öffentlichkeit. Das Wirtschaftswunder wies den Weg. Der weltpolitische Konkurrenzkampf und der wirtschaftliche Aufschwung beherrschten in den beiden folgenden Dekaden fast ausschließlich das Denken. Parallel dazu wurde die Ertragssteigerung in der Landwirtschaft durch den Einsatz von einer Vielzahl von Pestiziden rücksichtslos vorangetrieben. Dies geschah nicht nur in den Großproduktionsstätten für Grundnahrungsmittel, beispielsweise der USA oder der Sowjetunion, sondern flächendeckend vom Columbianischen Blumenzüchter bis hin zum Deutschen Schrebergärtner. Die Chemiekonzerne wollten ihre Produkte verkaufen und schreckten nicht vor einseitiger, die Vorteile betonender und die Nachteile verschweigender Werbung zurück. Viele Jahre später hat der Vorsitzende eines Obst- und Gartenbauvereines, nach einem Vortrag über biologischen Gartenbau, die Problematik auf den Punkt gebracht. »Wem sollen wir nun glauben? Vor Jahren kamen Doktoren im weißen Kittel zu uns und erklärten, nur in Zusammenarbeit mit der Chemie und der Anwendung ihrer Produkte könne man vernünftige, der aufgewendeten Arbeit angemessene Erträge im privaten wie im kommerziellen Gartenbau erzielen. Des gleichen in der Landwirtschaft, und jetzt kommen andere Doktoren und erzählen uns genau das Gegenteil.«

Schon Ende der 50er Anfang der 60er Jahre entstanden viele kritische Berichte über Pestizide. *»Eine kleine Revolution stellte die sogenannte »Kennedy-Note« dar, in der Präsident John F. Kennedy seine Zweifel formulierte: Er sandte aufgrund widersprüchlicher Berichte über Pestizide am 23. Februar 1961 eine »Note über die natürlichen Ressourcen« an den Kongress, in der er zu einer größeren Übereinstimmung und Koordination in den leitenden Stellen aufrief. Er wies darauf hin, dass »eine Behörde die Anwendung chemischer Pestizide fördert, obwohl sie Singvögel und Flugwild gefährden, deren Erhaltung von einer anderen Behörde befürwortet wird«.* (Special Message on Natural Resources)

1962 erschien Rachel Carson's Buch Silent Spring, der stumme Frühling und versetzte die »Pestizid-Kreise« aus Wirtschaft und Wissenschaft in helle Aufregung. Die Hauptaussagen in Silent Spring, zwar schon vor knapp 50 Jahren formuliert, haben bis heute nichts an Gewicht und Bedeutung verloren. Sie gelten nach wie vor:

»Unter chemisch-biologischem Blickwinkel: Insektizide sind chemisch einfache Verbindungen mit kaum überschaubaren biologischen Auswirkungen. Sie sollten nicht Insektizide, sonder Biozide genannt werden.

Aus ökologischer Sicht: In der Natur existiert nichts für sich allein –»Bekämpfung« ist ein Ausdruck menschlicher Anmaßung, entstanden aus der Erwartung, dass die Natur nur der Menschen wegen da sei.

Politisch gesehen: Das U.S.-Landwirtschaftsministerium ist verantwortlich für die breit angelegten Schädlingsbekämpfungsprogramme auf Bundesebene und völlig inkompetent. (Nur dieses? Anmerkung des Autors)

Juristisch betrachtet: Es sollte ein Menschenrecht geben auf ein Leben ohne Gefährdung.« (Carson)

In Europa jedoch wurde dem Buch und dieser Thematik zunächst kaum Aufmerksamkeit geschenkt. Nachhaltige Zweifel an der Wirtschaftsweise hatten sich noch nicht eingestellt. Dies sollte sich erst Jahre später ändern. Erst nachdem sich in der Natur deutlich sichtbare und messbare, nachteilige Veränderungen häuften, erwachte das Interesse der Medien und damit in der breiten Öffentlichkeit. Erst dann wurde unser Dornröschenschlaf gestört. War man einmal sensibilisiert, fiel es einem wie Schuppen von den Augen. Plötzlich erkannte man viele Veränderungen und bekannte sich dazu. Zögerlich am Anfang, aber immerhin gestand man sich ein, dass die meisten Probleme hausgemacht und auf den menschlichen Raubbau an der Natur zurückzuführen seien. Manche der Probleme wurden auch, selbst von wissenschaftlicher Seite, falsch eingeschätzt.

Der Wald

Eines der aufrüttelnden Schlüsselereignisse war die Feststellung der Veränderungen an Bäumen im Wald. Zwar kannte man bis dahin lokale Gesundheitsschädigungen von Bäumen durch Abgase aus nahe liegenden Industrieanlagen, aber die neue flächendeckende Dimension der Schäden überraschte dann doch. Das so genannte »Waldsterben«, etwas später offiziell abgemildert zu »Krankheit des Waldes«, war in aller Munde und lieferte Stoff für Schlagzeilen. Eifrige Propheten machten sich ans Werk und gaben den Wäldern nur noch eine Überlebenschance von zehn, bis maximal zwanzig Jahren. Sie prognostizierten eine, aus heutiger Sicht voreilige, baumlose Zukunft. Der Schuldige war auch schnell ausgemacht. Als Hauptverursacher galt der saure Regen. Darunter versteht man Niederschlag, dessen pH-Wert niedriger liegt als der pH-Wert von 5,6 eines normalen, natürlichen Regens in sauberer Luft.

Die Hauptquellen für den unnatürlichen sauren Regen sind die Abgase Kohlendioxid sowie die Stickoxide und die Schwefeloxide aus den fossilen Brennstoffen Kohle und Erdöl. Ein Teil davon löst sich im Wasser der Luft und bildet Säuren (siehe Abbildung 3). Obwohl bereits das Bundesimmissionsschutzgesetz von 1974 und die zugehörigen Allgemeinen Verwaltungsvorschriften wie die Technische Anleitung zur Reinhaltung der Luft – TA Luft, und die Großfeuerungsanlagenverordnung in Kraft waren, benötigte deren konkrete technische Umsetzung Zeit. So verwundert es nicht, dass trotzdem die Abgase aus Industrie und, allen voran, dem Straßenverkehr den pH-Wert von Regen und Schnee bis auf einen stark sauren Wert von pH 2 absenkten (siehe Abbildung 3).

Der saure Regen ist nur ein Faktor. Ein zweiter kommt hinzu. Die Stickoxide in der Luft reagieren an heißen Sonnentagen mit starker UV-Einstrahlung mit anderen organischen Ärosolen zu Ozon und sind so für erhöhte Werte von toxischem, bodennahem Ozon mitverantwortlich. (siehe Abbildung 3) Wie diese anthropogenen Schadstoffe wirklich an und in den Bäumen wirken, wird kontrovers diskutiert. Eines jedoch scheint ziemlich sicher: Die Bodenversauerung an den Wurzeln und die überhöhte Konzentration von Ozon in der Krone nehmen die Bäume gnadenlos in die Zange.

Totgesagte leben länger. Die deutschen Wälder rauschen noch immer! Ja, aber wie?

Die erste Erhebung der sichtbaren Schäden an Waldbäumen erfolgte schon 1983 in den Bundesländern. Ab 1984 wurde jährlich ein Waldschadensbericht für die gesamte Bundesrepublik vorgelegt, der dann in Waldzustandsbericht umbenannt wurde, als könnte man schon durch die Namensänderung etwas bewirken.

Es ist still geworden um den Wald. Achtundzwanzig Jahre! Keine öffentliche Aufmerksamkeit kann über eine so lange Zeit kontinuierlich aufrechterhalten werden. Wen wundert es deshalb, dass der Wald ganz leise, unbemerkt von einer desinteressierten Bevölkerung, vor sich hinsiecht? Jede Generation wächst in ihre Zeit hinein und geht von ihrer täglichen Erfahrungswelt, von ihrer »Momentaufnahme« als Basis aus. Bald wird es keine jungen Leute mehr geben, die je etwas anderes gesehen hätten als kranke Bäume. Der Krankheitszustand wird so zum Normalzustand.

Sind wir auf dem »Holzweg«?

Der deutsche Wald   Die Industrie
ist krank.   holzt ab.
Er nadelt.   Geld adelt.

dichtete Klaus Wessels schon 1988 als Beitrag zum Wettbewerb: Der Wald in unseren Augen; (mit einem Beitrag des Bundespräsidenten Richard von Weizsäcker. Die besten Texte aus dem Wettbewerb Autoren für die Rettung des Waldes.)

Die Schlagzeile zum Waldzustandsbericht 2010 tönt: Jede zweite Eiche ist krank! Trotzdem lautet die Offizielle Überschrift zum Ergebnis der Waldzustandserhebung 2010 :

»Der Zustand des Waldes in Deutschland hat sich 2010 im Vergleich zum Vorjahr leicht verbessert.

2010 waren im Durchschnitt 38 Prozent aller Baumarten ohne Kronenverlichtung, also ohne Nadel- oder Blattverlust. Im Jahr 2009 lag dieser Wert noch bei 36 Prozent. Die Verbesserung ist insbesondere auf die Erholung bei der Buche zurückzuführen (-17 Prozent bei der deutlichen Kronenverlichtung). Hingegen ist die mittlere Kronenverlichtung der Eiche auf ein noch nie erreichtes Niveau gestiegen. Verantwortlich dafür sind starke Fraßschäden verschiedener Schmetterlingsraupen. Der Kronenzustand von Fichte und Kiefer hat sich nicht verändert.

Derartigen »Verbesserungen« beziehungsweise »Verschlechterungen« beziehen sich immer nur auf das Vorjahr. Es handelt sich hierbei lediglich um Schwankungen, wie sie in den vergangenen Jahren seit 1983 schon mehrfach aufgetreten sind. Zieht man Bilanz über all die Jahre, in denen der Kronenzustand der Bäume erfasst wurde, so zeigt sich, dass ein deutlicher Trend zur nachhaltigen Erholung nicht zu erkennen ist.

Die Entstehung von saurem Regen und die Bildung von Ozon:

a) Kohlendioxid
$CO_2 + H_2O \rightarrow H_2CO_3$ Kohlensäure   pH-Wert 5,6

b) Stickoxide
$2NO_2 + H_2O \rightarrow HNO_2 + HNO_3$ Salpetrige- und Salpetersäure   > 5,6
$N_2O_4 + H_2O \rightarrow HNO_2 + HNO_3$ Salpetrige- und Salpetersäure   > 5,6

c) Schwefeloxide
$SO_2 + H_2O \rightarrow H_2SO_3$ Schweflige Säure   > 5,6
$SO_3 + H_2O \rightarrow H_2SO_4$ Schwefelsäure

d) pH-Wert: 1 2 3 4 5 6 7 8 9 10
         stark sauer   sauer   neutral   alkalisch

e) Ozon in Bodennähe
$NO_x + UV \rightarrow NO_{(x-1)} + <O>$
$<O> + O_2 \rightarrow O_3$

f) Ozon der Stratosphäre
$O_2 + UV \rightarrow <O> + <O>$
$<O> + O_2 \rightarrow O_3$

Abbildung 3
a,b,c Kohlendioxid, Stickoxide und Schwefeloxide bilden mit dem Wasser der Luft Säuren und fallen im Niederschlag als saurer Regen, aber auch als saurer Schnee zu Boden.
d   der Säuregrad wird im pH-Wert gemessen.
e   Ultraviolette Strahlung kann aus Stickoxiden einzelne Sauerstoff-Ionen abspalten. Diese können mit dem Luftsauerstoff zu Ozon reagieren.
f   Ultraviolette Strahlung spaltet in der Stratosphäre molekularen Sauerstoff in zwei Sauerstoffatome, die sich sofort mit anderem Sauerstoff zu Ozon verbinden

Club of Rome 1968

1968 lud der italienische Industrielle Aurelio Peccei, Mitglied der Firmenleitung von Fiat und Olivetti sowie Präsident der Unternehmensberatung Italconsult, gemeinsam mit dem Schotten Alexander King, Direktor für Wissenschaft, Technologie und Erziehung bei der Pariser Organisation für wirtschaftliche Zusammenarbeit und Entwicklung (OECD), 34 führende Ökonomen und Wissenschaftler aus ganz Europa zu einem Treffen nach Rom ein. Sie hatten sich das Ziel gesteckt, ein tieferes Verständnis für die komplizierten Wechselwirkungen zwischen politischen, kulturellen, wirtschaftlichen und ökologischen Problemen aller Art zu wecken. Nach dem Ort ihres ersten Treffens, gaben sie sich den Namen »Club of Rome«. Der Club of Rome beschreibt sich selbst als *»thinktank and a center of research and action, of innovation and initiative«*, also als eine Denkfabrik und ein Zentrum für Forschen und Handeln, für Innovation und Initiative. Er will als eine nicht-profitorientierte Nicht-Regierungs-organisation Naturwissenschaftler, Wirtschaftswissenschaftler, Wirtschaftsmanager, hochrangige Mitarbeiter aus dem öffentlichen Dienst, und amtierende oder ehemalige Staatschefs aus allen fünf Kontinenten zusammen bringen, die davon überzeugt sind, dass die Zukunft der Menschheit nicht ein für allemal festgelegt ist und dass jeder Einzelne zur Verbesserung unserer Gesellschafsformen etwas beitragen kann.«

Heute, mehr als 43 Jahre später, existieren rund 30 »National Associations for the Club of Rome« (Nationale Gesellschaften). Sie haben zwei Aufgaben: Sie sollen zum einen Ideen und Vorschläge aus den jeweiligen Ländern in die Arbeit des Club of Rome einbringen und zum anderen die Ergebnisse und zukunftsweisenden Botschaften des Club of Rome in die einzelnen Länder hineintragen, ihre Dringlichkeit darstellen und unterstreichen.

Die Arbeit des Club of Rome geschieht in der Regel zwar nicht im Geheimen, so doch weitgehend unter Ausschluss der Öffentlichkeit. Nur einmal trat er öffentlich in Erscheinung. Einer der ersten größeren Schritte sollte gleich ungeahnte weit reichende Folgen haben. Es geschah auf dem ersten förmlichen Jahrestreffen in Bern. Professor Jay Forrester vom MIT (Massachusetts Institute of Technology) schlug vor, die von ihm entwickelte Technik zur Systemanalyse »Industrial Dynamics« (Dynamik industrieller Systeme) weiter zu entwickeln, um die Dynamik der Weltentwicklung zu modellieren. Weil ein solches Projekt sehr vielschichtig und notgedrungen fächerübergreifend arbeiten musste, war zu seiner Verwirklichung ein ganzes Team von Wissenschaftlern notwendig. Professor Eduard Pestel, Gründungsmitglied des Club of Rome, unterbreitete der Stiftung des Volkswagenwerkes in der Bundesrepublik Deutschland, deren Mitglied im Kuratorium er war, erfolgreich den Vorschlag, dieses Projekt zu fördern. Der junge Professor Dennis Meadows, damals 28 Jahre alt, wurde für das Projekt am MIT als Leiter der Arbeitsgruppe gewonnen. 1972 erregten die Ergebnisse dieser Studie, veröffentlicht in dem Buch »Limits to Growth«, zu Deutsch »Grenzen des Wachstums«, großes Aufsehen. Die Studie berücksichtigte eine Vielzahl bekannter Kenngrößen und zeitlicher Zusammenhänge zwischen Ursachen und Wirkungen. Die wichtigsten Inputs zum Computermodell waren die Wechselwirkungen zwischen der Bevölkerungsdichte, den Nahrungsmittelressourcen, der Energie, dem Material, dem Kapital, der Landnutzung und der Umweltzerstörung.

Das Ergebnis überraschte. Die Analyse ergab, dass die Weltbevölkerung und der Lebensstandard innerhalb von 50 bis 100 Jahren katastrophal abfallen werden, wenn die gegenwärtigen Trends anhielten. Dem Wirtschafts- und Bevölkerungswachstum seien durch Nahrungsmittelknappheit, Umweltverschmutzung und Rohstoffknappheit Grenzen gesetzt. Um das Jahr 2100 würden erste Rohstoffkrisen und Hungersnöte drohen. Nur durch massive Anstrengungen, insbesondere bei der Geburtenkontrolle und im Umweltschutz sowie durch sparsame Rohstoffkreisläufe könne eine langfristige Stabilität der Weltwirtschaft erreicht werden.

Der Club of Rome hat zu dieser Studie im Buch eine kritische Würdigung geschrieben. Darin heißt es unter anderem: » ... *wir vertreten in der Tat die Ansicht, dass soziale Innovation nicht mehr länger hinter der technischen zurückbleiben darf, dass die Zeit für eine radikale Reform institutioneller und politischer Prozesse auf allen Ebenen, einschließlich der höchsten, der Ebene der Weltpolitik, reif ist.*« An anderer Stelle lesen wir: » ... *wir sind schließlich überzeugt, dass jeder vernünftige Versuch, einen dauerhaften Gleichgewichtszustand durch geplante Maßnahmen herbeizuführen, letztlich nur bei grundsätzlicher Änderung der Wert- und Zielvorstellungen des Einzelnen, der Völker und auf der Weltebene von Erfolg gekrönt sein wird.*«

Von diesem Buch, dessen Hauptautoren Dr. Donella H. Meadows, ihr Mann, Dr. Dennis L. Meadows, sowie Dr. Erich K.O. Zahn und Peter Milling waren, sind bis heute 12 Millionen Exemplare verkauft. Es ist in 37 Sprachen übersetzt und 1973 wurde der Club of Rome dafür mit dem Friedenspreis des Deutschen Buchhandels ausgezeichnet. Bedarf es einer weiteren Wertung? Wohl kaum.

Der wirklich entscheidende und innovative Ansatz lag darin, dass diese Zukunftsstudie nicht, wie bisher auf nationaler Ebene, sondern global angelegt worden war. Sie enthielt somit ein ganz neues Potenzial, das wesentlich dazu beitragen konnte, die Entstehung der internationalen Ökologiebewegung zu beschleunigen und zu stabilisieren. Nicht alle, aber viele der herausragenden Persönlichkeiten dieser Zeit, wie zum Beispiel: der Dalai Lama, Yehudi Menuhin, Tschingis Aitmatov, Michail Gorbatschow, Václav Havel, Jane Goodall, Hoimar von Ditfurth, Frederik Vester, Ernst Ulrich von Weizsäcker, Hans Küng, Hans-Peter Dürr und viele andere mehr erkannten, dass nur ein neues globales Umweltbewusstsein und ein neues Weltethos, das vom Bericht geforderte Ziel, den politischen und wirtschaftlichen Wandel, herbeiführen können. Bleibt zu fragen, was unter einem neuen globalen Umweltbewusstsein zu verstehen sei, wenn man nicht nur die geographische Erweiterung sehen will.

Vierzig Jahre

Diese internationale Ökologiebewegung zu beschleunigen und zu stabilisieren ist eine Sache. Ob es den führenden Politikern gelingt, sie in nachhaltige Entwicklung (sustainable development) - von der neuerdings jeder spricht - umzusetzen, ist noch keine Gewissheit, sondern nur Hoffnung. Zweifel sind berechtigt. Sie sind insofern berechtigt, als die Autoren Donella Meadows, Dennis Meadows und Jorgen Randes in ihrer Nachfolgestudie »Beyond the Limits to Growth« 1992 zu einem vielleicht - vielleicht auch nicht - überraschenden Ergebnis kommen: Wir befinden uns bereits jenseits der Grenzen. Die erneute Simulation, in die aktuelle Daten eingeflossen sind, beschreibt eine Abnahme der pro Kopf Produktivität sowohl von Nahrung als auch von Energie und industrieller Produktion.

In einem Interview der Tageszeitung »Die Zeit« im Jahr 2004 antwortete Dennis L. Meadows auf die Frage, ob die Menschheit ihrem Ruin entgegen trudelt: »*Haben Sie etwa einen anderen Eindruck? Die meisten Naturwissenschaftler sind davon überzeugt, dass die Menschheit das Klima ändert. Viele Fischbestände der Ozeane sind bereits verschwunden. Die Wälder, die Binnengewässer, der fruchtbare Boden – auf sämtlichen Kontinenten der Erde wird all das heruntergewirtschaftet. Obendrein wird die Kluft zwischen Arm und Reich größer. Wenn Sie also optimistisch in die Zukunft blicken, verraten Sie mir bitte den Grund dafür.*«

Und auf die Frage der Zeitung im selben Interview, welche neuen Erkenntnisse er für die dritte Auflage des Buches habe, antwortete er. »*Die wichtigste*

Erkenntnis daraus ist, dass die Menschheit dreißig Jahre verloren hat. (Aus den verstrichenen dreißig Jahren sind mittlerweile vierzig Jahre geworden.) *Wenn wir in den siebziger Jahren begonnen hätten, Alternativen zum materiellen Wachstum zu entwickeln, könnten wir heute gelassener in die Zukunft blicken«.*

Bis in die neunzehnhundertsiebziger Jahre war die Ökologie eine vor sich hindümpelnde Zweigwissenschaft der Biologie. Sie war zwar von Ernst Haeckel schon lange begrifflich eingeführt, erfuhr aber erst jetzt einen ungeheuren Aufschwung. Viele Umweltverbände wurden gegründet und erfreuten sich regen Zulaufs. Man könnte die zwanzig Jahre des Booms nach 1972 als die Zeit des Umweltbewusstseins und der Umweltbewegungen bezeichnen. Mittlerweile fast vergessen, aber nicht desto weniger interessant ist die Tatsache, dass es zwei Umweltbewegungen des letzten Jahrhunderts gegeben hat. Eine erste Umweltbewegung formierte sich um die Jahrhundertwende vom 19. zum 20. Jahrhundert. Sie wurde geboren aus der Romantik, der Heimatschutzbewegung und der Anthroposophie, der von Rudolf Steiner (1861–1925) ins Leben gerufenen, inzwischen weltweit verbreiteten Weltanschauung. In dieser Zeit entstanden auch die ersten Beiträge zum organisierten Naturschutz. Hugo Conwentz (1855–1922), ein bedeutender Botaniker und Naturschützer aus Danzig, inventarisierte Bäume und klassifizierte sie zum ersten Mal nach ihrem »Naturschutzwert« - was auch immer man darunter verstehen mochte. Seine daraus entstandene Denkschrift *»Die Gefährdung der Naturdenkmäler und Vorschläge zu ihrer Erhaltung«* gilt als Gründungsakt der Naturschutzbewegung allgemein. Die erste Naturschutzbewegung entstand primär aus einer emotionalen Zuneigung zur Natur. Die zweite, die ihren Schwerpunkt in den 70er und 80er Jahren hatte, entstand aus dem notwendig gewordenen Widerstand gegen die, die Natur verachtende, Ausbeutung. Horst Stern (geb. 1922), der 1973 mit dem Bayerischen Naturschutzpreis ausgezeichnet wurde, den er gemeinsam mit Konrad Lorenz erhielt, schreibt 1976 hierzu in seinem Sonderbeitrag in Meyers Enzyklopädischem Lexikon: *»Die Geschichtsschreibung dürfte einst die maßlose technische und wirtschaftliche Entwicklung der Industrienationen zwischen den Jahren 1945 und 1975 als den ›Dreißigjährigen Krieg gegen die Natur‹ etikettieren. Die Besichtigung dieses Zeitalters führt durch großräumige Landschaftsruinen und Waldverheerungen, durch betongrindige Gebirgstäler und auf verdrahtete Gipfel, über chemisch ausgebeutete Böden hin zu den Ufern abfallverseuchter Ströme und Meere.«* 1972 gründeten Konrad Lorenz, Irinäus

Eibel-Eibelsfeld, Bernhard Grzimek, Heinz Sielmann und Horst Stern die »Gruppe Ökologie«, die sich als Protestbewegung gegen mangelndes ökologisches Bewusstsein der Industriegesellschaft verstand. Wir erinnern uns, dies geschah im gleichen Jahr 1972, in dem in Stockholm die 1. internationale Umweltkonferenz der Uno stattfand.

1975 war Horst Stern zusammen mit Bernhard Grzimek, Hubert Weinzierl und achtzehn weiteren Umweltschützern einer der Gründer des BUND, Bund für Umwelt und Naturschutz Deutschland e.V. Viel von der Dynamik der damaligen Umweltbewegung haben wir inzwischen eingebüßt. Der Sturm flaute mit der Zeit ab und weht jetzt nur noch als lahmes Lüftchen.

Dennoch, damals reagierte die Politik, verschärfte viele Vorschriften und erließ Umweltgesetze. Umwelt wurde zum viel strapazierten Schlagwort. Das Ziel all der Bemühungen sollte eine bessere Umwelt, sprich ein intaktes Ökosystem, sein. Das Handeln der Menschen war gefragt, aber nicht nur irgendwelche Handlungen, sondern konservierende Handlungen nach vorgegebenen Maßstäben! Das wiederum heißt, dass jeder Einzelne sein Tun und Unterlassen, seine Entscheidungen nach neuen Richtlinien ausrichten muss.

Weil Ethik die Formulierung von Zielvorstellungen – »was soll sein« - umfasst, sprachen viele sogar von einer Ethikwelle - wenngleich auch manchmal abfällig. Ob kompetent oder nicht, alle redeten mit.

Grundlage der Ethik bildet das Verhalten der Menschen zu sich selbst, zu den Mitmenschen und zur Natur. Sie wird Sittlichkeit genannt und stellt einen Anspruch dar, der im Unterschied zum Recht nicht einklagbar, sondern um seiner selbst willen zu befolgen ist. Aus der Sittlichkeit ergeben sich in aufsteigender Reihenfolge die Sitte, die Moral, und daraus Wertgefühl und Wertbewusstsein, und schließlich die entsprechende Verantwortung. Die Aufgabe der Ethik nun umfasst drei Bereiche: Sie sucht Antworten auf die oben schon gestellte Frage - »was soll sein«. Die Antworten, die sie findet, werden in der Gesellschaft zu Normen erhoben, und fordern, dass das Handeln sich sowohl nach rationalen Zweckmäßigkeiten als auch nach geforderten, sittlichen Aspekten ausrichtet. Sowohl die Zweckmäßigkeiten als auch die sittlichen Aspekte sind nicht starr und für die Ewigkeit vorgegeben. Sie unterliegen auch einem Wandel, der Evolution. Der dritte Teil der Ethik untersucht deshalb, ob die einmal gegebenen Antworten noch geänderten Anforderungen genügen oder nicht. Dies geschieht zum einen in der täglichen Praxis und zum anderen in besonderen Institutionen wie etwa der Ethikkommission. Genügen die sittlichen Forderungen nicht mehr, so münden die Ergebnisse dieser Art von Prüfung wieder in die Frage »was soll sein«. Der Kreis schließt sich und wird dadurch zum steuernden Regelkreis.

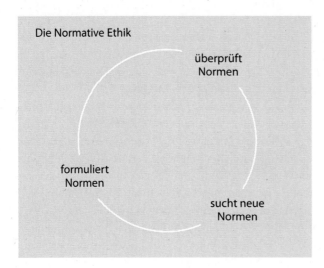

Abbildung 4
Regelkreis der Ethik.

In den Vorbemerkungen zu dem interessanten Buch *Ökologie und Ethik* sagt der Herausgeber, *Ökologie und Ethik* repräsentiere einen noch jungen Forschungszweig der normativen Ethik, der sich mit den Normen, Werten und Motivationen auseinander setzt, von denen das Verhalten des Menschen <u>gegenüber</u> seiner natürlichen Umwelt bestimmt ist beziehungsweise bestimmt sein sollte. Nur wenige Zeilen später spricht er erneut vom menschlichen Verhalten <u>gegenüber</u> der Natur. Hier soll weder der Herausgeber noch dieses hervorragende Büchlein geschmäht werden, das lage mir fern. Nur scheint <u>gegenüber</u> in diesem Zusammenhang eine so typische wie absolut unpassendes Wort zu sein: Warum? Es impliziert doch, hier ist der Mensch und ihm gegenüber, also außerhalb von ihm, an einem anderen Ort, der sozusagen von außen betrachten werden kann, steht die Umwelt, die Natur. Das Gegenüber kann auch, wie die Erfahrung lehrt, nach Gutdünken manipuliert oder ignoriert werden. Ist diese Konfrontation wirklich gerechtfertigt, weil tatsächlich gegeben? Es darf stark bezweifelt werden. Wer nur die Konfrontation sieht, der hat vom Wesen seiner Natur wenig begriffen!

Das Wort ›gegenüber‹ kann nur als der unbewusste Ausdruck sozialer Informationsverarbeitung gesehen werden. Ihr liegen die oben schon mehrfach betonten Bedeutungsinhalte von Umwelt zugrunde - Objekt, Natur oder Ökosystem, sowie deren Ausrichtung auf den Menschen hin - und wie damit umgegangen wird. Den Umgang beschreibt am besten der folgende Funktionskreis: So wie wir von Umwelt erfahren, so lernen wir Umwelt zu verstehen und den Begriff anzuwenden. Ebenso geben wir ihn weiter. Vermutlich ganz unbewusst hat die Vorstellung der geschenkten, der gegebenen Natur hier durchgeschlagen.

Moderne Erbsünde

Philosophie ist nicht das Monopol von Gelehrten, sondern betrifft das, was jedermann notwendigerweise interessiert. Das Philosophieren ist uns durch unsere Natur auferlegt, dem einen mehr, dem anderen weniger. In jedem Menschen philosophiert es, ob er das weiß und will oder nicht. »Alle Menschen sind Philosophen«, sagt Karl Popper, denn die Versuche, sich die Welt erklären und die Welt verstehen zu wollen, sind Philosophie und so alt wie die Menschheit selbst. Seit Urzeiten schufen sich die Menschen zur Beantwortung drängender Menschheitsfragen Götter, übergeordnete, normative Instanzen, welche sie nach dem Vorbild des Menschen gestalteten und welche sie mit menschlichen Wesenszügen ausstatteten. In der jüdisch-christlichen Vorstellung wurde dieses Prinzip auf den Kopf gestellt und behauptet, der Mensch sei nach dem Vorbild Gottes geformt, trage also göttliche Züge. Dieser Gedanke taucht erstmals Mitte des 6. Jahrhunderts v. Chr. in einer, vermutlich in Babylon verfassten Grundlagenschrift zu den fünf Büchern Moses, auf. Er ist ein reiner Umkehrschluss, aber mit gewaltigen Folgen. Die bloße Zugehörigkeit zur Spezies »Mensch« ist dadurch ab sofort mit einem exklusiven Status verbunden und beruht auf der Überzeugung, dass die durch bestimmte Eigenschaften belegbare Sonderstellung des Menschen auch mit einer absoluten und privilegierten Vorrangstellung gegenüber allen anderen Lebewesen verbunden sei. Der Mensch wird überbetont und steht im Mittelpunkt. Das anthropozentrische Weltbild ist zwar eine historisch gewachsene, den Menschen jedoch maßlos überschätzende, arrogante Sichtweise. Das anthropozentrische Fundament der herkömmlichen westlichen ethischen Systeme reiche für eine wirksame und konsequente Übernahme von Umweltverantwortung durchaus aus, und biete darüber hinaus noch den Vorzug, mit dem vorherrschenden naturwissenschaftlichen Weltbild besser verträglich zu sein, heißt es in den Vorbemerkungen von Dieter Birnbacher, Ökologie und Ethik. Wie praktisch! Deshalb haben wir es auch begierig von unseren Vorvätern übernommen, geerbt, aufgesogen und arbeiten hart daran, es unseren Nachkommen zu überliefern. Die Natur sei ein Geschenk. Durch diese eingeschränkte Sicht verkürzen wir das Wesen der Natur auf Brauchbarkeit, Nützlichkeit, Zierde und Kulisse. Wir verstehen sie, als dem Menschen von Gott gegeben und beurteilen sie deshalb nur noch nach dem Motto: Danke, wir können es brauchen, wobei das Danke in den meisten Fällen vergessen wird. Der Herrschaftsauftrag von Gott zementiert die Sonderstellung. Dass diese Sonderstellung auch Pflichten und Verantwortung mit sich bringt, wird ebenso wie das »Danke« vernachlässigt. Weil wir die Natur als auf uns zugeschnitten, ausschließlich für uns da, begreifen, haben wir sie in der heutigen, modernen Zeit zum reinen Konsumgut verkommen lassen. Dieses Zerrbild verstärkt wiederum die Auffassung, dass die Natur nicht für sich selbst, sondern allein dafür existiert, ein Universum von Wünschen und Bedürfnissen zu befriedigen.

Das Dickicht derlei negativer Zusammenhänge hindert uns, weiter und deutlicher zu schauen. Wie eng und zwingend der Begriff Umwelt fast ausschließlich mit den negativen Auswirkungen des menschlichen Tuns, mit der Umweltbelastung, assoziiert wird, zeigt das Stichwort Umweltanalytik im Umweltlexikon Bakadir, M; Vorausgeschickt sei, was Analytik allein bedeutet, nämlich vollkommen neutral Zergliederung eines Ganzen in seine Teile, Zerlegung, Untersuchung. Schauen wir jedoch unter Umweltanalytik nach, so erfahren wir: »*Eine zuverlässige Analytik von Schadstoffen und Umweltchemikalien ist für die Beurteilung von Belastungssituationen notwendig [...], wenn die Ergebnisse als Entscheidungsgrundlage bei gesetzlichen Verordnungen dienen.*« Muss man da nicht den Eindruck gewinnen, Umwelt umfasse nicht viel mehr als die Belastungs- und Reglementierungsaspekte?

Tu was für deine Umwelt! Du musst etwas für deine Gesundheit tun! Du musst etwas für deine Rente tun! Du musst, Du musst, Du musst ... ja natürlich, man muss so vieles, und all die Aufrufe sind sicherlich gut gemeint und berechtigt, keine Frage. Aufforderungen, Appelle haben jedoch auch eine Kehrseite: Wer wird denn schon gerne gedrängt, aufgefordert etwas zu tun und konsequenterweise stigmatisiert, wenn er der Aufforderung nicht nach kommt? Menschen werden in ihrem Leben in so vielen Bereichen fremd bestimmt. Bitte nicht auch noch bei der Umwelt! So wird wohl mancher stöhnen. Kurzum, all das ist sehr wohl geeignet, eine negative Front aufzubauen. Diese wird weiter verstärkt durch die Tatsache, dass häufig die Dinge der Natur, die zu schützen wir aufgefordert werden, im Bewusstsein vieler Menschen eine untergeordnete Rolle spielen, weniger Wert besitzen als die Gesundheit, das Auto und die Rente.

Was nützt ein Umweltverständnis, das nur auf Verordnungen, Appellen und Spendenaufrufen besteht und das nicht aus dem Selbstverständnis einer breiten Mehrheit kommt, das nicht aus Grundüberzeugungen gewachsen ist und das nicht bewusst von der Mehrheit der Menschen getragen wird? Was nützt ein System, das wie ein zu großer Hut übergestülpt ist?

Die Schwierigkeit liegt wohl auch darin, dass jeder Sprecher immer dann das Wort Umwelt benützt, wenn er eine Vorstellung von draußen vermitteln will und dass jeder, der das Wort hört, es einspurig mit dem Begriff draußen assoziiert. Denn so funktioniert ja unsere Sprache. Der Teilaspekt, die Vorstellung von draußen hat sich verselbständigt und so gefestigt, dass er nun für die ganze Wahrheit gehalten wird. Biologen und Kybernetiker nennen ein solches System positive Rückkoppelung, der Verhaltensforscher nennt es operante Konditionierung - Dressur. Dies ist, was Umwelt betrifft, deswegen äußerst unbefriedigend, weil es den Blick für den wesentlichen Rest verstellt.

Nun kann man einwenden, dass man für den Erhalt der Natur doch sehr wohl eintreten kann, auch wenn man kein weiterführendes Wissen hat, wenn man kein professioneller Ökologe oder Biologe ist. Das mag schon richtig sein. Nur ist es andererseits ebenso wenig von der Hand zu weisen, dass mehr und tiefer gehendes Wissen hilfreich sein und auf der Suche nach dem Verständnis unterstützen kann! Nur mit gutem Willen bekommt eine Hausfrau auch keinen Kuchen gebacken.

Was jeder einzelne, jede soziale Schicht und was jede Gesellschaft unter Umwelt zu verstehen begann, und dementsprechend forderte, beziehungsweise erwartete, war nicht immer das Gleiche. Meinungen, Wissen und Forderungen werden immer im sozialen Umfeld erschaffen und weitergegeben. Nicht überall und nicht von jedem wurde Umwelt und der Umweltgedanke als gerechtfertigte Auffassung angenommen. Mittlerweile jedoch hat sich der Umweltgedanke mit dem herkömmlichen Umweltverständnis eingenistet und trotz vieler Widrigkeiten zu einer stattlichen ökonomischen Größe gemausert. Deutschland und die reichen europäischen Staaten, die es sich eben leisten können, sind inzwischen führend in Umwelttechnologien. Die Armut dieser Welt kann es sich nicht leisten auf Umwelt, wie wir sie verstehen, Rücksicht zu nehmen. Die Erde wurde zum Sanierungsfall.

Die nachstehenden Beispiele geben einen groben Einblick in die zeitliche Abfolge internationaler Umwelt-Sanierungs-Bemühungen und ihrer wichtigsten umweltrelevanten Ergebnisse. Die Zusammenstellung erhebt keinerlei Anspruch auf Vollständigkeit. Zahlreiche internationale Konferenzen und Abkommen wurden weggelassen, um den gegebenen Rahmen nicht zu sprengen.

1946 wurde das Internationale Übereinkommen zur Regelung des Walfangs (ICCRW) am 2. Dezember 1946 in **Washington** von 42 Nationen unterzeichnet. Eine angemessene Erhaltung und Erschließung der Walbestände wollte man erreichen. Allerdings standen die kommerziellen Aspekte mehr im Vordergrund als die ökologischen. Zahlreiche Ausnahmegenehmigungen und ungenaue Formulierungen führten zum ständigen Unterlaufen der einst festgelegten Ziele. Hinzu kommt, dass neuerdings einige Staaten die Konvention nicht mehr anerkennen.

1972 erscheint die Meadows-Studie »Limits to Growth«, die globale Betrachtungsweise der komplexen Probleme der Welt.

1972 In **Stockholm** wird die erste internationale Umweltkonferenz der Vereinten Nationen, die »UN- Conference on Human Environment« (UNCHE) einberufen. Als wichtigste Ergebnisse werden allgemein folgende Punkte angesehen: Der Schutz und die Verbesserung der Umwelt wurden zur globalen Pflicht erklärt. Die Konferenz gilt als die Geburtsstunde des modernen Umweltvölkerrechts. Man verabschiedete einen Aktionsplan zur internationalen Zusammenarbeit gegen Umweltverschmutzung. Der fünfte Juni wurde zum Tag der Umwelt erklärt. Lobend heißt es, hier sei das Entstehen eines neuen Umweltbewusstseins dokumentiert worden. Kritiker allerdings führen an, dass bei den reichen Industrienationen weniger die Umweltpolitik als viel mehr die wirtschaftlichen Interessen im Vordergrund stünden und dass die wirtschaftliche Entwicklung der armen Länder gebremst würde.

1973 Gerade als ein Ansatz für die Entwicklungsländer war das Konzept des Ecodevelopment, das Konzept der ökologischen Entwicklung, der UNEP gedacht. Es beschäftigt sich mit dem umwelt- und sozialverträglichen Umgang mit der Natur und legt den Entwicklungsländern nahe, das Konsumverhalten der Industrienationen nicht zu kopieren. Die Bekämpfung der Armut, die Gewährleistung einer medizinischen Versorgung, und der Zugang zu sauberem Trinkwasser soll ressourcen- und umweltschonend Hand in Hand mit dem Aufbau eines Bildungssystems erreicht werden.

1976 Der sogenannte Bariloche-Report wird veröffentlicht. Er besagt, nicht das Wachstum, sondern der Konsum der Industrieländer führe zum ökologischen Kollaps. »Grenzen des Elends«, so lautet der Titel, steht damit in deutlichem Gegensatz zur Meadows-Studie »Limits to Growth« und zu anderen Berichten.

1982 Seit der Umweltkonferenz in Stockholm sind zehn Jahre vergangen. In dieser Zeit gelang es nicht, die globalen Umweltprobleme in den Griff zu bekommen. Deshalb kam man erneut zusammen, diesmal in **Nairobi**. Hier wurde die UN-Weltcharta für die Natur verabschiedet. Ziel war es, einen Ausweg aus der weltweiten Umwelt- und Entwicklungskrise zu finden. Dieser Aufgabe sollte sich dann die 1983 gegründete Brundtland-Kommission annehmen.

1987 Der »Brundtland -Bericht« der Weltkommission für Umwelt und Entwicklung ist fertig und wird der Öffentlichkeit vorgestellt. Er enthält zwei zentrale Thesen:
1. » Die globale Umweltkrise ist Realität und Bedrohung für die ganze Menschheit, Verhaltensänderungen sind unabdingbar, Gründe für die Umweltkrise sind Armut, wachstumsbedingter Ressourcenverbrauch und die Wirtschaftskrise im Süden.
2. Es ist möglich, eine Zukunft mit größerer wirtschaftlicher und sozialer Sicherheit für alle zu erreichen, bei gleichzeitiger Berücksichtigung der natürlichen ökologischen Grenzen.
Probleme der Armut und die der Umwelt- und Ressourcenzerstörung können gleichzeitig gelöst werden. Dafür muss eine neue Qualität des Wachstums verwirklicht werden. Wachstum ist erforderlich, um die Probleme von Armut und Ungleichheit zu lösen, ist entscheidender Faktor in der Verbindung der Umweltproblematik.«

Nach dem Boom erlahmte das öffentliche Interesse und ging schon in den 90ern drastisch zurück. Umwelt hat für viele längst ausgedient. Umwelt ist kein bewegendes Thema mehr, auch wenn eine Vertragsstaatenkonferenz der Klimarahmenkonvention die andere in jährlichem Rhythmus jagt. Umwelt wird, so scheint es, nur noch verwaltet. Krieg, Terrorismus und Katastrophen stehen wieder im Zentrum des Interesses. Die Politik schwenkte von aggressiver Umweltpolitik in vornehme Zurückhaltung um und beschränkt sich nun meist auf die Verwaltung von Umweltzuständen. Das ist allen recht; eine Irritation weniger. Jetzt kann man sich wieder auf das besinnen, was man gut und gerne macht: Die Wirtschaft ankurbeln, das Wachstum fördern, Autofahren und konsumieren.

1992 In der Einleitung zu der 1992 von der Europäischen Union verabschiedeten Richtlinie zur Erhaltung der natürlichen Lebensräume sowie der wildlebenden Tiere und Pflanzen, der so genannten Fauna - Flora - Habitat - Richtlinie, lesen wir:

»Der Zustand der natürlichen Lebensräume im Europäischen Gebiet der Mitgliedstaaten verschlechtert sich unaufhörlich. Die verschiedenen Arten wildlebender Tiere und Pflanzen sind in zunehmender Zahl ernstlich bedroht. Die bedrohten Lebensräume und Arten sind Teil des Naturerbes der Gemeinschaft, und die Bedrohung, der sie ausgesetzt sind, ist oft grenzübergreifend; daher sind zu ihrer Erhaltung Maßnahmen auf Gemeinschaftsebene erforderlich. ....« Wie leider nur allzu gut bekannt, trifft diese Feststellung nicht nur für die Europäische Gemeinschaft zu, sondern sie könnte auch für eine weltweite Einschätzung gelten. Man könnte problemlos umformulieren:

»Der Zustand der natürlichen Lebensräume verschlechtert sich weltweit unaufhörlich. Die verschiedenen Arten wildlebender Tiere und Pflanzen sind in zunehmender Zahl ernstlich bedroht. Die bedrohten Lebensräume und Arten sind Teil des Naturerbes, und die Bedrohung, der sie ausgesetzt sind, ist grenzübergreifend, ist global; daher sind zu ihrer Erhaltung Maßnahmen auf internationaler Ebene erforderlich. ....«

1992 fand die Internationale Umweltkonferenz der UNO (UNCED) in **Rio de Janeiro** statt. Sie stand unter dem Leitgedanken der »nachhaltigen Entwicklung« (Sustainable Dvelopment), was soviel besagt, als dass eine Entwicklung nicht auf Kosten kommender Generationen stattfinden darf. Wirtschaft, Umwelt und soziale Systeme zusammen sollten in ein neues Gleichgewicht gebracht werden. Um diese Ziele zu erreichen verabschiedeten die Teilnehmerstaaten zum einen die »Agenda 21«. In deren Präambel lesen wir:

»Die Menschheit steht an einem entscheidenden Punkt ihrer Geschichte. Wir erleben eine zunehmende Ungleichheit zwischen den Völkern und innerhalb von Völkern, eine immer größere Armut, immer mehr Hunger, Krankheit und Analphabetentum sowie eine fortschreitende Schädigung der Ökosysteme, von denen unser Wohlergehen abhängt. Durch eine Vereinigung von Umwelt- und Entwicklungsinteressen und ihre stärkere Beachtung kann es uns jedoch gelingen, die Deckung der Grundbedürfnisse, die Verbesserung der Lebensstandards aller Menschen, einen größeren Schutz und eine bessere Bewirtschaftung der Ökosysteme und eine gesicherte, gedeihlichere Zukunft zu gewährleisten. Das vermag keine Nation allein zu erreichen, während es uns gemeinsam gelingen kann: in einer globalen Partnerschaft, die auf eine nachhaltige Entwicklung ausgerichtet ist.«

Zum anderen unterzeichneten 158 Staaten die Klimarahmenkonvention der Vereinten Nationen (UNFCCC), als deren Ziel die Reduktion der CO_2-Emissionen bis zum Jahr 2000 auf den Stand von 1990 formuliert wurde.

In den folgenden Jahren überschlugen sich die internationalen Aktivitäten nahezu. Sie sind mittlerweile äußerst umfangreich und beinahe unübersichtlich geworden. Hiervon sei nur eine herausgegriffen.

1997 fand die 3. sogenannte Vertragsstaatenkonferenz der Klimarahmenkonvention in **Kyoto** (COP III) statt, auf der das bekannte »Kyoto-Protokoll« verabschiedet wurde. Es verpflichtet die Industriestaaten die Treibhausgase (insgesamt sechs davon) zu reduzieren.

Vieles wurde auf den Weg gebracht, darin besteht überhaupt kein Zweifel. Ist die Politik, alles in allem gesprochen, auf einem guten Weg? Wurden, wie man es so oft hört, die richtigen Schritte in die richtige Richtung getan? Kann die Devise heißen: Weitermachen wie bisher? Lösen sich dann die Umweltprobleme? Wird es gelingen, die Lebensgrundlagen der Menschheit zu erhalten?

2002 Zehn Jahre nach der Verabschiedung der »Agenda 21« in Rio wollte man nun in **Johannisburg** ermitteln, was von der Agenda 21 tatsächlich umgesetzt wurde. Zwar konnten gewisse Fortschritte verzeichnet werden, die aber von den festgestellten, - wieder einmal - besorgniserregenden Trends überschattet wurden:

- Die Armut in den Entwicklungsländern hat nicht abgenommen.
- Das Weltklima verändert sich durch den anhaltenden Ausstoß von Treibhausgasen.
- Die Geschwindigkeit des Artensterbens ließ sich nicht bremsen.
- Die Wüsten breiten sich weiter aus.
- Die Tropenwälder werden weiterhin abgeholzt.
- Die Zahl der Konflikte, regional wie international, nimmt zu.

Zieht man Bilanz, so wird deutlich: Die Erwartungen haben sich nicht erfüllt. Die Ausbreitung der Armut und die fortschreitende Zerstörung der natürlichen Grundlagen haben die Rhetorik von der Nachhaltigkeit längst überholt. Die Zusammenschau der Beispiele zeigt in der Sequenz, wie halbherzig das Ganze erscheint.

2003 Das Ozonloch über der Antarktis ist mit 28,7 Mio Quadratkilometern das zweitgrößte je gemessene. Nur im Jahre 2000 erreichte das Loch eine Ausdehnung von 29,2 Mio Quadratkilometern. Das relativ kleinere Ozonloch des Vorjahres war also kein Anlass zur Entwarnung, es war nur aufgrund besonderer klimatischer Verhältnisse so harmlos geblieben. Es besteht überhaupt kein Zweifel daran, dass das Ozonloch auf die Auswirkungen der vom Menschen freigesetzten Aerosole zurückzuführen ist. Ebenso besteht kein Zweifel daran, dass der Mensch für die aktuelle Erwärmung der Atmosphäre mitverantwortlich ist. Deshalb ist in Zukunft mit mehr extremen Wetterphänomenen wie Dürreperioden und Flutkatastrophen, Wirbelstürmen und Überschwemmungen zu rechnen. In eben diesen Tagen als dieser Text entsteht, schauen wir mit bangen Gefühlen in die Karibik und den Golf von Mexiko oder ins chinesische Meer, wo Hurrikans ihre zerstörerischen Bahnen ziehen. Die größten Treibhausgasproduzenten jedoch, die USA und China, verweigern sich mit der Ausrede negativer Wirkungen auf die Wirtschaft des Landes dem Kyotoabkommen, das endlich 2005, mit siebenjähriger Verzögerung in Kraft treten konnte.

2003 Nahezu jedem in Europa ist die Zerstörung des, Tausende von Kilometern entfernten, überseeischen Regenwaldes bekannt. Die Holzindustrie ist einer der größten Vernichter. Tropenholz besitzt besondere Qualitäten und ist deshalb für die Herstellung von Möbeln, Fensterrahmen, Papierprodukten und Essstäbchen sehr begehrt. An erster Stelle der Tropenholz importierenden Länder steht Japan, doch schon an zweiter Stelle stehen die Länder Europas. Bei der Abholzung sind meist ausländische, auch deutsche Firmen, beteiligt. Von den einst 63 Millionen km² Urwald sind heute nur noch knapp 13,5 Millionen km² übrig.

Der WWF (World Wildlife Fund) und der indonesische Papier- und Zellstoffkonzern Asia Pulp & Paper (APP), eines der weltweit größten Unternehmen seiner Branche, hatten im August 2003 eine Abmachung zur Vorlage eines Aktionsplanes unterzeichnet, der dazu führen sollte, dass bei der Papier- und Zellstoffproduktion des Unternehmens ausschließlich Holz aus nachhaltiger und legaler Wirtschaftsweise eingesetzt wird. Im Februar 2004 wurde bekannt, dass sich APP nicht an die getroffene Vereinbarung zum Schutz der letzten Regenwälder auf der Insel Sumatra hält. In Indonesien fallen die letzten wertvollen Regenwälder gigantischen Papierfabriken und Ölpalmenplantagen zum Opfer. Diese Plantagen und Fabriken wurden von deutschen Banken finanziert. Recherchen des WWF zufolge werden bei der Kreditvergabe ökologische und soziale Kriterien nur mangelhaft berücksichtigt. Zeugt solches Verhalten nicht von wenig ausgebildetem, oder gar fehlendem Umweltbewusstsein und Verständnis für die Natur bei Entscheidungsträgern? Dies ist, wie man weiß, kein Einzelfall. *»Bei Investitionen, die zu Lasten von Wäldern gehen, haben nur wenige Banken ausreichende Umwelt- und Sozialkriterien. In noch geringerem Maße werden bestehende Kriterien bei der Vergabe von Krediten für den Bau von Pipelines, Staudämmen, Papiermühlen oder anderen Industriellen Großprojekten tatsächlich angewendet. Diese in höchstem Maße erschreckende Feststellung ist das Fazit, das die Umweltstiftung WWF aus einem bislang einmaligen Umweltrating von elf Banken durch die Münchner Agentur oekom research AG zieht.«* Pressemitteilung vom 20. 11. 2003: Wälder sind vor deutschen Banken nicht sicher Was geschieht, betrifft ja nicht die Menschen im eigenen Land, sondern »nur« die Menschen in Übersee.

Durch die Globalisierung wird die Welt zwar kleiner und überschaubarer, aber nicht moralischer! Umweltsünder in edlem Zwirn und Nadelstreifen, die sich aber nicht als solche verstehen. Sehr viele Entscheidungen sind Entscheidungen gegen die Natur. Wie heißt es noch? Kapital aus der Natur schlagen.

Manager von Konzernen, Wirtschaftsbosse, Gewerkschaftsbosse, Arbeitgeber, Wirtschaftswissenschaftler und nicht zuletzt Politiker denken in ihren erlernten Strukturen und Dogmen des Politik- und Wirtschaftsgefüges. Auf die Blickrichtung kommt es an!

Frank Biermann und Udo E. Simonis leiten ihren Artikel »Institutionelle Reform der Weltumweltpolitik?«, erschienen in der Zeitschrift für Internationale Beziehungen, mit folgenden drastischen Worten ein: *»Kaum jemand bescheinigt der internationalen Umweltpolitik ein summa cum laude. Eher malen Naturwissenschaftler ein düsteres, wenig zukunftsfrohes Bild. Klimatologen erwarten beispielsweise, dass der Meeresspiegel im nächsten Jahrhundert um bis zu einen Meter steigen wird; Biologen schätzen, dass Tag für Tag zwischen 3 und 130 Tier- und Pflanzenarten aussterben. Angesichts dieser globalen Ökologiekrise wurden internationale Regime zum Schutz der Umwelt zu einem der bevorzugten Forschungsgebiete im Fach Internationale Beziehungen, auch in Politik beratender Absicht. Seit einiger Zeit wird dabei in Wissenschaft und Politik vorgebracht, dass Fortschritte nur durch eine mehr oder weniger grundlegende Reform des internationalen Organisationssystems der Vereinigten Nationen, welche sich im Wesentlichen (nicht notwendigerweise ausschließlich) mit Umweltproblemen beschäftigen sollte.«*

Diese Ausführungen wurden im Jahr 2000 niedergeschrieben! Sie gelten jedoch immer noch uneingeschränkt in gleicher Weise. Für die Politik und die Wirtschaft ist Umwelt eher lästig. Für die Politik ist sie ein kostspieliger Verwaltungsfaktor, für die Wirtschaft ein Hemmschuh. Wer ehren- und skrupelvoll ist, scheffelt nun mal keine Millionen. Es gibt eine Menge an umweltrelevanten Gesetzen, Vorschriften und Erfahrungsbereichen, an denen sich hierzulande Manager nicht gerne die Finger schmutzig machen. Aber weil sie hier eingeschränkt und kontrolliert werden, gehen sie ins Ausland. Riesige Ressourcen, wenige oder leicht zu umgehende Gesetze warten auf sie, ziehen sie magisch an. Ganz offiziell und gebettet auf der Ausrede des Wohlstandes für die Region und der eigenen Gewinne! Hauptsache es rentiert sich! Die Kasse muss stimmen.

2008 Am 29. September, konfrontiert das Hamburger Abendblatt seine Leser mit der Schlagzeile: Forscher warnen vor Klima-Kollaps. Der neue Klimareport, den die Europäische Umweltagentur (EEA) am Tag zuvor in

Kopenhagen vorlegte, schreckt die Experten auf. Hatten die Worte von Meadow's 2004 irgendjemand aufgeschreckt? Warum sollte der Klimareport es plötzlich tun? Einige Kernaussagen des Reports seien hier zusammengefasst:
- Die Temperatur steigt in Europa schneller als im weltweiten Schnitt.
- Die Zahl der Überflutungen ist stark gestiegen. Seit 1990 zählt der Report 259 große Flussüberschwemmungen, davon allein 165 seit dem Jahr 2000.
- Die europäischen Gletscher schmelzen rasch. Seit 1850 haben die Alpengletscher zwei Drittel ihres Volumens verloren.
- Einige Fischarten verlassen ihre Gründe und ziehen nordwärts, neun Prozent der Säugetierarten sind bedroht und Pflanzen steigen aufgrund des Klimawandels in immer höhere Bergregionen.
- Die Agrarsaisonen verschieben sich. In Nordeuropa werden sie länger, in südlichen Regionen dagegen kürzer. Viele Pflanzen blühen und reifen früher, wodurch sich das Risiko von Frostschäden erhöht. Experten befürchten auch mehr Unwetter und damit mehr Schäden.
- In den Wäldern wird der Klimawandel einige Baumarten bevorzugen und andere benachteiligen. Durch die Wärme können sich mehr Baumschädlinge verbreiten.
- Die wirtschaftlichen Schäden sind von 7,2 Milliarden Euro im Durchschnitt der Jahre 1980 bis 1989 auf jährlich 13,7 Milliarden Euro von 1989 bis 2007 gestiegen.
- Die Forderung der Wissenschaftler lautet deshalb: *»Es ist dringend nötig, die weltweite Temperatur nicht höher als zwei Grad Celsius über das vorindustrielle Niveau steigen zu lassen.«* Nur so könnten irreversible Schäden für Mensch und Umwelt vermieden werden.

2009 Im März trafen sich Wissenschaftler und Politiker in Kopenhagen zu der wissenschaftlichen Tagung »Klimakonferenz: Globale Risiken, Herausforderungen und Entscheidungen«. Wieder einmal durch die globale Erderwärmung aufgeschreckt, ging die Welt nur acht Monate später, in die nächste Runde:

2009 Vom 7. bis 18. Dezember, ebenfalls in Kopenhagen, fand die mittlerweile 15. Konferenz der Vertragsstaaten der Klimarahmenkonvention der Vereinten Nationen statt und stellte das fünfte Treffen im Rahmen des Kyoto-

Protokolls dar. Das Ziel der Klimarahmenkonvention besteht darin, die prognostizierten gefährlichen Störungen des Weltklimasystems in den Griff zu bekommen und zu begrenzen, indem die Treibhausemissionen, ausgegangen vom Stand von 1990, mindestens um 80 bis 95 Prozent vermindert werden, um die Erderwärmung nicht über zwei Grad steigen zu lassen. Nach der ›bali roadmap‹, dem Fahrplan von Bali, sollten die Vertragsstaaten jetzt in Kopenhagen ein neues verbindliches Regelwerk für den Klimaschutz nach 2012 erarbeiten. Großes also wurde von dieser Konferenz erwartet. Rund 60 Nobelpreisträger hatten im Vorfeld an die Regierungschefs appelliert, sich in Kopenhagen auf ein tragfähiges Klimaabkommen zu verständigen.

Das Ergebnis jedoch enttäuschte. Die Delegierten konnten sich nicht auf konkrete Zielvorgaben zur Verringerung der Treibhausemissionen einigen. Man verabschiedete lediglich den ›Copenhagen Accord‹, ein völkerrechtlich nicht bindendes politisches Papier, das einen Minimalkonsens zur Kenntnis nimmt, und die Erderwärmung auf weniger als zwei Prozent im Vergleich zum Vorindustriellen Niveau begrenzen will.

Die Enttäuschung war groß. Zwar sprachen sich einige Regierungschefs positiv aus, wie etwa der US-Präsident Obama. Er nannte das Ergebnis *»bedeutend und beispiellos«*, doch schränkte er sofort ein *»aber nicht ausreichend, und wir haben noch einen weiten Weg vor uns«*. Die Bundeskanzlerin der Bundesrepublik Deutschland Angela Merkel bewertete die Ergebnisse in einer ersten Reaktion mit *»gemischten Gefühlen«*.

Eine große Zahl von Politikern, Wissenschaftlern, Kirchenvertretern und Umweltschützern jedoch zeigten Ihren Frust über das Ergebnis öffentlich. Von *»gescheiterter Gipfel«*, *»fassungslos und wütend«*, über *»Klimapolitik vor einem Scherbenhaufen«* und *»das Ausmaß des Scheiterns, ein historischer Gipfel«* bis hin zu *»Schande«* und *»Verrat an der Zukunft der Kinder und Enkelkinder«* reichten die erregten Kommentare.

Sie beleuchten die Naivität derjenigen, die in der Gestaltung der realen Welt das Sagen haben. Die Entscheidungsträger verwechseln das Rationale und das Irrationale miteinander. Sie sind überzeugt, nur die Ökonomie sei rational und der ökologische Wert zum Beispiel eines Vogels oder eines Baumes (Vester) sei irrational. Nur das vom Menschen Geschaffene zählt. Die alte Weisheit bestätigt sich hier, dass Menschen, die sich in einem Gebiet als besonders kompetent erweisen, deswegen noch lange nicht in anderen Feldern ein gleichermaßen fundiertes Urteilsvermögen besitzen.

Die Frage, warum die Kopenhagener Klimakonferenz scheiterte, wird wohl ebenso vielschichtig und kontrovers diskutiert werden wie es komplexe Gründe dafür gibt. Eine der Fragen, die derzeit höchstwahrscheinlich nicht gestellt wird, ist die: Könnte das ›Scheitern‹ unter anderem auch daran liegen, was allgemein unter Umwelt verstanden wird? – Umwelt als Objekt der Politik ist nur noch ein Argument, das gegen andere steht (Andreas Kuhlmann) und kein individuelles Bedürfnis mehr. Kopfschüttelnd kann nur noch eine Inflation, eine Entwertung des Begriffes Umwelt diagnostiziert werden.

Das Ziel, die natürlichen Ressourcen zu bewahren, stimmt. Der Glaube oder wenigstens die Hoffnung, dass die Probleme gelöst werden, könnte sich jedoch als Irrtum herausstellen, den spätere Generationen bedauern werden. All die wirtschaftlichen Begehrlichkeiten und Ansprüche, denen weit mehr Wert beigemessen wird, bremsen im Zeitalter des »immer höher, immer weiter, immer schneller« all die Bemühungen auf ein Schneckentempo ab. Es ist zu bezweifeln, dass das Ziel je erreicht werden wird, wenn sich niemand ändern will. Die Zielgerade ist noch lange nicht in Sicht. Wir haben vielmehr erst begonnen ein par Einsichten und Erkenntnisse zu gewinnen. Die größte Wegstrecke liegt noch vor uns. Reicht für diese Wegstrecke das Verständnis von Umwelt, als die den Menschen umgebende Natur, das Ökosystem einschließlich aller Ressourcen? Wenn ja, hieße das nicht, einfach weitermachen wie bisher? Hieße das nicht, auch alle die negativen Auswirkungen und Unterlassungen einfach mit hinzunehmen und schlimmer noch, mitzuschleppen?

Warum hat sich in den letzten 50 Jahren nichts an der Vorstellung von Umwelt, an den Denkeinheiten und Bildern und Begriffsinhalten verändert? Könnte es am blinden Festhalten liegen, so wird eben Umwelt allgemein verstanden. Liegt es des Weiteren vielleicht auch daran, dass kaum eine Gelegenheit ausgelassen wird, die herkömmliche Position auszuposaunen und unfreiwillig zu festigen? Auch die Parlamentarische Staatssekretärin Margarete Wolf zum Beispiel verstand es so und hatte diesbezüglich sicherlich keine Zweifel. Ihre Rede zur Podiumsdiskussion «Ökologische Gerechtigkeit schaffen» mit dem Untertitel »Politik für eine nachhaltige Entwicklung – Schwerpunkte der deutschen Umweltpolitik« auf dem Weltjugendtag zu Köln 2005, wirkte wie ein zigfacher Verstärker für den herkömmlichen Umweltbegriff. Im Eingangsstatement sagte sie wörtlich: »*Ich freue mich, dass ich an diesem XX Weltjugendtag teilnehmen darf. Beeindruckt bin ich von dem Enthusiasmus und Optimismus der jüngeren Generation, wie ich sie hier überall erlebe. Papst Johannes Paul II, von dem ja die Idee zu einem Weltjugendtag stammte, hat die Jugend »Baumeister einer neuen Zivilisation der Liebe und der Gerechtigkeit genannt. Diese Beschreibung betrifft alle Lebensbereiche, und wenn wir über ökologische Gerechtigkeit und nachhaltige Entwicklung sprechen, so sehe ich auch hier die Jugend als Gestalter unserer Zukunft, denen vor allem wir als Politiker verpflichtet sind. Das Thema dieser Podiumsdiskussion betrifft zentrale Fragen der Umwelt, an denen wir intensiv arbeiten und auch bereits erfolgreich gearbeitet haben.«*

Der Appell zu einer ökologischen Gerechtigkeit, bleibt immer der gleiche. Freilich entspringt er einer tiefen, ernst zu nehmenden Sorge. Diese wird aber nicht von allen geteilt! Warum? Der Physiker Richard P. Feynman fordert: *»Wir müssen unbedingt Raum für den Zweifel lassen, sonst gibt es keinen Fortschritt, kein Dazulernen. Man kann nichts Neues herausfinden, wenn man nicht vorher eine Frage stellt. Und um zu fragen, bedarf es des Zweifels«*

Zwischenbilanz

Kommen wir mit diesem Umweltbegriff gut zurecht?

Kommen die Menschen mit dem Begriff Umwelt gut zurecht? Eine einfache Frage auf den ersten Blick! Die meisten Menschen werden antworten: »Aber selbstverständlich komme ich damit gut zurecht. Ich sortiere den Müll, bringe Pfandflaschen zurück, trage Altglas zu den Sammelstellen und fahre ein Auto mit geregeltem Dreiwegekatalysator. Ich bin auch überzeugt, dass man auf die Umwelt Rücksicht nehmen muss. Ich habe keine Probleme. Es gibt aber auch Dinge im Leben, die wichtiger sind als Umwelt oder deren Schutz.«

So oder so ähnlich werden auch alle diejenigen antworten, denen die Umwelt völlig egal ist. Die Leute behaupten einfach, sie kämen gut zurecht. Worauf gründet sich dieses Urteil? Kommen andere weniger gut, oder schlecht damit zurecht? Kann ein subjektives Empfinden ein befriedigender Maßstab sein?

Misst man das Zurechtkommen nicht an einer subjektiven Meinung, sondern am Verständnis für die Umwelt, das sich im persönlichen Einsatz, den Taten, den Erfolgen äußert, so sieht die Geschichte anders aus.

Misst man das Zurechtkommen gar am tatsächlichen Zustand der Welt, so entsteht noch einmal ein ganz anders Bild! Offensichtlich stecken die Umwelt und der Umweltschutz in einer Sinn- und Akzeptanzkrise! Gerade das, was am häufigsten unter Umwelt verstanden wird, die umgebende Natur oder das Ökosystem, wird zwar einerseits immer wieder als die Existenzgrundlage des Menschen betont, andererseits aber durch die Aktivitäten des Menschen heruntergewirtschaftet. Die so genannte Existenzgrundlage befindet sich in einem äußerst kritischen Zustand und nicht nur sie allein. Gleichzeitig wird aus einer tiefen, ernst zu nehmenden Sorge heraus zu ihrer Bewahrung aufgerufen.

Das passt doch nicht zusammen!

Offensichtlich widersprechen die Bewusstseinsinhalte und Denkeinheiten von Umwelt nicht der Schädigung oder Zerstörung. Deshalb muss festgestellt werden, dass der herkömmliche Vorstellungs- oder Bedeutungsinhalt nicht genügt, denn er scheint nicht hilfreich zu sein bei der Bewältigung der modernen, so genannten Umweltprobleme, geschweige denn um neuen vorzubeugen. Wo sind die Ursachen für diese Diskrepanz zu suchen? Liegt es womöglich an dem, was unter Umwelt verstanden wird? Die Dinge, die umgeben, sind eben nur zur Verfügung stehende Objekte (siehe Definitionsbeispiel 2). Wenn dann behauptet wird, alles um uns herum pauschal sei Umwelt, dann beinhaltet der Begriff Umwelt eben nur Verfügbarkeit. Solche Pauschalierungen, Rundumschläge haben den Geruch einer dreisten Ausrede. Alles, dann hat man nichts vergessen. Man muss auch nicht differenzieren, nicht werten oder gewichten; auch nicht weiter darüber nachdenken, denn alles ist mit dem Wort alles eingeschlossen. Alles erklärt nichts – eines allein, das draußen, ebenso wenig. Undifferenzierte Erklärungsversuche erklären nichts. Nicht alles ist Umwelt, Umwelt ist viel mehr.

All die zitierten Beispiele machen deutlich: Zwischen dem, was wissenschaftliche Erkenntnisse und berechtigte Forderungen formulieren und dem, was politisch durchgesetzt wird und dem, was im Allgemeinwissen der Menschen verankert ist, liegen Welten. Die Indizien sprechen dafür, dass das Umweltwissen und Umweltverständnis von Entscheidungsträgern sich oft auf beklagenswert niedrigem Niveau befindet. Die Frage, ob die Menschen mit dem Begriff Umwelt gut zurechtkommen, muss mit einem entschiedenen nein beantwortet werden: **»Nein viele kommen nicht zurecht!«**

Fazit
Dann muss Umwelt neu gedacht werden.

Wenn dem aber so ist, drängen sich sofort die nächsten, weiterführenden Fragen auf: Warum? Wo liegt der grundsätzliche Fehler? Liegt der Fehler in unserem Begriff von Umwelt?

Die herkömmliche Anwendung des Begriffs – insgesamt – hat wenig Erfolg gebracht. Nur unkritische Menschen zweifeln nicht. Ein kritisches Nachdenken über die Zweckformulierungen des bisherigen Umweltverständnisses scheint also dringend geboten. Es darf jedoch nicht nur den Sachverhalt des Erfolgs berücksichtigen, sondern sollte auch den Entwicklungsgedanken und die Erfahrungen einbeziehen. Die Ergebnisse aller Lernprozesse münden in Wissen, Erfahrungen und nicht zuletzt auch in die von Emotionen geprägten persönlichen Wertungen, in die Vorstellungen, Sichtweisen und Überzeugungen, die alle zusammen das persönliche Bild der Welt ergeben. Somit muss das derzeit gültige Verständnis von Umwelt als ein Teil des herrschenden Weltbildes gesehen werden. Auch die Weltbilder sind, wie alle Bilder, Momentaufnahmen, die nacheinander betrachtet den ständigen Wandel dokumentieren. Der Teilaspekt Umwelt ist in der heutigen, modernen Zeit zum reinen Konsumgut verkommen. Dieses Zerrbild seinerseits verstärkt wiederum die Auffassung, dass die Natur nicht für sich selbst, sondern allein dafür existiert, ein Universum von Wünschen und Bedürfnissen zu befriedigen. Die Umwelt ist in vielen Köpfen wie in einem Gefängnis eingesperrt, dessen Wände aus Vorurteilen, mangelnden oder falschen Informationen und rücksichtslosen Begehrlichkeiten aufgebaut sind. Der Begriff Umwelt taugt nicht mehr. Das stört aber niemanden, wie es scheint. Alle sind in den Gebrauch hineingeschlittert, und mit der Zeit hat er sich verfestigt. So wird er weitergegeben an die Entscheidungsträger von morgen. Wie in einem Kreisverkehr, aus dem man nicht herausfindet. Nicht, dass es die geeignete Ausfahrt nicht gäbe. Meistens wird gar keine Notwendigkeit dazu empfunden sie zu suchen. Umweltschützer und Politiker verlieren sich immer nur in Appellen oder Reglementierungen. Deshalb muss die Frage nach der Zukunftsfähigkeit des herkömmlichen Umweltbegriffes dringend gestellt werden! Wenn er nicht bei der Lösung der Probleme hilft, sondern vielmehr emotional dagegen steht, sie sogar behindert, **dann muss Umwelt neu gedacht werden.**

Diese Forderung setzt voraus, dass noch nicht alle Denkmöglichkeiten ausgeschöpft sind, dass noch andere, weiterführende Gesichtspunkte bisher unberücksichtigt blieben, unter denen Umwelt gesehen werden kann. Das ist der Fall. Längst nicht alle zur Verfügung stehenden Erkenntnisse sind in den herkömmlichen Umweltbegriff eingeflossen. Vor allen Dingen solche nicht, die den Menschen unsausweichlich einbinden und die das Argument ›darum sollen sich andere kümmern‹ gänzlich inakzeptabel machen.

Heute allgemein anerkannte wissenschaftliche Erkenntnisse aus der Biologie werden immer noch nicht auf den Begriff ›Umwelt‹ angewandt. Um welche handelt es sich? Im Grunde genommen sind es vier Wissensgebiete: Da ist zunächst das weite Feld rund um die evolutionsbiologische Anpassung, die im allgemeinen Verständnis der Menschen mit vielen Irrtümern behaftet ist. Daraus folgend sind da die Bedürfnisse eines Lebewesens und der Begriff der ökologischen Nische, die wiederum zu den Orientierungsleistungen und damit zwangsläufig zu dem weiten Wissenschaftsgebiet der Sinnesphysiologie überleiten. Letztere lenkt schließlich die Aufmerksamkeit auf die Gehirnforschung und ihre Ergebnisse.

2. Teil

Draußen ist drinnen, Argumente für ein neues Verständnis von Umwelt

Kapitel 4

Leben kann man nur vorwärts,
das Leben verstehen, nur rückwärts

Sören Kierkegaard
Theologe und Philosoph

Ein Blick zurück

Herbert Gruhl leitet seinen Artikel »Umwelt: Wie lange leben wir noch?« mit folgenden Worten ein:

»Die Entdeckung der Umwelt als Lebensbasis erfolgte parallel mit der schockierenden Erkenntnis, dass unsere Erde ein Raumschiff ist, welches sich selbst versorgen muss. Eine solche Überlegung musste sich fast über Nacht aufdrängen, als die Menschen ihre ersten Raumschiffe in den Weltraum schickten. Diese konnten zu ihrer Heimatbasis zurückkehren. Die Erde aber hat keine Heimatbasis; sie wird immer von dem leben müssen, was sie an Bord hat. Es konnte noch kein Stern ausgemacht werden, auf dem die Voraussetzungen für die Existenz von Leben, oder gar für die Existenz von Leben im menschlich-irdischen Sinne, erfüllt wäre. Sich mit der Umwelt beschäftigen, heißt darum heute: eine Bestandsaufnahme des Inventars der Erde und der dem Menschen verbleibenden Möglichkeiten vorzunehmen.« Dieser Rat enthält vierzig Jahre später noch eben soviel Dringlichkeit wie damals, wenn nicht mehr.

Eine der verbleibenden Möglichkeiten heißt eben Umwelt neu zu denken. Sicher ist es nicht leicht, zu der vielfach eingeübten Verwendung des Begriffs neue Ideen hinzuzufügen. Nicht immer wird Neues vorurteilsfrei aufgenommen. Zu allem und jedem gibt es das berühmte »ja aber«, gibt es berechtigte Einwände. Aufgrund anderer Informationen, anderer Wertungen ergeben sich andere Meinungen und daraus entstehen Gegenargumente. Neue Einsichten fallen uns nicht in den Schoß. Damit sie sich durchsetzen, müssen sie mühsam erarbeitet und aufbereitet werden. Der Erfolg einer Behauptung, einer Information hängt davon ab, wie sehr sie der Empfänger glauben will, sagt Maturana.

Dennoch halte ich es der Mühe wert!

»Immer nach vorne schauen! Der wichtigste Abschnitt des Weges liegt vor dir!« Eine Lebensweisheit, die zweifelsohne in vielen Situationen als bester Rat gegeben werden kann. Sie passt unbestritten für alle Fälle, in denen »action« gefordert ist.

Nicht so hier! Sie taugt wenig für Situationen, in denen »reflection« angebracht ist. Ein Kapitän, der einen Kurs vorgibt, ohne vorher seinen bisherigen Weg und seinen Standort bestimmt zu haben, bringt sein Schiff wohl kaum ans Ziel. Um den eigenen Standort im Leben zu bestimmen, um über unsere Wechselbeziehungen im Ökosystem und das eigene Wesen nachzudenken, um sich selbst zu begreifen, sollten wir zunächst einmal zurückschauen. Das Heutige wird immer erst aus dem Rückblick verständlich. Warum? Weil wir voll gepackt sind mit Archaischem. Unsere gesamten genetischen Informationen wurden unter total anderen, mit den heutigen überhaupt nicht vergleichbaren Lebensbedingungen im Laufe der Evolution erworben. Jetzt aber, etwa 3–2,5 Millionen Jahre später, im Computerzeitalter, steuern sie noch immer unser Leben. Das klingt sicherlich fast so, als hätte man schon längst Überkommenes abstoßen sollen. Nein! So ist es nicht gemeint! Diese enorme Leistung der Natur sollte vielmehr Staunen auslösen und Respekt und Ehrfurcht einflößen. Auch wenn die Gentechnik bereits vieles erfolgreich manipulieren kann und die Medien schon vom Designermenschen faseln, sind derlei Utopien doch noch Sciencefiction.

In einer Diskussion, in der es um das Thema Gentechnik und die damit verbundene Frage ging »dürfen wir alles, was wir können?« argumentierte ein Teilnehmer: »Aber ich kann doch die Natur verbessern.« Dieser Satz, der eine weit verbreitete Meinung wider gibt, enthält typische Denkfehler. Zum ersten, die Natur ist kein zur Verfügung stehendes Objekt. Zum zweiten kann ich ›die Natur‹ nicht verbessern, sondern höchstens nur irgendwelche Einzeleigenschaften oder Details verändern. Der noch größere Fehler, drittens, aber liegt darin, dass der Sprecher glaubte, seine Bedürfnisse und Wertvorstellungen seien absolut gültig und besser - besser in einer Rangfolge menschlicher Erwartungen. Was ist zum Beispiel besser an lagerfähigen und schnittfesten Tomaten, wenn sie nicht mehr nach Tomate schmecken?

Viele Jahre arbeiteten Wissenschaftler unterschiedlicher Disziplinen daran, alle Erbanlagen des Menschen, also alle Gene zu entschlüsseln. Entschlüsseln heißt, die Sequenz, der die Gene aufbauenden Aminosäuren zu kennen. Die Erbinformation ist darin verschlüsselt. Im Jahr 2001 wurde die vollständige Inventarisierung aller menschlichen Erbanlagen abgeschlossen. Das konnte natürlich nicht im Verborgenen geschehen. Nein, dieses »Großprojekt der Biologie« erregte die öffentliche Aufmerksamkeit selbst in unserem Lande über die Maßen. »*Auf den ersten Blick mag der Abschluss dieses Genomprojekts des Menschen für Außenstehende das Ende der Biologie einläuten*«, stellt Dr. Ernst-Ludwig Winnacker fest und er fragt: »*Was gibt es nach dem Mont Everest noch zu besteigen? Die Anwendungen und Perspektiven der Genomforschung erscheinen derzeit grenzenlos. Die Euphorie über das gelungene Werk und die Angst vor den Auswirkungen auf unser Leben sollten uns jedoch nicht blenden. So besagt beispielsweise das Wissen um die Natur von Genen in einem Genom noch lange nichts darüber aus, wann und unter welchen äußeren Bedingungen sie sich erstmals als Lebens-*

vorteil erwiesen und sich deshalb etabliert haben. Sie sind jetzt als Code vorhanden und arbeiten immer noch.« Doch »*die Kenntnis des Codes sagt noch lange nichts darüber, wie die von ihm instruierten Produkte im Inneren einer Zelle zusammenwirken und sie erst zu dem werden lassen, was eine Leber- oder Nerven- oder Hautzelle ausmacht. Zu diesem Zweck werden derzeit völlig neue Technologien entwickelt, die es erlauben, die Nachbarschaftsbeziehungen zwischen Eiweißbestandteilen in unseren Zellen vorauszusagen und zu analysieren. Dabei werden bislang unbekannte Netzwerke und Signalketten entdeckt. Schon seit langer Zeit entsteht in der Biologie im Zusammenhang mit der Genomforschung eine Flut von Daten. Daraus hat sich eine neue Wissenschaft, die Bioinformatik entwickelt. Sie soll in erster Linie einmal der Datenfülle Herr werden. Aber dabei wird es nicht bleiben. Man erhofft sich von der Bioinformatik auch die Erkennung von Regeln dafür, wie und warum diese und nicht andere Netzwerke im Inneren von Zellen entstehen. In einer nächsten Stufe stellt sich dann die Frage, wie sich Zellen miteinander zu Organen organisieren, diese wiederum zu ganzen Organismen und diese wiederum zu ganzen Ökosystemen.*«

So schließt sich der Kreis: Die modernste Genomforschung gibt auch Informationen über die ursprünglichen Mechanismen der Evolution. Im Rückblick könnte man den Eindruck gewinnen, als wäre die Entstehung des Lebens nur eine logische Konsequenz aus der Entstehung der Erde überhaupt. Vielleicht war das auch so. Wer Umwelt verstehen will kommt nicht umhin sich auch näher mit dem Leben zu befassen. Die im Text gegebenen Antworten auf die Fragen nach dem Leben führen Schritt für Schritt zu neuen Einsichten über Umwelt.

Ein Museum der Entstehungsgeschichte

Welche relevanten Informationen über Umwelt können wir gewinnen, wenn wir auf die Erde schauen zu einer Zeit vor der Entstehung des Lebens? Hier kommt die Definition, die im New English Dictionary gegeben wird, noch einmal ins Spiel: »Environment, that which environs; the objects or the region surrounding anything.« Umwelt ist das, was umgibt; die Dinge die umgeben, oder der Bereich, der irgendetwas umgibt. (siehe Definitionsbeispiel 2, Seite 54). Diese Definition könnte auch für die angesprochene Zeit gelten.

Auf der Erdoberfläche gab es Gebirge, Meere, Vulkane und tiefe Täler. Überall lagen sicherlich viele große und kleine Gesteinsbrocken umher. Die einen umgeben die anderen. Ist es sinnvoll schon von Umwelt zu sprechen, wenn einfach tote Materie tote Materie umgibt? Da handelt es sich nur um ein passives Nebeneinander. Führt man zusätzlich physikalische Veränderungen ins Feld, hieße das dann, dass schon Erosion oder Verfrachtung durch Wind und Wasser, Erdbeben oder Vulkanausbrüche, Umwelteinflüsse beschreiben? Man könnte zwar diesen Standpunkt rein formal vertreten, nur ist die Frage, ob er wirklich sinnvoll ist. Mit Sicherheit widerspricht er der ursprünglichen Bedeutung des Begriffes Umwelt, so wie ihn Goethe einst geprägt hat, und wie ihn von Uexküll und Haeckel weiter verwendeten und weiter entwickelten.

Die Erde und der Mond entstanden vor 4,7 Milliarden Jahren wie die anderen, erdähnlichen Planeten unseres Sonnensystems auch aus Materiebrocken, welche die Sonne umkreisen. Diese Brocken ballten sich nach und nach zusammen und formten die Planeten und ihre Monde. Nachdem die ursprüngliche Erde und der Urmond sowie alle anderen Planeten geboren waren, war aber noch längst nicht alles Material verbraucht. Immer noch umkreisten unzählige Materiebrocken, kleine wie große, die Sonne. Gerieten sie in die Gravitationsfelder der jungen Planeten oder ihrer Monde, dann prasselten sie wie Hagel auf die Oberflächen nieder. Der Mond der Erde, unser Mond, ist hierfür ein ideales Anschauungs- und Untersuchungsobjekt. Weil er keine Atmosphäre besitzt und deshalb keine Verwitterung stattfinden kann, blieben die Einschlagskrater unverändert als Zeugen seit Urzeiten im ursprünglichen Zustand erhalten – allenfalls von anderen Einschlagskratern oder vulkanischen Ereignissen überlagert. Ein Museum der Entstehungsgeschichte! Deshalb geben uns heute, Milliarden Jahre später die Durchmesser der Mondkrater Auskunft über die Größenordnungen der eingeschlagenen Materiebrocken und ihrer Auswirkungen. Die größten und seltensten unter ihnen betrugen bis zu 100 km im Durchmesser und die kleinsten Objekte hatten die Größe von Schrotkugeln, ja von Staubkörnern. Die ältesten Teile des Mondes sind geradezu durchlöchert von Kratern. Der Mond war folglich einem unablässigen Bombardement aus dem All ausgesetzt. Man hat nach Satellitenfotos die Zahl der Krater pro eine Million Quadratkilometer berechnet: Das entspricht etwa der doppelten Größe von Frankreich. Stellen Sie sich darauf hunderttausend Krater vor!

Trommelten schon auf den Mond permanent einschlagende Körper, so wurde die nahe gelegene Erde wegen ihrer größeren Anziehungskraft ohne Zweifel wesentlich stärker malträtiert. Stellen Sie sich, falls das überhaupt möglich ist, für die Erde also noch mehr, zwei-, drei-, viermal so viele Krater auf die gleiche Fläche vor. Welch ein Szenario!

Durch diesen Vorgang wuchsen die Erde und der Mond schließlich auf ihre heutige Größe an. Die Zeit des heftigsten Bombardements liegt – und jetzt wird es sehr, sehr spannend – zwischen 4,1 und 3,5 Milliarden Jahre zurück. Die ältesten bekannten Lebensformen, kugelige Mikrofossilien, die Ramsay-Sphären, sind aber schon vor 3,5 Milliarden Jahren entstanden. Man hat sie in Swartkoppie in Swaziland, Südafrika, in Sedimentgesteinen gefunden. Berichte über ähnliche Gebilde aus den 3,8 Mrd. Jahre alten Quarziten im Südwesten Grönlands sind leider unsicher. Die hier verwendeten Zeiten sind, soweit verfügbar, der Geological Time Scale 2004 (GTS 2004) der International Commission on Stratigraphy entnommen.

Abbildung 5 zeigt eine 3,5 Milliarden Jahre alte fadenförmige Ansammlung von urtümlichen, einzelligen, bakterienähnlichen Organismen. Sie ähneln offenbar stark der heutigen Gruppe der Cyanobakterien. Man hat sie in dünnschichtigen Sedimentgesteinen aus feinkörnigem Quarz in Nordwestaustralien gefunden.

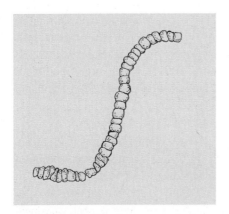

Abbildung 5
3,5 Milliarden Jahre alte fadenförmige Ansammlung von urtümlichen, einzelligen, bakterienähnlichen Organismen. Gezeichnet nach J. W. Schopf, aus J. W. Schopf und C. Klein, Hrsg., The Proterozoic Biosphere. 1992, Seite 31. Mit freundlicher Erlaubnis der Cambridge University Press.

Weil die Ramsay-Sphären aus Südafrika und die bakterienähnlichen Organismen aus Nordwestaustralien jedoch schon relativ weit entwickelt sind, – sie besitzen bereits einen zellähnlichen Aufbau – müssen die allerersten Schritte zur Entstehung des Lebens noch viel weiter vordatiert werden und geraten somit zwangsweise in diese, gelinde gesagt, turbulente Zeit des Meteoritenhagels. Nach neuesten Erkenntnissen kann die Entstehung des Lebens nur in die Zeitspanne zwischen 3,9 und 3,6 Milliarden Jahre fallen. Es ist schier unvorstellbar, dass gerade damals unter diesen Extrembedingungen das Leben entstanden sein sollte. Die Fakten lassen aber keinen anderen Schluss zu.

Theorien erklären die Welt

Wie soll man sich nun die Entstehung des Lebens vorstellen? Niemand weiß es genau. Kein Fernsehteam hat die Vorgänge dokumentiert. *»Die Vergangenheit kann nicht beobachtet werden. So banal und unumstritten diese Feststellung auch sein mag, so logisch folgt daraus, dass wir diese Frage nur mit einer Theorie beantworten können«*, formuliert Günter Wächtershäuser in seinem Beitrag zur 121. Versammlung Deutscher Naturforscher und Ärzte, 2000

In der Bewältigung des täglichen Lebens spielt die Theorie kaum eine Rolle. Hier liegt auch der Grund dafür, dass viele Menschen eine Theorie mit einer wirklichkeitsfremden Vorstellung gleichsetzen und ihr mit dieser Sichtweise ein negatives Image geben. Wie so oft, geht die allgemeine Sichtweise am Wesentlichen der Sache vorbei. Eine unbewiesene Unterstellung oder Annahme bezeichnet man zunächst nicht als Theorie, sondern als Hypothese. Entgegen der allgemeinen Wahrnehmung steht sie jedoch nicht frei erfunden im leeren Raum, sondern orientiert sich immer an Tatsachen, welche einer Erklärung bedürfen. Man formuliert also eine Hypothese mit dem Ziel, sie später durch Beweise zum Bestand des Wissens zu machen. Ist dies gelungen, so spricht man nicht mehr von Hypothese, sondern eben von einer Theorie. Sie fügt sich dann, ausgehend von Erfahrungen in die wissenschaftliche systematische Ordnung ein und wird letztendlich zu einer Lehrmeinung, einer wissenschaftlichen Darstellung oder Betrachtungsweise. Letztendlich kann sie zu einem Teil des Weltbildes werden.

Theorien haben somit die Aufgabe, nicht unmittelbar Erlebbares zu erklären. Dabei stellen Theorien keine starren, einmal getroffenen, unumstößlichen Aussagen oder gar Wahrheiten dar. Theorien werden immer ausgehend von einem gewissen Erkenntnisstand formuliert. Junge Theorien lassen sich anfangs noch vielerlei Erklärungsmöglichkeiten offen, sie sind noch vage und besitzen demnach noch wenig Erklärungskraft und –schärfe. Bleibt der Erkenntnisstand jedoch nicht stehen, sondern wächst, was normaler Weise ja der Fall ist, dann muss die Theorie auf den Prüfstand. Kann sie auch das Neue erklären? Behält sie ihre Gültigkeit? Das Überprüfen ihres eigenen Gültigkeits- oder Wahrheitsanspruchs an ihr selbst ist eine regulative Rückkoppelung und liegt absolut im Wesen der Theorie. Als Ergebnis einer solchen Überprüfung kann es nur ein Ja oder ein Nein geben. Nur diese beiden Möglichkeiten! Ein »ja aber« oder »ja vielleicht« oder »jein« gibt es nicht. Eine Theorie muss in sich widerspruchsfrei sein!

Positive Ergebnisse oder neue Entdeckungen oder Befunde untermauern eine Theorie und schaffen ein immer besseres Fundament. Die negativen Antworten sind jedoch die entscheidenden. Es ist ein ungeschriebenes Gesetz: Kannst du nur einen Befund mit deiner Theorie nicht erklären, formuliere eine neue, die alte ist widerlegt. »*Auch noch so viele positive Ergebnisse können eine Theorie nicht davor schützen, dass sie sich schon morgen als völlig falsch herausstellen kann*«, schreibt Günter Wächtershäuser. Eine Theorie ist also solange gültig, bis sie widerlegt wird. Trotzdem: Theorien erklären uns die Welt.

So kann man zur Beantwortung der Frage nach der Entstehung des Lebens nur aus fossilen oder geologischen Funden oder aus Experimenten im Labor sagen, dies oder jenes lässt darauf schließen, dass die zurückliegenden Ereignisse so oder so gewesen sein könnten. Je mehr Erkenntnisse Wissenschaftler aller Fachrichtungen aus Funden und Befunden herauslesen und zur Theorie der Entstehung des Lebens zusammentragen und je eindeutiger diese Theorie durch Experimente untermauert werden kann, desto näher kommt die Vorstellung der Wirklichkeit.

Noch vor Jahren hatte man, inspiriert vom Schöpfungsgedanken, die Vorstellung, dass es ein einziges »Klick« gab. Viele Autoren bemühen die Urzeugung oder eben diesen Zündfunken, einer alchimistischen Transmutation gleich, oder gar den Schöpfungsakt eines weisen und weit blickenden Schöpfers als ernste Metapher, um das Unerklärliche, das Unverständliche vorstellbar zu machen. Wie eine Treppenstufe von unten nach weiter oben, schlagartig, plötzlich hochgehoben, zum Leben erhoben. Doch mit Fortschreiten der wissenschaftlichen Erkenntnisse beginnt diese Treppenstufe an Schärfe, an Steilheit zu verlieren. Zwischenschritte beginnen sich abzuzeichnen. Viele Schritte waren notwendig, große und kleine, einer nach dem anderen. Wie bei einem Tanz. Wenn die Musik verklungen und der Tanz zu Ende ist, kann niemand sagen, dieser oder jener war der entscheidende Schritt, der hat dem Ganzen den Dreh gegeben. War es der erste Schritt oder war es der letzte? Nein, keiner durfte fehlen; alle Schritte zusammen waren wichtig und ergeben erst das Kunstwerk, das wir bewundern: Das Leben!

Raumfahrt

Unter den Theorien besagt die spekulativste, die »Panspermie-Theorie«, das Leben sei aus dem All zu uns gekommen. Durch sie würde, wenn sie denn stimmte, allenfalls der erste »bemannte« Weltraumflug beschrieben, aber auf keinen Fall erklärt, wie das Leben entstanden ist. Die ersten Schritte, die zum Leben führten, das Ziel unseres Interesses, werden unerklärt einfach auf einen anderen Planeten oder diffus ins Weltall verlagert. Lebendige Strukturen könnten Kometen als ein ideales Raumschiff benützt haben. Da der Kern vieler Kometen Eiseinschlüsse besitzt, hätte solches Leben wie in einer Tiefkühltruhe konserviert und geschützt vor kosmischer Strahlung die Reise rein theoretisch überstehen können. Auch Meteoriten hätten in ähnlicher Weise als Raumtransporter dienen können. Zur »Panspermie-Theorie« jedoch lesen wir in Mayers Enzyklopädisches Lexikon, dass sie keinerlei Wahrscheinlichkeit besitze. Nein das Leben ist auch nicht per Meteorit versandt worden.

Aber was ist dann dran an der Vorstellung, das Leben, – wenn auch ursprüngliches Leben, vielleicht nur eine einzige Zelle, – wäre an Bord eines Meteoriten aus dem Weltall auf die Erde gelangt und hätte sich dann hier zur Artenvielfalt aufgeschwungen? Die Behauptung kommt ja nicht von ungefähr. Könnten lebende Strukturen überhaupt die bei der unsanften »Landung« entstehenden Energiefreisetzungen überleben?

Vielleicht doch! Meteorit ist nicht gleich Meteorit! Große Meteoriten treffen mit sehr hohen Geschwindigkeiten auf die Atmosphäre und durchschlagen sie mit gewaltiger zerstörerischer Kraft. Kleine Meteoriten hingegen werden nach dem Eintauchen in die Atmosphäre durch die Luftwelle, die sie vor sich herschieben, abgebremst. Sternschnuppen werden von ganz kleinen Meteoriten mit Massen von bis zu 10 g verursacht, die dann bis auf winzige Reste verdampfen. Etwas größere Meteoriten werden auch Feuerkugeln oder Bolide genannt. Sie haben Massen bis zu einem Kilo oder manchmal auch mehr. Sie hinterlassen einen Rauchschweif aus glutflüssig abgestreiftem und fein zerstäubtem Meteoritenmaterial, weil vor allem die Vorderseite durch die Reibung mit der Atmosphäre erhitzt wird und schmilzt. Dieser Vorgang könnte wie der Hitzeschild der modernen Raumkapseln und des Shuttle gewirkt und den Rest »kühl«, d.h. unterhalb einer, Leben zerstörenden, Temperatur gehalten haben. Es wäre also theoretisch denkbar.

Viele der bislang gefundenen Meteoriten sind aus Eisen, es gibt aber auch welche aus Stein, aus Quarzgestein. Unter letzteren wiederum enthalten einige linsenförmig eingeschlossenen Kohlenstoff. Man nennt sie deshalb kohlige Chondriten. Professor Dr. Herbert Palme, vom Institut für Mineralogie und Geochemie an der Universität Köln schreibt hierzu folgendes: »*In dem ältesten der Marsmeteoriten ALHß4001 haben einige Forscher geglaubt, Anzeichen für Leben gefunden zu haben. Sie hatten mikrometergroße Strukturen entdeckt, mit ähnlichen Morphologien wie man sie von fossilen Bakterien auf der Erde kennt, ebenso fanden sie Mineralkörner aus Eisensulfid und Magnetit, die auf der Erde von Bakterien erzeugt werden. Auch wurden gewisse organische Verbindungen identifziert, die als Zerfallsprodukte organischen Lebens bekannt sind. Ob diese und andere Hinweise wirklich als Spuren von Leben gedeutet werden können, ist unklar. Die meisten Forscher, die diese Strukturen untersucht haben, zweifeln das an.*«

Trotzdem sollten neueste Experimente überprüfen, ob die Erde überhaupt hätte mit Leben »*geimpft*« werden können. Dazu brachte man in die Poren oder in extra angebrachte Bohrlöcher von Gesteinsproben eine Mischung verschiedener Mikroorganismen, Bakterien und Pilzsporen, und befestigte diese Gesteine im Hitzeschild einer unbemannten russischen Foton-Kapsel, um sie den Bedingungen auszusetzen, die beim Eintritt in die Erdatmosphäre herrschen. In keiner der bisher sechs Versuchsreihen kamen Mikroorganismen, die so den Temperaturen am Hitzeschild ausgesetzt waren, lebend auf der Erde an.

Menschen fanden schon immer Meteoriten. In der Neuzeit werden sie untersucht, katalogisiert und mit einer Identifikationsnummer versehen. Der Pharao Tutanchamun (1347–1338 v. C.) zum Beispiel muss in den Augen seiner Untertanen wirklich ein von Gott Beschenkter gewesen sein, denn man fand unter seinen Grabbeigaben, die ihm den Weg ins Jenseits ebnen sollten, ein überraschendes Himmelsgeschenk. Im tiefsten Bronzezeitalter wussten die Ägypter nichts mit einem Eisenmeteoriten anzufangen, ein unerklärbares Göttergeschenk eben, das er auf seinem Weg ins Jenseits wieder mit zurück nahm.

Ursuppe

Das Leben ist ganz sicher auf der Erde entstanden. Welche fundierten, experimentell belegten Erkenntnisse haben wir, um uns ein theoretisches Bild von der Entstehung des Lebens machen zu können? Welche Theorie ist derzeit die glaubwürdigste, weil am besten durch Befunde, und Tatsachen belegt? Das ist wissenschaftlich noch lange nicht entschieden. Da wird noch heftig und kontrovers um eine Lösung gerungen. Die Meinungen gehen noch weit auseinander.

Eine wesentlich interessantere als die Meteoritentheorie, ist die allgemein bekannte Theorie von Haeckel, der ab 1862 Professor der Zoologie in Jena war und der in Deutschland der Evolutionstheorie von Charles Darwin (1809–1882) zum Durchbruch verhalf. Hat Darwin noch gesagt, »to talk about the origin of life is mere rubbish... (über den Ursprung des Lebens zu sprechen ist blanker Unsinn)«, so scheute sich Haeckel nicht, über den Ursprung des Lebens laut nachzudenken und formulierte seine Theorie der »Ursuppe«. Welch ein Schlagwort! Schlagworte prägen sich ein. Die Presse stürzte sich sofort darauf, wie immer bei solchen spektakulären Wissenschaftsmeldungen: Der »Ursuppe« erging es damals nicht anders als dem Begriff der »Umwelt« heute. Die Worthülse wird zum geflügelten Wort, der Sinninhalt bleibt auf der Strecke.

Halten wir zunächst fest: Die Erde war ja noch jung, noch unbändig und überschäumend. Sie glich vor rund vier Milliarden Jahren in keinster Weis der heutigen Erde. Zwar gab es eine Atmosphäre, aber von Luft konnte keine Rede sein. Der junge Planet war noch so heiß, dass alles Wasser als Wasserdampf vorhanden war, vermischt mit gasförmigen Substanzen aus dem Erdinneren, wie Wasserstoff, Kohlenmonoxid, Kohlendioxid, Ammoniak, Schwefelwasserstoff und Methan, alles aus vulkanischem Gebrodel. Nun ist es möglich, dass der Dampfdruck so hoch geworden war, dass das Wasser kondensieren musste, oder sich aber die Temperatur durch Abstrahlung in den Weltraum soweit abgekühlt hatte, dass der Wasserdampf zu flüssigem Wasser kondensieren konnte. Ob so oder so, es begann in Strömen zu regnen. Das Regenwasser floss tosend zusammen zu reißenden Flüssen und sammelte sich, der Schwerkraft folgend, in den tiefstgelegenen Abgründen. Die ersten Meere oder Urozeane entstanden.

Grelle Blitze zuckten am Himmel und schlugen mit unvorstellbarer Energie und entsetzlichem Krachen und Donnern in die Meere. Der Regen prasselte immer noch in Strömen, ohne Unterlass, noch ist nicht aller Wasserdampf kondensiert. Noch sind die Ozeane nicht voll. Denn: Trifft das Wasser auf noch heiße Gesteine, verzichtet es sofort wieder, nur um alles in eine undurchdringliche Waschküche zu hüllen und anderswo den Regen zu verstärken.

Wo die Kruste dünn ist, reißt sie immer wieder unter dem inneren Druck. Vulkanausbrüche sind an der Tagesordnung, überall. An Land bilden sich Vulkankegel. Magma, festes Gestein, Asche und stechende Gase werden in die Uratmosphäre geschleudert; Schwefeldampf, Schwefelwasserstoff und Ammoniakgase schwängern sie und werden vom Regen in die Meere gespült. Auch Mineralien werden mitgerissen, vom Wasser gelöst und landen ebenfalls in den Ozeanen. Unterseeische Vulkaneruptionen türmen in den Tiefen des Meeres hohe Schlote auf. Mehrere tausend Grad heißes Magma und die überhitzten Gase treffen auf Wasser. Das Wasser explodiert zu Wasserdampf. Unvorstellbare Energiemengen werden durch die »Ursuppe« gejagt. Wie es brodelt, dampft und zischt – es wird aufgetischt.

Gleichzeitig wird die Oberfläche täglich gnadenlos und ungebremst, flächendeckend von harter ultravioletter Strahlung gegrillt. Die Erde gleicht einem Tollhaus. Gut, dass es weder Augen noch Ohren noch Nasen gibt – sie hätten dem nicht standgehalten.

Ein Szenario, wie wir uns das Inferno in unseren kühnsten Träumen nicht entsetzlicher vorstellen könnten. Sollen wir wirklich die Entstehung des Lebens diesem lebensfeindlichen Szenario zuordnen? Entstand das Leben sozusagen in der Hölle? Und dennoch! Neueste wissenschaftliche Ergebnisse legen diesen Schluss zwingend nahe. Wir müssen umdenken! Es war ein lebensfreundliches Szenario.

Das soeben heraufbeschworene Bild verdeutlicht uns den Makrokosmos. Die Entstehung des Lebens müssen wir zwar dort, jedoch auf einer ganz anderen Ebene suchen. Sie ist auf molekularer Ebene, im Nanokosmos angesiedelt. Vielerlei chemische Vorgänge spielten sich entweder direkt im Meer ab oder bei Blitzentladungen in der kohlendioxid-, methan-, ammoniak- und schwefelwasserstoffhaltigen Atmosphäre. Die wässrige, an kohlenstoffhaltigen Verbindungen reiche Lösung wurde zur Ursuppe. Sie enthielt, mit großer Wahrscheinlichkeit neben vielen einfachen Kohlenstoffverbindungen, auch die wichtigsten chemischen Bausteine lebender Organismen, nämlich komplexe Kohlenwasserstoffmoleküle mit mehreren bis vielen Kohlenstoffatomen. Wir rechnen dazu energiereiche Zucker, zur Aneinanderlagerung fähige, fettähnliche Lipidmoleküle, Aminosäuren und andere mehr. Man hat der Ursuppe viele verschiedene Rezepturen unterstellt und sie theoretisch mit allen möglichen Ingredienzien angereichert. Sie hat bis heute viele wissenschaftliche Abänderungen und Modifikationen erfahren und eine ganze Reihe von neuen Theorien ist daraus hervorgegangen.

Sie alle gehen von mehreren sicheren Voraussetzungen aus: Zunächst steht außer Frage, dass der Ursprung des Lebens ein chemischer Vorgang gewesen sein muss, mit anschließender, erst einmal chemischer, Evolution. Davor aber muss schon eine präbiotische Evolution stattgefunden haben.

Aus einfachen chemischen Verbindungen, wie Wasser (H_2O), Kohlenmonoxid (CO), Kohlendioxid (CO_2), Methan (CH_4), Schwefelwasserstoff (H_2S),

Ammoniak (NH3) und anorganischen Säuren, wie zum Beispiel Schwefelsäure (H_2SO4), oder Phosphorsäure (H_3PO_4), Grundbestandteilen der Uratmosphäre, so nimmt man an, lassen sich in diversen Experimenten, unter Bedingungen und Energiezufuhren, wie sie damals geherrscht haben müssen, organische Moleküle wie Alkohole ($C_nH_{n+1}OH$), organische Säuren (zum Beispiel $C_nH_{2n+1}COOH$), und einfache Kohlenstoffringverbindungen erzeugen. Folglich könnten sie sich auch schon vor der eigentlichen Entstehung des Lebens gebildet haben.

Aus solchen noch relativ unkomplizierten Kohlenstoffverbindungen konnten dann einfache Zucker, Aminosäuren, Fettsäuren, Peptide und Pyrrole und Nukleotide hervorgehen, als Bausteine für noch komplexere Moleküle. Der erste, dem es gelang, so etwas im Experiment durchzuführen, war 1908 der deutsche Biochemiker Walter Löb, der dafür jedoch – warum auch immer – weder wissenschaftliches Lob, geschweige denn Ruhm erntete. 45 Jahre später, 1953, veröffentlichte Stanley Miller seine Ergebnisse in dem Science-Artikel: A Production of Amino Acids under Possible Primitive Earth Conditions. (Die Herstellung von Aminosäuren unter Bedingungen, wie sie auf der frühen Erde geherrscht haben könnten.) Sie wurden unter dem Schlagwort »Miller-Experiment« berühmt.

Seither haben sich viele Forscher mit der Thematik der Lebensentstehung beschäftigt. Wenn die Annahmen über die Zusammensetzung der Uratmosphäre stimmen und wenn solche Synthesen im Labor gelingen – und das tun sie ja – so darf unumstritten gefolgert werden, dass es auch zu Urzeiten so gewesen sein könnte.

»Wenn wir das Bild der Bausteine weiter anwenden wollen, so kommen die chemischen Verbindungen wie Ameisensäure, und viele andere, erst dem Lehm gleich, aus dem in weiteren Schritten mit Hilfe von Formen oder Schablonen die Ziegel geformt werden müssen, aus denen dann sinnvoll gebaut werden konnte«, schreibt Eigen. *Das heißt, »einfache« Moleküle mussten zu den Ziegelsteinen geformt, also in größere Cluster zusammengesetzt werden. Als solche können wir energiereiche Zuckerarten, membranbildende Lipide und komplexe Aminosäuren bezeichnen. Sie sind sehr wichtige Bausteine lebender Organismen. Sie können sich ihrerseits zu höhern Molekülanordnungen verbinden, welche erst die Voraussetzungen für Leben beschaffen. Zahlreiche faszinierende Experimente bestätigen, dass sich auch die höheren Verbindungen tatsächlich bilden, dass der Weg, wie wir ihn uns vorstellen, auch beschritten worden sein könnte.«*

Das Bild der »*fetten Ursuppe*« als ein Konzentrat aus Lipiden (Fette) und nährstoffreichen Proteinen (Eiweiße), die die Fähigkeit haben, sich zu Membranen zusammenzulagern und winzige seifenblasenähnliche Vesikel, gleich Fettaugen, die oben schwimmen, zu bilden und die sich dann peu a peu mit Leben füllten, ist sicherlich passee. Eines allerdings ist geblieben: Das wässrige Medium muss gelöste Moleküle enthalten haben, die sich zur Synthese des Lebens eigneten. Leben ist, wie wir heute sicher wissen, immer an zwei Grundvoraussetzungen gebunden: An Kohlenstoffverbindungen mit mehr als einem Kohlenstoffatombaustein und an Strukturen, die ein eindeutiges Bauprinzip und selektives Zusammenwirken der Baueinheiten bewirken.

Leben aus der Hölle

War das Bild der Ursuppe eher sanft, – wie ein warmer Teich, frotzelte Darwin über Haeckel, – so scheut man sich heute nicht zu »kochen« und zu »rühren«. Das Leben kann nur bei angenehm milden Temperaturen entstanden sein, argumentierten einst viele Wissenschaftler, weil Eiweiße schon bei Temperaturen von siebzig bis achtzig Grad Celsius koagulieren. Bei diesen Temperaturen, werden Zellen abgetötet, wie jedermann weiß, und Lebensmittel pasteurisiert oder konserviert. Schlussfolgerungen aus der halben Wahrheit. Schon lange bekannt sind die Bakterien, die in den etwa hundert Grad heißen Schwefelquellen gedeihen. Das Argument der hohen lebensfeindlichen Temperatur stimmt also so nicht. Selbst wenn man davon ausgeht, dass vor mehr als 3,5 Milliarden Jahren die Sonne noch nicht ihre volle, heutige Strahlungsleistung erreicht hatte, wären doch schon die ersten Stadien einer neuen Lebensform im Oberflächenwasser von der harten UV-Strahlung wieder gespalten, zerschossen, zerstört worden. Man »verlegte« daher den Ort des Geschehens in etwa zehn Meter Wassertiefe, wohin die UV-Strahlen nicht mehr vordringen können und außerdem noch angenehme Temperaturen herrschen und erklärte: Hier war die Wiege des Lebens. Heute »verlegt« man die entscheidende Stelle noch viel tiefer in den Ozean – von Wiege kann keine Rede mehr sein. Tiefseeforscher haben zum ersten Mal 1977 an Orten, die man für extrem widrig halten müsste, nämlich an den heißen Schloten unterseeischer Vulkane, ganze Ökosysteme sehr urtümlich anmutender Lebensformen entdeckt. Da unten in ewiger Finsternis leben die Organismen nicht von Sonnenenergie, sondern von der Energie, die sie aus der Oxidation von Schwefelwasserstoff gewinnen. Niemand hätte es bis dahin ernsthaft in Erwägung gezogen, dass unter derart extremen Bedingungen auch nur ein einziges Lebewesen überleben könnte. Heiße Quellen erscheinen als nahezu verlockende Erholungsgebiete verglichen mit den Bedingungen an den hydrothermalen Tiefseeschloten. An so einem schwarzen Raucher, wie sie auch genannt werden, hat ein Forscherteam der Internationalen University Bremen Temperaturmessungen durchgeführt. Dort unten, in 3000 Meter Tiefe, herrschen ein Druck von rund 300 Atmosphären und die Rekordtemperatur von 407 Grad Celsius. Unter diesen Bedingungen ist das Wasser weder flüssig noch dampfförmig. Es befindet sich vielmehr in einem physikalischen Zwischenzustand. Unvorstellbar - und doch könnte es da geschehen sein. Experimente haben gezeigt, dass unter solchen Drücken und Temperaturen unter Mitbeteiligung von verschiedenen Mineralien große organische Moleküle aus einfachen anorganischen Vorstufen entstehen. Wir folgern auch hier wie oben: Wenn es im Experiment gelingt, aus einfachen anorganischen Vorstufen unter hydrothermalen Extrembedingungen Moleküle zu erzeugen wie wir sie zum Beispiel in den biologischen Membranen wieder finden, so sollte man doch meinen, dies hätte auch zur Zeit der Entstehung des Lebens funktioniert.

Wir vergleichen neue Informationen, die unsere Phantasie beflügeln, mit bereits abrufbereiten Bildern. Wen wundert's, dass wir solche urzeitlichen Schauplätze gerne mit Inferno oder Hölle assoziieren. Es entbehrt nicht einer gewissen Pikanterie, sich vorzustellen, das Leben, seit Anbeginn der Menschheit in allen bekannten Kulturen eher einem göttlichen Schöpfungsakt zugeordnet, sei einem derartigen Höllenszenario entstiegen. Für viele eine gruselige Vorstellung. Wie und wo sich nun diese oder ähnliche Vorläufermoleküle, die zwar einzeln gesehen unbelebt sind, nach heutigem Verständnis aber zur organischen Chemie gerechnet werden, zu lebenden Strukturen organisiert haben, ist noch weitgehend im Dunkeln. Langsam jedoch scheint etwas Licht in manche Vorgänge zu kommen, so dass man sich ein schemenhaftes Bild machen kann.

Ich möchte Ihre Phantasie noch weiter strapazieren und mit Ihnen mitten hinein tauchen in den brodelnden, kochendheißen Urozean, ganz in die Nähe eines solchen unterseeischen Vulkankamins. Wir schwimmen mit und beobachten irgendein beliebiges Vorläufermolekül und verfolgen, was mit ihm passiert: Kaum haben wir uns auf eines konzentriert, sehen wir, wie es gegen die schwefelüberkrustete Wand des Vulkanschlotes geschleudert wird. Durch die Wucht des Aufpralls wird dem Molekül in einer chemischen Reaktion ein Schwefelatom aufgezwungen. Schon wird es mit seinem neuen Design weiter gerissen, in aberwitzigen Wirbeln. Wie auch immer es sich dreht, von keiner Seite sieht es gleich aus. Durch die Reaktion mit Schwefel erhielt es eine asymmetrische Gestalt. Eigentlich ein ganz banaler Vorgang in der Chemie, der sich unendlich oft schon ereignet hatte und immer wieder ereignen wird. Also nichts Besonderes und dennoch hat es mit asymmetrischen Molekülen eine ganz besondere Bewandtnis. Sie treten nämlich in zwei Formen auf: Beide enthalten die gleichen Atome, sind jedoch räumlich verschieden aufgebaut. Sie verhalten sich so wie Autos ein und desselben Typs, die jedoch entweder in Großbritannien rechtsgesteuert oder in anderen Europäischen Ländern linksgesteuert zugelassen sind. In Abbildung 6 sind zwei Beispiele solcher stereoisomerer Moleküle dargestellt. Wer sich modern, biologisch bewusst ernährt, wird wohl auf dem Etikett seines Joghurtbechers nachlesen und darauf achten, dass dieser rechtsdrehende Milchsäure enthält. Woher kommt die Bezeichnung rechts- beziehungsweise linksdrehend? Schickt man durch einen Glasbehälter mit Milchsäure eines Typs polarisiertes Licht, so wird die Polarisationsebene des Lichtes gedreht; durch den L(+) Milchsäure-Typ um etwa 2,5 Grad nach rechts, beziehungsweise durch den D-(-)-Milchsäure-Typ nach links. siehe Abbildung 6.

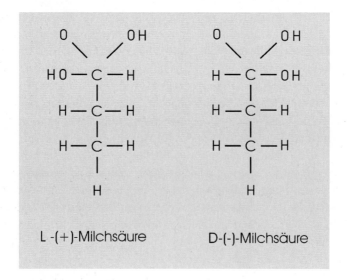

Abbildung 6
Strukturformel der rechtsdrehenden und linksdrehenden Milchsäure

Die Geburtshelfer

»In hypothetischen Szenarien zur Lebensentstehung haben lange Zeit die Atmosphäre und die Ozeane Hauptrollen übernommen; das Gestein und die Mineralien durften nur als Stichwortgeber oder stumme Statisten mitwirken. Doch nun erkennen die Wissenschaftler dies als Irrtum. Wie zahlreiche faszinierende Experimente belegen, waren Minerale an den grundlegenden chemischen Reaktionen, aus denen das Leben hervorging, aktiv beteiligt« schreibt Robert M. Hazen in seinem Artikel, Der steinige Weg zum Leben.

Die Statisten von einst, das Urgestein, die Minerale sind nicht so urig unberührt und unbeteiligt wie man lange dachte. Sie haben als Geburtshelfer verschiedene Aufgaben übernommen. Die Statisten waren sehr wahrscheinlich wichtige Akteure. Schaut man sich die komplexen Moleküle in den Schaltzentren biochemischer Reaktionen in modernen lebenden Zellen genauer an, dann findet man an funktionaler Stelle Bestandteile von Mineralen. Das sind entweder metallische Kationen oder aus Nichtmetalloxiden bestehende Anionen. Ein par Beispiele:

Das Chlorophyll: Ohne die Entstehung des Chlorophylls gäbe es keine Photosynthese, gäbe es keine grünen Pflanzen, keine Tiere: Chlorophyll enthält Magnesium!

Das Hämoglobin: Im Blut aller Wirbeltiere überträgt der rote Blutfarbstoff, das Hämoglobin, den lebenswichtigen Sauerstoff: Hämoglobin enthält Eisen!

Das Adenosintriphosphat: Die Energie, welche im Stoffwechsel gewonnen wird, muss auf andere Systeme übertragen werden. Dies besorgt das Adenosintriphosphat, das durch die Energieübertragung zum Adenosindiphosphat wird. Wie der Name schon sagt, es enthält Phosphor.

Verschiedene Minerale mit besonderem kristallinen Aufbau wie Calcit, Magnetit, Feldspat und andere mehr, weisen an ihren Oberflächen durch Verwitterung mikroskopisch kleine Kammern auf, in denen sich Moleküle verfangen oder einnisten können. Dies geschieht nicht wahllos, sondern das spezifische Kristallgitter der Minerale bietet sozusagen ein Schema, nach dem sich die Moleküle wie in einem Setzkasten ordnen müssen. Außerdem können Kristallflächen bestimmter Minerale, nach Hazen, aktiv spezielle Moleküle auswählen, die den zum Leben notwendigen gleichen. Bei Tonen mit Schichtstruktur werden die Biovorläufer sogar zwischen die Schichtungen gezwungen.

Wir folgen unserem asymmetrischen Molekül und zoomen in Gedanken eine solch mikroskopisch kleine Nische heran. Mehrere gleichartige Moleküle haben sich schon hierher verirrt und wurden wie in einer Falle festgehalten. Die Kristallstruktur wirkt wie eine Schablone. Alle stehen gleichsinnig, keines steht verkehrt herum. Es gibt also plötzlich ein »auf dieser Seite« und »auf der anderen Seite« ein »oben« und »unten«. Die kristalline Ordnung des Minerals bewirkt eine neue, noch nie da gewesene Ordnung komplexer Moleküle. Jetzt kommt das asymmetrische Molekül hinzu, das wir beobachten. Wir werden Zeuge eines weiteren wichtigen Entwicklungsschrittes. Die mineralische Oberfläche, die alle Moleküle, wie auf dem Exerzierplatz, zum Ausrichten zwingt, wirkt als Katalysator. Durch die erzwungene Nähe verbinden sich die Moleküle untereinander zu einer komplexeren, größeren Verbindung. Haben wir das Entstehen eines Biovorläufers miterlebt? Es könnte sein! War das Schema einmal vorgegeben, so könnte es auch bei den nächsten Schritten ohne direkte Einwirkung der kristallinen Minerale weiter gehen.

Wenn Chemiker von Katalysator oder Katalyse sprechen, so beziehen sie sich in der Namengebung primär nicht auf die chemische Zusammensetzung, auf die Struktur eines Moleküls, sondern vielmehr auf seine ganz spezielle Funktion. Was bedeutet das genau? Jeder kennt das Wort, denn ein Kat gehört inzwischen zur Standardausrüstung Ihres Wagens, Ihnen bekannt unter dem Namen geregelter Dreiwege-Katalysator. Ohne dürfen Sie nicht mehr fahren. Per definitionem ist ein Katalysator ein Stoff, der bei einem chemischen Prozess nicht verbraucht wird, sondern daran meist in Form eines kurzlebigen Zwischenprodukts mitwirkt und am Ende der Reaktion wieder gewonnen und wieder verwendet werden kann. Einfach ausgedrückt: Ein Katalysator beschleunigt eine chemische Reaktion zwischen zwei Stoffen, die ohne ihn nur langsam oder im Extremfall kaum merklich, stattfinden würde. Ein Brautwerber oder Kuppler also, der einen oder beide Partner dazu motiviert und anregt, sich zu mögen und zu verbinden. Als Kuriosität sei nebenbei bemerkt: Das chinesische Schriftzeichen für das moderne Wort »Katalysator« wurde tatsächlich aus dem alten Schriftzeichen für »Heiratsvermittler« abgeleitet. Welch passendes Beispiel für ›Bilder eines Begriffes‹!

Der deutsche Chemiker Egon Wiberg, der die Triebkraft chemischer Reaktionen untersuchte, stellt fest: *»Es ist höchst wahrscheinlich, dass die katalytischen Wirkungen nicht alle auf die gleiche Weise erklärt werden können. Die beiden wichtigsten Hypothesen sind: Erstens die Annahme der Bildung leicht reagierender Zwischenprodukte, zweitens die Annahme einer reinen Oberflächenwirkung.«* Nach dieser »Oberflächenhypothese« werden die reagierenden Stoffe durch Adsorption an der Oberfläche des Katalysators – hier des Minerals

– in einen reaktionsbereiten Zustand übergeführt, in dem sie befähigt sind schneller als im »unaktivierten« Zustand zu reagieren. Auch muss die Art der Bindung eine leichte Lösung des Reaktionsproduktes vom Katalysator ermöglichen. Die Festigkeit der Adsorptionsbindung muss dabei naturgemäß sehr spezifisch abgestuft sein, damit es in ihrem »angeregten« Zustand nicht eine stabile chemische Oberflächenverbindung mit dem festen Katalysator bildet und zeit Lebens dort hängen bleibt.

Substanz A + Katalysator ⟶ AK
AK + Substanz B ⟶ AB + Katalysator

Substanz A + Substanz B ⟶ AB

Der geregelte Dreiwege-Katalysator Ihres Wagens hat die Aufgabe bei der Verbrennung entstehende giftige Substanzen in einen reaktionsbereiten Zustand zu versetzen, wonach sie sofort in ungiftige Auspuffgase umgewandelt werden.

Es gibt noch eine dritte besondere Form katalytisch-chemischer Reaktionen: Die Autokatalyse (nicht zu verwechseln mit dem Kraftfahrzeugkatalysator). Sie unterscheidet sich von den beiden anderen in einem wesentlichen Punkt. Die bei einer Reaktion neu entstehende Substanz selbst übernimmt die Rolle des Katalysators und stimuliert oder beschleunigt den Reaktionsvorgang aus sich selbst heraus. Diese Katalyse und die Entstehung von Leben in Verbindung zu bringen ist gar nicht so weit hergeholt. Die Gesamtheit der chemischen Umsetzungen in einem Organismus, sein Stoffwechsel, ist nur möglich durch die Wirkung von Katalysatoren – den Enzymen. Man kennt auch autokatalytische Reaktionen im Stoffwechsel lebender Organismen, an denen Schwefelwasserstoffgruppen als Reaktionspartner beteiligt sind. In so wichtigen biochemischen Vorgängen wie der Blutgerinnung oder der Verdauung im Magen sind autokatalytisch wirkende Enzyme eingebaut. Dem Leben sind somit Eigenschaften und Puzzleteilchen aus der mineralischen Umgebung nicht fremd, sie haben sich bis heute gehalten.

Das neue, komplexe Molekül, kann nun, dank seiner neuen Struktur und seiner gleichzeitigen autokatalytischen Funktion, andere ausgewählte Moleküle aus seiner unmittelbaren Umgebung an sich binden. Wir beobachten mit Staunen, wie es größer wird. Wir beobachten ferner, dass sich der Vorgang in kurzem

Abstand wiederholt. Es wächst! Ab einer bestimmten Größe jedoch wird das Gebilde instabil und zerfällt in zwei Teile. Beide Teile verfügen über die autokatalytisch wirksame Reaktionsgruppe mit dem Schwefel, also tritt der eben beobachtete Vorgang an beiden Teilen wieder auf. Übersetzt in eine schematische Sprache heißen die beobachteten Schritte: Das in der mikroskopisch kleinen Mineralkammer durch Katalyse mit dem Fremdkatalysator ‚kristallines Mineral', entstandene Molekül verfügt über autokatalytische Eigenschaften, es trägt den Katalysator in sich. Da dieses komplexe Molekül einfache Moleküle an sich binden kann, liegt es nahe, das komplexe als Nahrungsakzeptor und das einfache Molekül als Nahrung zu bezeichnen. Nahrungsakzeptor plus Nahrung ergibt Wachstum – Wachstum bis zu einer instabilen Größe. Darauf folgt Auseinanderbrechen in zwei Teile mit den gleichen Eigenschaften, also in zwei Nahrungsakzeptoren. Der gleiche Vorgang kann jetzt doppelt ablaufen. Biochemiker würden sagen, eine autokatalytische Kettenreaktion mit Verzweigung ist entstanden: Start – Wachstum – Teilung – Wachstum – Teilung usw. Die Teilung würden die Biologen in einem Analogieschluss Fortpflanzung nennen. Unumstritten ist: »*Die richtige Zuordnung der Teile sichert den Erfolg des Ganzen, eine formale Vertrautheit etabliert sich und das Leben nimmt seinen Lauf*«. (G. Wächtershäuser)

Nur ein Schöpfungsakt?

Nehmen wir also einmal an, das Leben sei soeben, wie auch immer, entstanden, da schlägt ein gewaltiger Meteorit ein. Der Meteorit selbst und ein beträchtlicher Teil der Erdoberfläche rund um die Einschlagstelle wäre, auf Grund der freigesetzten Energie sofort verdampft. Eine gigantische Wolke aus verdampftem und geschmolzenem Material wäre in die Atmosphäre aufgestiegen. Einzelne Trümmer wären wohl ins All geschleudert worden, doch der größte Teil hätte sich über den Globus ausgebreitet und die Atmosphäre hätte sich sehr stark erhitzt, wie das Gestein an der Oberfläche. Vermutlich wäre der gesamte bestehende Ozean unter einer solchen Wärmentwicklung verdampft. Die Erdoberfläche wäre sterilisiert worden und mit größter Wahrscheinlichkeit hätte keine, wenn auch noch so primitive Lebensform überlebt.

Aber wir leben! Hat es denn so riesige Einschläge wirklich gegeben und woher kennen wir die Auswirkungen so genau? Nun, zum einen besteht tatsächlich die große Wahrscheinlichkeit, dass in derselben Periode mehrere solche und auch größere Objekte die Erde getroffen haben. Der Meteorit, der auf dem Mond das Imbrium-Becken vor 3,9 Milliarden Jahren, den größten Krater auf der uns zugewandten Seite, geschlagen hat, muss so ein Gigant mit etwa einhundert Kilometer im Durchmesser gewesen sein. Also gab es sie. Auf der Erde sind zurzeit rund 150 Meteoritenkrater bekannt. Drei davon seien erwähnt, denn Meteoriten hatten und haben immer großen Einfluss auf das Geschehen auf der Erde.

Vor 65 Millionen Jahren schlug ein gewaltiger Meteorit den, erst 1990 in Mexiko entdeckten, Chicxulub Impaktkrater mit ca. 200 Kilometer Durchmesser. Nach heutiger Überzeugung waren die Auswirkungen dieses Chicxulub-Ereignisses global und standen, so nimmt man an, in einem kausalen Zusammenhang mit dem Aussterben der Saurier. Ohne diesen Meteoriten gäbe es unter anderem auch vermutlich dieses Buch nicht, denn erst danach begann die Entwicklung der Säugetiere bis hin zum Menschen.

Vor rund 15 Millionen Jahren entstand das Ries in Bayern mit großer Wahrscheinlichkeit durch einen Steinmeteoriten, mit einem Durchmesser von einem halben bis einem Kilometer. Er traf mit einer errechneten Geschwindigkeit von 90.000 Stundenkilometer auf und schlug einen Krater von 25 Kilometer Durchmesser. Bis zu einer Tiefe von 5–6 Kilometer ist das Gestein darunter noch zerrüttet. Forschungsergebnisse aus dem Ries trugen entscheidend zum Wissen und zum Verständnis der Entstehungsgeschichte unseres Sonnensystems bei, weshalb es in einschlägigen Fachkreisen weltweite Bedeutung genießt. Übrigens trainierten die amerikanischen Astronauten Ende der 60er Jahre für ihre Apollo-14-Mondmission im Ries. Sie übten die Probenahme von Gestein, denn nur hier findet sich Gestein, wie es auch auf dem Mond vorkommt.

Vor etwa 50.000 Jahren schlug ein Meteorit, vermutlich ein Eisenmeteorit, im heutigen Arizona (USA) ein. Da man trotz Bohrungen keinen Kern fand, nimmt man an, alles Material sei beim Einschlag verdampft.

Einschläge dieser Größenordnung seien während der Menschheitsgeschichte schon etwa 3000mal vorgekommen, schreibt Dieter Stöffler.

War der Arizona-Meteorit der letzte? Auf keinen Fall! Wir können noch nicht aufatmen. Die Zeiten großer Einschläge sind noch nicht vorbei! Die wirklich ganz großen Meteoriten, mit Durchmessern von einem und über einem Kilometer nennt man Asteroide. Glaubt man Pressemitteilungen, so soll sich nach ersten Beobachtungen ein 1,2 Kilometer großer Asteroid mit der Bezeichnung 2003QQ47 am 21. März des Jahres 2014 bis auf 50.000 Kilometer der Erde nähern – das entspräche einem Achtel der Mondentfernung. In Weltraumdimensionen gesprochen: »sehr knapp!« Der mögliche, aber eher unwahrscheinliche Einschlag hat ihm zur Klassifizierung »eins« auf der Turiner Skala verholfen. Bei Erdbeben gibt uns die Richter-Skala eine Vorstellung von der Größenordnung eines Bebens. Die weniger bekannte Turiner Skala dagegen gibt uns ein Maß dafür, wie wahrscheinlich der Einschlag eines gesichteten Asteroiden ist und welche Ausmaße ein Treffer annehmen könnte. Die Skala reicht von null bis zehn, wobei null und eins überhaupt keine Bedrohungen darstellen, weil so eingestufte Objekte an der Erde vorbeifliegen. Nahe Begegnungen mit der Erde erhalten die Werte zwei bis sieben. Sichere Treffer bekommen die Werte acht bis zehn je nachdem, ob der Einschlag nur lokale, regionale oder globale Verwüstungen zur Folge haben wird.

Zurück aus der Zukunft in die graue Vorzeit, ins Archaikum. Die Erkenntnis, dass die allerersten Anfänge des Lebens in die Zeit gewaltiger Meteoriteneinschläge fällt, hat Konsequenzen. Damit eröffnet sich nämlich die interessante Möglichkeit, dass sich die Entstehung lebender Organismen nicht nur einmal, sondern mehrmals abgespielt haben könnte. Die ersten Anläufe wurden durch die sterilisierende Wirkung solcher gigantischer Einschläge immer wieder zunichte gemacht – und alles begann von neuem. Die Vorstellung eines einzigen Schöpfungsaktes sollte aus wissenschaftlicher Sicht vielleicht revidiert werden, schlägt J.D. Macdougall in »Eine kurze Geschichte der Erde« vor.

Wenn die Entstehung des Lebens auf so wenige Ausgangsstoffe, Kohlenmonoxid, Schwefelwasserstoff, Ammoniak und Schwermetallsulfide in einer Energie geladenen, geologischen Umgebung zurückzuführen ist, dann sollte man meinen, dass dieser Prozess auch heute noch stattfinden kann. Alle physikalischen Voraussetzungen findet man an den unterseeischen Vulkanen, den Schwarzen Rauchern vor. Also warum nicht? Theoretisch ja. Nur träfe ein neu entstandenes Biomolekül eine grundverschiedene Ausgangssituation an. Damals bedeutete es etwas vollkommen Neues. Heutzutage ginge es im bestehenden organischen Kreislauf sang- und klanglos, unbemerkt unter.

So könnte, während die Erde immer wieder unter Meteoriteneinschlägen erzitterte, das Leben seinen Lauf genommen haben. Das Wunder liegt nicht nur in der Tatsache, dass es entstand, sondern auch, dass es überlebte! Im Zeitalter der Erkenntnis erhielt dieser Vorgang viele Namen und Beschreibungen: Schöpfung, Urzeugung, Genese, Autopoiese, oder einfach Entstehung des Lebens.

Die Erkenntnis, dass die allerersten Anfänge des Lebens in die Zeit gewaltiger Meteoriteneinschläge fällt, hat noch eine weitere Konsequenz. Das Überleben des Lebens hing nicht nur von ihm selbst in einer Abbruchreaktion oder den kleinräumigen physikalisch-chemischen Konstellationen ab, die zu seiner Entstehung beigetragen haben, sondern von den gewaltigen äußeren Einflüssen. Die Existenzfrage gewinnt ab sofort Bedeutung. Erst jetzt macht es wirklich Sinn von Umwelt zu sprechen. Das Leben ist entstanden und gleichzeitig mit ihm Umwelt, sozusagen – a priori, im Sinne von: von der ersten Stunde an. Das bedeutet, wie schon bei den Definitionen festgestellt, aber nicht begründet, dass es kein Leben gibt ohne Umwelt. Somit kann Umwelt nicht vom Leben abgetrennt und als zur Verfügung stehendes Objekt gesondert behandelt werden. Umwelt ist deshalb ebenfalls im Leben systemimmanent. Umwelt ist ein Produkt des Lebens. Umwelt kann nur vom Lebewesen aus definiert werden.

Draußen ist drinnen,
Argumente für ein neues Verständnis von Umwelt

Kapitel 5

Um die neue Kategorie des realen Seins, die mit der Fulguration des menschlichen Geistes in die Welt gekommen ist, voll verstehen zu können, muss man zuvor den essentiellen Vorgang des organischen Werdens verstanden haben.

Konrad Lorenz

Kein Endprodukt

Die Feststellung, das Leben sei entstanden und gleichzeitig mit ihm Umwelt, klingt so, als seien es Endprodukte. Das sind sie nicht. Weder Leben noch Umwelt ist ein Endprodukt, sondern ein Vorgang, der sich seit seiner Entstehung ständig aus sich selbst heraus neu erschaffen und fortsetzen muss. Sie sind von der unbelebten Natur grundsätzlich verschiedene Naturerscheinungen und provozieren sofort die nächsten Fragen: Warum ist das so? Was heißt das Leben und was hat es mit der Umwelt auf sich? Das aber wissen wir! Wir sind die Profis. Wir erleben doch das Leben und Umwelt jeden Tag. Jeder fühlt und jeder weiß, was es heißt zu leben. Ja, aber nur in seinen Auswirkungen innerhalb persönlicher Grenzen. Und gerade deswegen wissen wir noch lange nicht, was Leben ist, und wie Umwelt gesehen werden kann.

Die Fragen nach dem Sinn des Lebens, dem Warum und nach seiner Herkunft beschäftigte die Menschheit seit Anbeginn, seit ihren afrikanischen Wurzeln. Archäologische Funde, die Fels- und Höhlenmalereien sowie die vielen überlieferten Mythen lassen keinen anderen Schluss zu. Nun, haben wir in den rund 100.000 Jahren, seit der Existenz des Homo sapiens, eine Antwort darauf gefunden? Gibt es wirklich eine Antwort? Wollten wir Leben definieren, kämen wir recht schnell in Verlegenheit: »Leben ist ... äh ...« – und schon kommen wir ins Straucheln.

Leben zu definieren ist mit Sicherheit noch viel schwieriger als Umwelt zu definieren. Es hat so viele und so unterschiedliche Aspekte, die sich eben nicht in einem oder in wenigen Sätzen zusammenfassen lassen. Es wäre geradezu vermessen, wollte man die chemischen, physikalischen, biologischen, soziologischen, ethischen, philosophischen und theologischen Facetten unter einen Hut bringen.

Kaum ein Sprecher macht deutlich, an welche der vielen Lebensäußerungen er denkt, wenn er fragt, was Leben sei. Darüber hinaus hängen die Antworten, die wir bekommen, auch davon ab, wen wir fragen. Sie kennen die Binsenweisheit, dass man eben so viele Antworten erhält, als man Experten befragt, und es gibt keinen Grund, warum diese Lebenserfahrung hier nicht gelten sollte.

Zum Beispiel könnte uns eine Chemiker sagen: »Alle chemischen Elemente, haben sich schon in der kosmischen Evolution entwickelt. Das Leben ist lediglich eine Kette von chemischen Vorgängen, an denen einige Elemente teilnehmen, eben die, aus denen Lebewesen aufgebaut sind. Ein Physiker, Richard P. Feynmann philosophierte: *»Leben ist Materie voll Neugier«*. Nicht zuletzt könnte ein Computerwissenschaftler selbstsicher erklären:»Es gibt bereits Systeme außerhalb der Biologie, die sich wie lebendige Systeme verhalten.« Also was ist dann Leben? Von den vielen möglichen Antworten liegen die naturwissenschaftlichen alle in dem Bereich, den diese drei Extreme als Eckpfeiler abstecken.

Den antiken Naturphilosophen standen keine technischen Hilfsmittel zur Verfügung und dennoch wussten sie, dass die Begriffe ›Stoff‹ und ›Form‹ auf verschiedenen Funktionen und Prinzipien der Natur beruhen und, dass die makroskopische, uns Menschen sichtbare, Ordnung ihren Ursprung im Unsichtbaren, in der Struktur der Atome hat. So setzen sich, um ein Beispiel zu nennen, die Atome des Wasserstoffs zur Bildung von Wasser H_2O nicht an beliebigen Stellen am Sauerstoff fest, etwa beide auf einer Seite – wie wir schreiben – oder direkt gegenüber, oder sonst irgendwie. Nein, sie docken immer und ausschließlich im Winkel von 104,5 Grad am Sauerstoff an. Der räumliche Bau der Moleküle hat einen entscheidenden Einfluss auf ihre chemischen und physikalischen Eigenschaften. Im Falle des Wassers resultiert daraus die Tatsache, dass es flüssig ist und zum Stoff des Lebens wurde. Stoff und Form, gleich Materie und Struktur, sind voneinander abhängig und besitzen keine separate Existenz. In ihrer Zusammengehörigkeit begründet sich die Ordnung – verstanden als innewohnendes Prinzip, sowohl der kleinsten Materieeinheit, als auch der makroskopischen Welt, die Baupläne aller Lebewesen einschließend, bis hin zu den Ursachen im Weltgeschehen und im Kosmos. Das sind nicht nur schöne akademische Folgerungen, sondern seit Beginn des Lebens bis heute in allen Lebewesen festzustellende Tatsachen.

Lassen Sie das Schlagwort »Ursuppe« noch einmal die Fantasie beflügeln. Wir stellen uns einen Kessel vor, in der die Suppe vor sich hin köchelt. Eine schöne naive Märchenvorstellung. Aber wir wissen auch, selbst in noch so unwahrscheinlichen, an den Haaren herbeigezogenen Vergleichen liegt ein Quäntchen Wahrheit verborgen! Bringen wir, wie geschehen, auch das Mineralgestein mit seiner Funktion als Schablone und Katalysator ins Spiel, so verändert sich das Bild. Der Kessel wird mikroskopisch klein, er wird zur Mikroreaktionskammer. Bleibt das Kochen. Ihm kommt eine ganz zentrale Bedeutung zu: Kochen steht für Energiezufuhr. Alles Leben verbraucht Energie!

In der Ordnung, die durch die Kristallstruktur der Mikroreaktionskammer vorgegeben war und dem Molekül, das zum neuen Biomolekül werden sollte, durch die herrschenden Energieverhältnisse aufgezwungen wurde, lag vielleicht der Schlüssel. Energie und Ordnung sind von nun an im ganzen Leben Schlüsselbegriffe. Sie führen uns auf direktem Wege mitten hinein in die Physik.

Ordnung und Energie

Ordnung finden wir nahezu überall: zum Beispiel im Aufbau von Atomen, von Metallen und in Kristallstrukturen. Diese Ordnungen stehen voll im Einklang mit dem Zweiten Hauptsatz der Thermodynamik, der besagt: Ein sich selbst überlassenes System geht in den wahrscheinlichsten Zustand über. Die Messgröße für die Wahrscheinlichkeit, dass ein neuer Zustand eingenommen wird, ist nach Bolzmann, die Entropie. Je wahrscheinlicher ein Zustand, desto größer die Entropie. Ungeordnete Zustände sind wahrscheinlicher als geordnete. Ein sich selbst überlassenes System strebt einem weniger geordneten Zustand zu. Seine innewohnende Energie nimmt demzufolge ab – seine Entropie zu.

Mit viel Energie aus dem Erdinneren wurde einst bei der Auffaltung der Alpen auch das Matterhorn bis zu mehr als der heutigen Höhe von 4478 m an seiner Spitze hochgehoben. In jedem kleinen Felsstückchen steckt ein Anteil davon als potentielle Energie. Fällt es durch Verwitterungsvorgänge gelöst zu Tal, wird diese Energie freigesetzt. Vorsicht! Helmpflicht! Am Fuße einer Felswand liegt viel Geröll unordentlich herum, so wie es eben heruntergefallen ist. Wir können formell sagen: Der Berg strebt einem Zustand der Unordnung zu und wir verstehen auch, dass dabei Energie freigesetzt wird. (Abbildung 7a).

Diese Feststellung sagt jedoch nichts aus über den zeitlichen Ablauf der Zustandseinnahme. Der wahrscheinlichste Zustand muss nicht immer zwangsläufig auf schnellstem Wege der Zustand größerer Unordnung sein. Das System kann vorübergehend auch in einem metastabilen Zustand verharren, ohne dass dadurch die prinzipielle Aussage widerlegt wäre. Die Geröllhalde am Fuße des Berges oder einen Bergkristall, ja alle Kristalle allgemein, können wir beispielsweise als solch einen energetischen Parkplatz verstehen.

Stellen Sie sich Ihren häuslichen Wohnbereich vor. Alles ist aufgeräumt, alles blitzt sauber und ist auf Vordermann gebracht. Nun aber kommt es, wie es kommen muss: Am nächsten Tag beeilen Sie sich zur Arbeit zu kommen – das Frühstücksgeschirr bleibt stehen. Das Bett bleibt ungemacht. Am Abend, wieder zu Hause, müssen Sie sich schnell duschen und umziehen für ein Treffen mit Bekannten. Alles bleibt liegen, wo Sie es haben fallen lassen. Nach einer Woche voll hektischer Tage ist das Chaos perfekt. Hat jemand Schwierigkeiten mit der Fantasie? Je nach Ihrer Veranlagung und nach Ihren Lebensumständen ist die Wahrscheinlichkeit, welcher Grad der Unordnung erreicht wird, mal geringer oder größer. In all dem Chaos blieb die Glasvitrine mit Andenken verschont – ein metastabiler Zustand; irgendwann, es ist nur eine Frage der Zeit, wird auch die Vitrine mit ins Chaos einbezogen.

Formal gesprochen strebte Ihr häusliches System einem weniger geordneten Zustand zu. Seine Entropie hat demzufolge zugenommen. Aus Ordnung entstand Unordnung. Wollen Sie das Chaos beseitigen, müssen Sie bekanntlich Energie aufwenden. Das Bisschen Haushalt erweist sich geradezu als Energiefresser.

Betrachtet man einen Baum, der Früchte trägt, und aus ihnen entstehen wieder Bäume, die auch wieder Früchte tragen, so scheint das System Bäume, ebenso wie alle anderen lebendigen Systeme der Natur in ähnlicher Weise, nicht einer Unordnung zuzustreben, sondern im Gegenteil einen geordneten Zustand aufrechtzuerhalten oder sogar zu vermehren. Lebendige Systeme widersprechen also dem oben dargestellten zweiten Hauptsatz der Thermodynamik. **Sie tun dies aber nur scheinbar!** Bisher haben wir von der Ordnung in Richtung Unordnung geblickt. (Abbildung 7 b).

b   Ordnung   Unordnung

Was aber liegt hinter uns? Drehen wir uns um und schauen in die entgegen gesetzte Richtung: Von der Unordnung zur Ordnung. (Abbildung 7 c).

c   Ordnung   Unordnung

Je weiter wir in diese Richtung gehen, desto deutlicher zeichnet es sich ab, dass Ordnung aus Ordnung entsteht. Das folgende Beispiel mag Ihnen verdeutlichen, dass auch dieser Weg in der Natur eine vollkommen normale Richtung darstellt:

Die Erde hat einen Motor. Er heißt Sonne. Ständig wird der Erde durch die Sonneneinstrahlung Energie zugeführt. Ein Teil davon wird reflektiert, ein anderer Teil nachts wieder abgestrahlt aber der Rest bleibt der Erde erhalten. Sobald jedoch Energie in ein System gesteckt wird, kann Ordnung entstehen. Sie entsteht jedoch nicht unmittelbar aus der Energie, denn diese charakterisiert nur die Fähigkeit eines Systems Arbeit zu verrichten. Der entscheidende Faktor ist die Arbeit, wie wir alle wissen; die Energie allein macht's noch nicht. Diese Strahlungsenergie kann nach dem Ersten Hauptsatz der Thermodynamik, dem Gesetz von der Erhaltung der Energie, nicht verloren gehen, sondern muss in andere Energieformen umgewandelt werden, als da wären Wärmeenergie, kinetische Windenergie, mechanische oder elektrische Energie. Jede dieser Energieformen wiederum kann Arbeit verrichten. In Gewitterwolken werden zum Beispiel durch die, bei der Wärmebewegung entstehende Reibung, elektrische Ladungen getrennt. Die resultierenden Blitze ihrerseits verrichten chemische Arbeit. Sie leisten, so wie einst vor 4 Milliarden Jahren, chemische Aufbauarbeit: Aus den Bestandteilen der Luft und ihren Beimengungen werden bei jedem Blitz höhermolekulare Stoffe hergestellt. Die Synthese höhermolekularer Stoffe aus einfachen Stoffen bedeutet nichts anderes als das Entstehen von höherer Ordnung durch Verbrauch von Energie.

Der Bach, von dem ich in Kapitel eins erzählt habe, der den Badesee speist, verrichtet auch Arbeit. Er verrichtet zunächst Abtragungsarbeit, wenn er ständig an den Uferhängen seines Bettes nagt. Was aber viel auffälliger ist, er sortiert dieses Erosionsmaterial der Größe nach. Große Gesteinsbrocken lässt er recht schnell liegen. Kleinere Steine werden ein Stück weiter mitgenommen. Als nächstes wird dann der Sand abgelagert. Den Schlamm und die Schwebepartikel führt er am weitesten mit sich. Diese Trennung in Größenklassen kann man in der Anordnung der Sedimente an allen Ablagerungsbänken sehen, die sich im Bachverlauf bei Hochwasser immer wieder neu bilden.

Wir sind gewohnt, Gegenstände oder Sachverhalte nach ihren äußeren Erscheinungsformen wahrzunehmen und nicht nach dem Grad ihrer Ordnung. Strapazieren wir noch einmal das Bild der häuslichen Ordnung: Ein Griff und die Suche beginnt. Wenn aber alles schön aufgeräumt sich an seinem Platz befindet, dann herrscht Ordnung und das, was wir brauchen, finden wir. Dieses Beispiel entspricht der Cartesischen Ordnung, denn sie sei ja das Geheimnis der Methode (vergleiche Seite 47). Ein Besucher sieht sofort, dass Sie ein methodischer, also ordentlicher Mensch sind. Das Ausmaß Ihrer Ordnungsliebe jedoch erfährt er nicht sofort. Hierfür müsste er schon auch in alle Schränke und unters Bett schauen. Die Zustände dort stehen in Zusammenhang mit den äußeren Strukturen. Ihre Wohnung ist ein System, das viele verschiedene Ordnungszustände umfasst. Je mehr davon umfasst werden, wie zum Beispiel: Schränke, ganze Räume, die Haushaltsgeräte, der Computer usw., desto weniger augenfällig wird die Ordnung. Wir sprechen deshalb nicht mehr von Ordnung. In diesem Buch interessiert primär der Inhalt, nicht unbedingt die Orthographie; diese, sowie die Sequenz der Seiten sind uns selbstverständlich. In einem Computer sehen wir zunächst seine Zweckmäßigkeit und nicht die hoch komplizierte Ordnung in »hard und soft ware«. In einem Edelstein sehen wir zunächst dessen Schönheit. Erst in zweiter Linie gewinnt seine Lupenreinheit Bedeutung. An diesem letzteren Beispiel wird die Wechselwirkung zwischen der inneren Ordnung und dem gewohnten äußeren Erscheinungsbild besonders deutlich. Den übergeordneten Zustand, der alle in einem System enthaltenen Ordnungsstufen umfasst, nennen wir Komplexität (vom lateinischen Wort complectere = verknüpfen, zusammenfassen). Professor Kniep vom Max-Planck-Institut für Chemische Physik fester Stoffe in Dresden hat es auf den Punkt gebracht: *»So lässt sich etwa die Zunahme von Komplexität durch folgende Hierarchie-Sequenz veranschaulichen«* schreibt er, *»wobei jeder Pfeil einfach das Wort »bilden« ersetzt: Elementarteilchen → Atome; Atome → Moleküle; Moleküle → Supermoleküle; Supermoleküle → supramolekulare Anordnungen (zum Beispiel Zellen); Zellen → Gewebe; Gewebe → Organismen; Organismen → Gesellschaften und Umweltsysteme. Zugegeben, die Vereinfachungen beziehungsweise Pauschalierungen sind fast unerträglich, sie geben in der Sequenz allerdings sehr wohl ein Gefühl dafür, auf welcher Hierarchieebene der Komplexität das betrachtete System etwa anzusiedeln ist.«* (Abbildung 7 d).

                              Energie wird verbraucht
d   ←───
        Ordnung entsteht   Unordnung

Sind wir also von der Unordnung über viele Zwischenstufen der etwas geringeren Unordnungen über die Stufen der immer weiter zunehmenden Ordnung bis hin zur höchsten Ordnung gegangen, so führte unser Weg von der unbelebten physikalischen Natur zum Leben (Abbildung 7 e).

e   ⟵   Leben   physikalische Natur

Obwohl wir immer rasch zur Hand sind mit der Behauptung, wenig sei in Ordnung im Leben, ist Ordnung eine seiner Grundeigenschaften. Seit der griechischen Antike bezeichnet man in Wissenschaft und Philosophie natürliche oder künstliche Gebilde, die ein Ganzes darstellen, wobei deren Teile in Abhängigkeit zueinander stehen und so ein bestimmtes Ordnungsprinzip aufweisen, als System.

Leben ist somit eine Kette thermodynamischer Systeme, oder wie Stephen Hawking sagt: *»Wir können Leben als ein geordnetes System definieren, das in der Lage ist, sich gegen die Tendenz zur Unordnung zu erhalten und fortzupflanzen.«*. Dazu benötigt es Energie. Deshalb formuliert Schrödinger, *»Leben konsumiert keine Nahrung, sondern negative Entropie.«*

Die Tatsache, dass dem Leben physikalisch-chemische Prozesse zu Grunde liegen, hat weit reichende Folgen für das Selbstverständnis der Menschen und für das Bild, das sie sich vom Leben machen. Es legt den Schluss zwingend nahe, dass alle Lebensäußerungen – Betonung liegt auf alle – in ihrem Wesen ausschließlich den Gesetzen der Physik und der Chemie gehorchen müssen. Professor H.J. Autrum (1907–2003), ab 1958 Ordinarius für Zoologie in München, betonte schon in seiner Grundvorlesung für angehende Biologen: Wenn Sie bei der Erforschung des Lebendigen auf ein Phänomen stoßen, das sich nicht mit physikalischen und/oder chemischen Gesetzen erklären lässt, ist das nicht der Hinweis auf Übernatürliches, sondern lediglich der Hinweis, dass es im physikalischen und chemischen Wissen Lücken gibt. Kurz, alle Ereignisse wie Stoffwechsel, Wachstum, Vermehrung, Orientierung, Lernen fußen auf chemisch – physikalischen Vorgängen. Wäre es nicht so, wie könnten Pharmaka, Psychopharmaka, Rauschgifte, Naturheilmittel und dergleichen mehr, überhaupt wirken? Deshalb betrachtet der Biologe die Physik und die Chemie im Allgemeinen und die Biochemie und Molekularbiologie im Besonderen als Erklärungsgrundlagen aller Lebensvorgänge. Leben ist die größte beobachtete Komplexität, entstanden aus Selbstorganisation der Materie.

Alles ist Chemie

Chemische Produkte umgeben uns überall und entstehen überall, ohne dass wir uns dessen wirklich bewusst sind. Alles ist Chemie. Ein Leben ohne Chemie ist für keine Zivilisation, schon gar nicht für eine moderne, vorstellbar. Man müsste auf alle synthetischen Stoffe bei der Kleidung, an den Geräten, auf das Autofahren, auf praktisch alle Haushaltsreiniger und auf eine Vielzahl von Medikamenten und Kosmetika verzichten, um nur ein paar Beispiele aus der Herstellung synthetischer Stoffe zu nennen. Denken wir aber auch beispielsweise an die Herstellung von Alkohol, von Sauerkraut und Seife und dergleichen mehr. Sowohl die Hausfrauen, als auch die Köche sind, auch wenn sich der angesprochene Personenkreis so nie sieht, bis zu einem gewissen Grade Chemiker. Permanent läuft eine Unzahl von chemischen Reaktionen ab, in der Küche, im Haushalt, in der Luft, im Wasser und zu Lande, die wir nur dann wahrnehmen, wenn sie zu nachteiligen Belastungen führen. Wie Sie wissen, entstehen – um nur ein aktuelles Beispiel anzuführen – in allen Verbrennungsmotoren neben Kohlendioxid auch Stickoxide, die mit anderen Bestandteilen der Luft und Sauerstoff bei Sonnenschein zu dem bekannten bodennahen, toxisch wirkenden Ozon weiterreagieren (siehe Abbildung 3, Seite 68).

Rufen wir uns deshalb einige chemische Grundkenntnisse ins Bewusstsein. Sie werden uns helfen, Eigenschaften lebender Organismen zu verstehen.

Vielleicht erinnern Sie sich an ein kleines, aber beeindruckendes Experiment aus ihrem Chemieunterricht. Es wird gerne als Demonstrationsversuch verwendet, weil es mit einem Knalleffekt abläuft. Ich meine die Reaktion von Wasserstoff und Sauerstoff. Das Gemisch aus beiden Gasen wird nicht umsonst Knallgas genannt. Wasserstoff und Sauerstoff vereinigen sich mit einem lauten Knall explosionsartig zu Wasser. Wasser hat, wie jedermann weiß, ganz andere chemische und physikalische Eigenschaften als die beiden Ausgangsgase. Jeden Vorgang, bei dem aus einem oder mehreren Ausgangsstoffen eine oder mehrere neue chemische Verbindungen entstehen, die andere chemische und physikalische Eigenschaften besitzen als die Ausgangsstoffe bezeichnet man als chemische Reaktion. Der Chemiker formuliert: Wasserstoff und Sauerstoff reagieren miteinander zu Wasser. Mit dieser Aussage kann er jedoch zweierlei meinen:

Er kann sich zum einen auf die Art der chemischen Bindung beziehen, das heißt, die theoretische Betrachtung, wie sich einzelne Atome beziehungsweise Moleküle mit einander verbinden. Sie hat für den Wissenschaftler große Bedeutung. Sie hilft ihm, das Wesen der Reaktion, ihre zugrunde liegenden Gesetzmäßigkeiten zu verstehen.

Ein einzelnes Sauerstoff- oder Wasserstoffmolekül kommt jedoch selten allein, wie man salopp sagt. In der Praxis muss der Chemiker immer mit distinkten Mengen arbeiten. Mischt man die Gase nicht im richtigen Verhältnis, dann wird aus dem Knall ein Knällchen, oder ein klägliches Fauchen, oder er bleibt ganz aus. Das führt direkt zu dem, was der Chemiker noch damit ausdrücken kann, nämlich das einzusetzende Mengenverhältnis.

Er schreibt:

$$2\,H_2 + O_2 \longrightarrow 2\,H_2O$$

Aus zwei Molekülen Wasserstoff und einem Molekül Sauerstoff entstehen zwei Moleküle Wasser. Führen wir die Mengen ein, so heißt die nun stöchiometrische Gleichung: Zwei Mol (2 x 2 = 4 g) Wasserstoff reagieren mit einem Mol (2 x 16 = 32 g) Sauerstoff zu zwei Mole (2 x 18 = 36 g) Wasser.

Im Bereich der »klassischen« chemischen Reaktionen unterscheidet man zwei hauptsächliche Reaktionstypen: Der erste Typ verläuft praktisch vollständig in eine Richtung. Man stellt ihn deshalb mit einem Pfeil dar und bringt damit zum Ausdruck, dass die Reaktion so lange anhält, bis die gesamte Stoffmenge umgesetzt und die Reaktion beendet ist. Beim obigen Beispiel der Knallgasreaktion bleibt nur ein geringer Teil der Ausgangsstoffe, nämlich rund 10^{-22} Prozent, unverändert. Die Zahl ist so abstrakt, dass sie, außer verschwindend klein, jegliche Bedeutung verliert und vernachlässigt werden kann. In der Praxis heißt das: Die Reaktion verläuft vollständig!

Viele Reaktionen aber verlaufen unvollständig, so dass die Reaktion schon »stehen bleibt«, wenn die Ausgangsstoffe noch nicht alle verbraucht sind und noch in recht erheblicher Konzentration vorliegen. Dieser zweite Typ kommt dadurch zustande, dass das Reaktionsprodukt nicht unter allen Umständen stabil ist, sondern wieder in seine Ausgangsstoffe zurück zerfallen kann. Man spricht von einer Hin- und einer Rückreaktion. Halten sich die Hin- und die Rückreaktion die Waage, so stellt sich ein Gleichgewichtszustand ein. Dies drückt man durch einen Doppelpfeil aus und schreibt:

A + B ⇌ AB

Beide soeben beschriebenen Reaktionstypen laufen, einer Lawine vergleichbar, ab. Entweder sie stürzen bis ins Tal, dann liegt der erste Reaktionstyp vor, oder sie kommen auf einem Zwischenniveau zum Stillstand, dann spricht man vom zweiten Reaktionstyp, vom Gleichgewicht. Es ist nahezu trivial festzustellen, dass in allen diesen chemischen Reaktionen distinkte Stoffmengen mit einander reagieren. Das Verhältnis dieser Mengen zueinender muss stets gewahrt bleiben. Der Einzelschritt ist nur Mittel zum Zweck und tritt gegenüber dem Ergebnis in den Hintergrund. Nur das Endprodukt zählt. Wie bei der Heiratsstatistik. Der Statistiker, der uns einen Überblick verschaffen will, gibt sich mit der Zahl der geschlossenen Ehen als Ergebnis zufrieden. Wer wen heiratet bleibt zunächst unberücksichtigt. Das ist allenfalls Gegenstand einer anderen Statistik. Im Jahr 2006 wurden x – tausend Ehen geschlossen: Voilà ein Endprodukt.

Selbstverständlich weiß er, dass sich bei einer Eheschließung zwei Menschen zu einem Ehepaar zusammen finden, grad so, wie der Chemiker den Reaktionsmechanismus kennt. Beide sind jedoch mehr am hergestellten Endprodukt interessiert als am Einzelvorgang. Wichtig ist für den Chemiker die neue Substanz, sowohl in ihrer Qualität als auch in ihrer Quantität.

Nicht alle Ehen halten. Viele zerbrechen, wie die Reaktionsprodukte des zweiten Reaktionstyps. Die Teile können wieder reagieren – er und sie erscheinen erneut als Kandidaten auf dem Heiratsmarkt, wobei man in einem Analogieschluss auch sagen könnte, ein Gleichgewicht zwischen Verheirateten und Singles stellt sich ein.

Das Gros, sowohl der anorganischen als auch der organischen Reaktionen, ist hiermit umschrieben, jedoch nicht unbedingt die Reaktionen, die in lebenden Organismen ablaufen. Den Statistiker interessiert mit Sicherheit nicht, wer sich mit wem verbindet – für die Einwohner einer kleinen Gemeinde, oder für die Bestandteile einer Körperzelle, ist es jedoch sehr wichtig. Hier kommt der Heirat zwischen Hans und Emma große Bedeutung zu. Warum hat er nicht die Sabine gewählt beziehungsweise diese nicht den Fritz genommen? Die persönliche Ebene stellt doch einen ganz anderen Blickwinkel dar. Wenn das Endprodukt oder der Gleichgewichtszustand jederzeit schnell und mit beliebigen Reaktionspartnern erreicht würde, dann könnte es weder eine organische Chemie noch eine Biochemie, noch das Leben auf unserem Planeten geben. Selektive Einzelreaktionen machen dies erst möglich. Im modernen Leben finden sie in den Zellen statt, bei der Entstehung des Lebens war das, so müssen wir postulieren, vergleichbar aber doch anders, denn lebende Zellen gab es noch nicht.

Was haben wir auf unserem Tauchgang beobachtet? Wir haben uns auf ein autokatalytisches Molekül konzentriert und beobachtet, wie es *selektiv* mit *einem* anderen Molekül reagiert – die Betonung liegt auf einem. Dann haben wir weiter festgestellt, dass ein einzelnes Molekül in zwei gleiche Moleküle zerfällt und die vorher beobachtete Aufnahme jeweils eines Reaktionspartners wieder einsetzt. Wir haben somit einen molekularbiologischen Vorgang beobachtet und folgern daraus, dass auf dieser molekularbiologischen Ebene neue, andere Maßstäbe auftreten, in denen die Qualität von Einzelreaktionen wesentlich mehr Bedeutung besitzt als die pure Quantität. Von einer lawinenartigen Reaktion kann nicht die Rede sein. Im Vordergrund steht die Einzelumsetzung, man könnte sie wieder mit der Heiratsstatistik in Verbindung bringen. Hier zählt nur die Hochzeit zwischen Hans und Emma.

Solche Einzelumsetzungen sind spezielle Reaktionsschemata des Lebendigen. Warum? Die Begründung liegt wieder einmal im Leben selbst. Man kennt in der gesamten Stoffwechselbiologie unendlich viele Beispiele, in denen ein Einzelschritt das Wesentliche darstellt. Ganz so, wie es am Anfang gewesen sein könnte.

Im lebenden Organismus wird die Bedeutung der räumlichen Struktur besonders bei den biologischen Katalysatoren, den Enzymen deutlich. Der gesamte Stoffwechsel eines Organismus ist nur durch die Anwesenheit und die Wirkung dieser Katalysatoren möglich. Die Wirkung ist immer auf einen bestimmten Reaktionspartner, auf einen Reaktionstypus und auf einen Reaktionsschritt beschränkt. Den Reaktionspartner nennt der Biochemiker Substrat. Die Substratspezifität der Enzyme ist so groß, dass zum Beispiel bei asymmetrischen, optisch aktiven Isomeren (vergleiche Abbildung 6 Seite 108) als Substrat zwischen der rechts oder links drehenden Form unterschieden werden kann.

Bei sehr vielen Stoffwechselvorgängen arbeiten zahlreiche Enzyme Hand in Hand. Eines nach dem anderen erfüllt seine spezielle Aufgabe, wie die Arbeiter am Fließband einer Montagestraße. Die Biochemiker sprechen in der Tat von

Enzymstraßen oder Stoffwechselwegen. Jedes Enzym setzt das Produkt eines vorausgehenden weiter um. Dadurch wird verhindert, dass sich für eine dieser Reaktionen ein Gleichgewicht einstellen könnte. Ein solches hätte definitiv den Zelltod zur Folge. Stellen Sie sich vor, bei der Montage eines Personenautos würde der eben eingebaute Motor plötzlich von den in der Kolonne folgenden Arbeitern wieder ausgebaut und dann von den übernächsten wieder eingebaut und wieder ausgebaut und so fort. Keine Produktion könnte mehr stattfinden. Aus! Leben ist ein chemisches System, das sich aber nicht im chemischen Gleichgewicht befindet. Das chemische Gleichgewicht würde den Tod bedeuten.

Oftmals sind die Enzyme, die zu einem Stoffwechselweg gehören, innerhalb einer Zelle in besonderen Reaktionsräumen, den Zellorganellen, zu finden, und auf diese beschränkt. Die Enzyme des Zitronensäurezyklus und der Fettsäureoxidation befinden sich in den Mitochondrien. Die Enzyme sind bereits erwähnt und in ihrer Grundbedeutung als die Katalysatoren des Stoffwechsels dargestellt. Sie ermöglichen und steuern ganz bestimmte Reaktionen. Die Mitochondrien sind spezielle, von einer Doppelmembran umschlossene Strukturen mit besonderen Aufgaben innerhalb einer Zelle. Sie werden ihrer Funktion entsprechend auch treffend als die »Kraftwerke der Zelle« bezeichnet. Ihre Hauptaufgabe liegt darin, den Organismus mit Energie zu beliefern. Deshalb finden sich besonders viele Mitochondrien in Muskelzellen, in Nervenzellen, in Sinneszellen und in den Eizellen. Rohstoff und Energielieferant für alle Leistungen eines Lebewesens (Spezialfälle hier einmal ausgenommen) sind Kohlehydrate und Fette. Sie werden – sehr vereinfacht ausgedrückt – mit Sauerstoff »verbrannt« – oxidiert. Dabei entstehen als Abfallprodukte Kohlendioxid und Wasser. Das Paradebeispiel der Glykolyse macht es in der Summengleichung deutlich.

$$C_6H_{12}O_6 + 6O_2 \longrightarrow 6CO_2 + 6H_2O + \text{Energie}$$

In Worten: Zucker aus der Nahrung wird mit Sauerstoff aus der Atmung zu Kohlendioxid und Wasser verbrannt, wobei Energie freigesetzt wird.

Der Kohlenstoff, der zu Kohlendioxid oxidiert wird ist wenig problematisch und das Kohlendioxid wird entweder über die Atmung ausgeschieden oder zum Aufbau anderer körpereigener Substanzen verwendet. Der Wasserstoff bereitet der

Zelle wesentlich »mehr Kopfzerbrechen«, denn es entsteht nicht direkt Wasser, sondern zunächst entsteht erst einmal Wasserstoff in ionisierter Form, der in einem zweiten Schritt zu Wasser oxidiert werden muss. Kurz gesagt, in der Zelle findet eine Knallgasreaktion statt. Selbstverständlich darf kein gasförmiger Wasserstoff mit gasförmigem Sauerstoff reagieren, sonst würde die Zelle explodieren. Vielmehr muss jeder dieser Stoffe, einzeln, Ion für Ion, je an ein Enzym gebunden und von diesem wieder jedes für sich an den anderen Reaktionspartner weitergereicht werden.

Dabei wird Energie frei. Sie lässt sich in chemischer Form als ATP speichern und bei Bedarf zum Beispiel auf Muskelfasern zur Kontraktion übertragen. Das ATP ist nichts anderes als ein weiteres, spezielles Enzym, das mit vollem Namen Adenosintriphosphorsäure heißt, ausschließlich auf die Energieübertragung spezialisiert ist und immer nur eine kleine Energieeinheit überträgt. Eine nennenswerte Quantität kommt erst dadurch zustande, dass unendlich viele Einzelreaktionen, jede für sich steuerbar, in der Zelle parallel oder nacheinander auftreten. Leben ist immer an zwei Grundvoraussetzungen gebunden: An Kohlenstoffverbindungen mit mehr als einem Kohlenstoffatom und an Strukturen, welche ein eindeutiges Bauprinzip und selektives Zusammenwirken der Baueinheiten bewirkt.

Allem Lebendigen, ohne Ausnahme, liegen spezielle chemische Reaktionen zugrunde. Die chemischen Lebensreaktionen können ablaufen, wie alle anderen Reaktionen auch, wenn die geeigneten, das heißt durch ihre Struktur determinierten, Reaktionspartner vorhanden sind und zueinander finden. Dies wiederum bedeutet: Strukturdeterminierte Systeme sind zwar nicht von außen direkt beeinflussbar, aber sehr wohl von außen abhängig. Ohne Reaktionspartner läuft nichts. Nur wenn das bestimmte Molekülmaterial vorhanden ist, dann kann aufgebaut werden. Eine chemische Reaktion gehorcht einem Ordnungsprinzip, sie stellt ein einheitlich geordnetes Ganzes dar. Hier sei noch einmal erwähnt: Seit der griechischen Antike bezeichnet man natürliche und künstliche Gebilde, deren Teile eine bestimmte Ordnung aufweisen und in gegenseitiger Abhängigkeit zueinander stehen, als System. In den modernen Naturwissenschaften und in der Technik spricht man immer dann von System, wenn sich materielle Objekte in einem ganzheitlichen Zusammenhang befinden. Das beschriebene erste autokatalytische Molekül stand mit seinen Reaktionspartnern in einem ganzheitlichen Zusammenhang. Das autokatalytische Molekül und sein Reaktionspartner sind deshalb eine so interessante Einheit, weil das System ganz neue Gesetzmäßigkeiten hervorbrachte, welche aus den beiden Einzelteilen, wenn man sie isoliert betrachtet, nicht zu erklären sind. Etwas qualitativ vollkommen Neues ist entstanden. Eine Beziehung, eine Abhängigkeit zwischen den Teilen hat sich aufgebaut, wodurch sie »*in einem inneren Zusammenhang miteinander stehen*« und miteinander wechselwirken.

Nur Molekül oder schon Individuum?

Will man von einem Objekt wissen, ob es lebt oder nicht, dann überprüft man dies mit Hilfe der Kriterien des Lebens. Darunter versteht man allgemeingültige Merkmale, mit denen man hofft, Leben von Nicht-Leben plausibel abgrenzen zu können. Als solche werden meistens angeführt: Individualität, Stoffwechsel, Wachstum, Fortpflanzung, Bewegung und Information. Man darf diese Kriterien jedoch nicht als Schlagworte begreifen, die das Leben nur mit einem Zustand in Verbindung bringen. Leben ist kein Zustand, sondern ein Vorgang. Deshalb beziehen sich diese Kriterien ausschließlich auf Leistungen des Organismus. Werden die Leistungen vom Objekt des Interesses erbracht, das heißt werden alle Kriterien erfüllt, dann gehen wir davon aus, dass es lebt. Wenn mehrere Kriterien nicht zutreffen, wird es schwierig.

Wie sich herausgestellt hat, sind diese Kriterien nicht durchweg allgemeingültig und in neuester Zeit sogar unsicher, wenn nicht zum Teil unzutreffend. Man muss nur einen Blick auf die epochalen Erkenntnisse und Möglichkeiten der Biowissenschaften und Biomedizin werfen und die öffentliche Diskussion über Bioethik verfolgen, um die kritischen Fragen zu verstehen. Wir erleben eine erregte Diskussion über die Einschätzung und Bewertung von Stadien der Individualentwicklung. Kommt einem Embryo nach der Zellkernverschmelzung schon die Eigenschaft eines neuen und eigenständigen menschlichen Lebewesens einschließlich der Menschenwürde zu, oder nicht? Sind Lebensstadien, wie etwa Embryonen in den anfänglichen Teilungsschritten oder Koma-, beziehungsweise Hirntot-Patienten Lebensformen, die alle Kriterien erfüllen, oder dürfen wir sie unter anderen Blickwinkeln sehen und einschätzen? Gibt es eine exakte, eindeutig definierbare Grenze zwischen Lebendigem und Nicht-Lebendigem? Oder sind vielmehr auch hier wieder einmal die Übergänge fließend?

Vielleicht ist Ihnen das Problem der Viren bekannt. Leben sie oder sind es Kristalle, die sich das Leben nur von lebenden Organismen borgen? Viren enthalten auch DNS (Desoxyribonukleinsäure), welche sie zwar als genetisches Material zur identischen Selbstvermehrung befähigt, was sie aber nicht allein, sondern ausschließlich in einer lebenden Wirtszelle durch deren Stoffwechsel bewerkstelligen können. Sie lassen, sozusagen in erschlichener Leiharbeit, ihre eigene DNS von der Wirtszelle kopieren, denn sie selbst sind zu diesen chemischen Reaktionen, zu diesem Lebensvorgang, nicht fähig.

Von zahlreichen Tieren und Pflanzen kennen wir Dauerstadien, die extreme Trockenheit, Kälte oder Hitze überstehen, und zwar über sehr lange Zeiten hinweg. Zum Beispiel die winzigen, nur einen halben Millimeter großen Bärtierchen sind solche Künstler. Einige Arten dieser Tardigrada, wie die ganze Gruppe genannt wird, leben normalerweise in Moospolstern, die immer wieder einmal austrocknen; in einem Lebensraum also, der zwischen Feuchtigkeit und Trockenheit hin und her pendelt. Die Trockenheit kann ihnen nichts anhaben. Sie fallen einfach in eine sogenannte Trockenstarre und zeigen dann weder einen messbaren Stoffwechsel, noch pflanzen sie sich fort, noch stehen sie in irgendeinem Informationsaustausch. Leben sie noch? Ein Wassertropfen genügt um sie wieder ins Leben zurückzuholen.

Auch wenn die Lebenskriterien Auflösungserscheinungen zeigen, so könnte man trotzdem mit ihrem harten Kern versuchen eine Antwort auf die Frage zu finden, ob das eine Molekül, der Nahrungsakzeptor, oder die Lebensreaktion aus beiden Reaktionspartnern das Unteilbare, das Individuum ist.

Leben ist immer an Individuen gebunden, so lautet eines der Kriterien des Lebens. Deshalb liegt es absolut nahe, in dem neu entstandenen autokatalytischen Molekül das neue Leben zu sehen. Weil dieses komplexe Molekül einfache Moleküle an sich binden kann, neigen wir ganz schnell dazu, es mit »Nahrungsakzeptor« (Nahrungsaufnehmer) und den Reaktionspartner mit »Nahrung« gleichzusetzen. Diese Benennungen entspringen aber den längst eingefahrenen und tief eingegrabenen Spurrillen unseres Denkens. Hüten wir uns davor, Teilschritte bereits unumstößliche Begriffe aus dem erlebten Leben zuzuordnen. Die gab es nämlich noch nicht! Dadurch laufen wir Gefahr, in die modern gültige Vorstellung »im Lebewesen« und »außerhalb des Lebewesens« zu verfallen. Dann hätten wir keinen neuen Erkenntnisgewinn. Diese Vorgehensweise würde uns den vorurteilsfreien, analytischen Blick verstellen. Die Begriffe »Nahrungsakzeptor« und »Nahrung« sind wunderbar illustrativ und einfach zu verstehen, wenn wir nur die Brücke schlagen von den theoretischen Anfängen zum heutigen Evolutionsstand. Sie führen uns jedoch aufs Glatteis, wenn wir darüber hinaus noch andere ursprüngliche und grundlegende Vorgänge verstehen wollen. Folgen wir ihnen, dann verbauen wir uns die Chance, das neu entstandene Leben aus einem anderen als dem bisher gewohnten Blickwinkel zu betrachten. Was bedeutet denn »Nahrung«? Nahrung verstehen wir immer als ein Mittel zum Zweck. Ein tierisches oder pflanzliches Wesen nimmt Nahrung auf. Nahrung kommt von außen. Nur ein Individuum braucht Nahrung, die es für seine Lebensprozesse nützt, das heißt um seinen Körper aufzubauen, zu erhalten und sich fortzupflanzen. Wir setzen folglich das neue Molekül mit Individuum gleich und den Reaktionspartner mit Nahrung. Diese Sichtweise ist hinderlich, wenn wir die Vorgänge in ihre, zu postulierenden, Einzelschritte zerlegen, um Grundprinzipien zu erkennen und abzuleiten. Leben ist kein Zustand, sondern ein Vorgang. Wenden wir das konsequent auf das eine Molekül an, so stellen wir fest: Ein Molekül A (für autokatalytisches Molekül oder Nahrungsakzeptor) allein kann kein autokatalytisches Molekül sein. Was sollte es schon autokalysieren? Ein Molekül allein kann keine Leistung vollbringen, weder eine Autokatalyse noch eine Lebensleistung.

A und was weiter?

Das Molekül A birgt allenfalls die Potenz, die innewohnende Kraft, in sich, als autokatalytisches Molekül zu wirken. Diese Eigenschaft kann sich nur dann entfalten, wenn ein geeigneter Reaktionspartner (B) vorhanden ist.

Wenn wir nichts von der modern gegebenen Situation wüssten, dann würden wir das System, die Reaktion als Leben bezeichnen. Das System wäre dann das Individuum, das Unteilbare, das Lebewesen. Der Beginn des Lebens ist somit nicht im Auftreten eines neuen Moleküls, sondern im Auftreten einer neuen, besonderen chemischen Reaktion zu sehen.

Sie ist der systemimmanente Vorgang des Lebens. Selbstredend ist sie an Strukturen gebunden, doch nicht nur an die Struktur des einen Moleküls, sondern an die Struktur beider Reaktionspartner, wobei das ausschlaggebende Kriterium das Zusammenwirken ist.

Dem Chemiker geht die Gleichung $A + B \rightarrow AB$ leicht von der Hand, weil er es gewohnt ist so zu schreiben. Dies hat sich historisch entwickelt, die Tradition entstammt dem Handwerk. Schon der Alchimist hat so gesagt: »Fügen wir zum Stoff A den Stoff B hinzu, dann …« Somit wurde A zum Ausgangsstoff und B zum Reagens. Wobei Reagens eine Chemikalie bedeutet, die bei Untersuchungen unbekannter Stoffgemische chemische Erkennungsreaktionen erlaubt. Dieses Bild übertragen wir. Was nimmt der Chemiker zuerst? Was fügt er hinzu. Nicht alle, aber viele dieser Vorgänge könnte man auch umkehren.

Zuerst den Stoff B und dann das Reagens A hinzufügen: B + A → AB. Ich denke, daraus folgt deutlich: Es macht keinen Sinn auf dieser Entwicklungsstufe den Reaktionspartnern einer Reaktion schon die Begriffe Individuum beziehungsweise Nahrung zuzuordnen. Es macht keinen Sinn uns bereits innen und außen assoziieren zu lassen.

Leben ist immer an Strukturen gebunden und an Moleküle, die mehr als ein Kohlenstoff Atom besitzen. Nun zunächst, chemische Reaktionen sind generell an die Struktur beider Reaktionspartner gebunden. Würden die Strukturen nicht passen, fände die Reaktion nicht statt! Außerdem stellen wir uns vor, ist der eine davon aus mehreren Einheiten kohlenstoffhaltiger Bausteine in der Mikroreaktionskammer entstanden. Die Forderung, das Leben sei immer an Strukturen und an Kohlenstoffverbindungen mit mehr als einem Kohlenstoffatom gebunden, wird demnach erfüllt.

Alle Lebewesen besitzen einen Stoffwechsel: Der Begriff Stoffwechsel steht in der Hauptsache für Stoffaufnahme und Stoffumwandlung. In der Lebensreaktion reagieren die zwei Reaktionspartner zu einem neuen Gebilde mit neuen Eigenschaften. Auch wenn er noch so urtümlich anmutet, findet demnach ein Stoffwechsel statt. Auch dieses Kriterium wird erfüllt.

Wird bei einer beliebigen Messgröße im Laufe der Zeit eine Zunahme festgestellt, so spricht man von Wachstum. Wenn sich nun das autokatalytische Molekül mit einem Reaktionspartner verbindet so entsteht:

A + B → AB

Wenn sich nun weiter das Produkt AB noch einmal mit einem Reaktionspartner verbindet, so können wir schon auf dieser aller ersten Entwicklungsstufe von Zuwachs sprechen, denn das Gebilde wird tatsächlich größer.

AB + B → ABB

Eines der wichtigsten Kriterien besagt: Leben kann nur durch Fortpflanzung weiter gegeben werden: Das Wachstum des einen Reaktionspartners, so haben wir festgestellt, ist nicht unbegrenzt, sondern erreicht irgendwann eine kritische, instabile Größe. Darauf folgt das Auseinanderbrechen in zwei Teile mit den gleichen Eigenschaften. Die Grundbedeutung der Fortpflanzung, die Reproduktion gleicher Individuen ist hiermit bestens erfüllt. Der gleiche Vorgang der Lebensreaktion kann jetzt, von der zweiten Generation ausgehend, doppelt ablaufen und eine dritte Generation erzeugen. Aus einem wurden zwei; aus zwei werden vier und so weiter und so weiter. Das Leben wurde an die nachfolgenden Generationen weitergegeben. Auch dieses Kriterium sehen wir erfüllt. Fortpflanzung durch Teilung ist in der Biologie weit verbreitet.

Das vorletzte Kriterium befasst sich mit der Bewegung: Alle Lebewesen können sich oder wenigstens Teile ihres Körpers bewegen. Moleküle aber haben weder Muskeln noch Beine! Sie können sich nicht aktiv bewegen. Das Kriterium der Bewegung scheint also nicht erfüllt. Nicht so voreilig: Das Kriterium der Bewegung kann, beziehungsweise muss in einem Atemzug mit dem der Fortpflanzung genannt werden. Man kennt eine Vielzahl von urtümlichen festsitzenden Lebewesen, die durch immer wieder erfolgte Teilungen in die Fläche wachsen und ihren Untergrund flächendeckend überziehen. Einen solchen Überzug nennt man auch Biofilm. Die ältesten Biofilme kennt man aus den 3,2 Milliarden Jahre alten in Westaustralien gefundenen Stromatolithen. Der Biofilm hat sich als Lebensform so gut bewährt, dass er bis heute erhalten blieb. Die weitaus meisten Bakterienarten leben in Biofilmen, aber auch andere Mikroorganismen, wie Algen, Pilze und Protozoen tun dies. Biofilme bestehen in der Regel aus einer dünnen Schleimschicht, in der die Mikroorganismen eingebettet sind. Sie bilden sich vorwiegend an Grenzflächen zwischen flüssigen und festen Phasen. Aber auch andere Grenzschichten können besiedelt werden. Sie können diesen Zusammenhang leicht selbst feststellen: Lassen Sie ein Glasgefäß mit Wasser einige Zeit am Fenster im Sonnenlicht stehen. Nach nur wenigen Tagen bilden sich kleine grüne Punkte. Ausgehend von diesen wenigen Punkten breitet sich allmählich ein alles bedeckender – in diesem Fall – Algenfilm aus. Die Biologen sprechen von Wachstumsbewegung, denn eine x-beliebige Generation befindet sich bereits weit entfernt von der Ausgangsgeneration. In gleicher Weise können wir uns die Vermehrung und das Wachstum der autokatalytischen Moleküle vorstellen. Molekül Nummer eins sitzt in seiner Mikroreaktionskammer fest. Nach der ersten Teilung bleibt auch das zweite Molekül durch die Adhäsionskräfte am mineralischen Substrat in engster Nachbarschaft daneben haften. Der gleiche Vorgang wiederholt sich und so fort. Langsam überzieht ein »ganzer Rasen« von autokatalytischen Molekülen den mineralischen Untergrund. Das Kriterium Bewegung kann also durchaus als positiv beantwortet abgehakt werden.

Schließlich fordert das letzte der Kriterien, dass alle Lebewesen Information speichern und an die Nachkommen weiter geben können, das heißt, dass sie ein vererbbares Gedächtnis haben müssen. Dies sollte uns nicht weiter wundern, denn alle bislang bekannten Lebewesen und sogar Viren besitzen solche Informationsspeichermoleküle. Das sind die Nukleinsäuren. Ihre Entdeckungsgeschichte begann schon 1869. Der Schweizer Arzt Friedrich Miersch entdeckte, dass aus dem Zellkern, dem so genannten Nukleus, eine Substanz austreten kann und nannte sie deshalb Nuklein. Makabererweise machte er seine Entdeckkung an den Zellkernen von weißen Blutkörperchen, den Lymphocyten, die er aus Eiter gewonnen hatte. Der ganzen Welt bekannt wurden die Nukleinsäuren jedoch erst im Jahre 1953, als James Watson und Francis Crick die komplizierte Struktur der Nukleinsäuren entdeckt und ihren berühmten Artikel ›Molecular structure of nucleic acids. A structure for deoxyribose nucleic acid‹ veröffentlicht hatten. Sie waren dafür mit dem Nobelpreis ausgezeichnet worden. Viele gleichartige Bausteine, so genannte Nukleotide, bilden ein extrem langes Kettenmolekül, dessen Struktur an eine Wendeltreppe erinnert. Die Nukleinsäuren kommen in zwei Formen vor: Die Ribonukleinsäure RNS und die Desoxyribonukleinsäure DNS. Die RNS besteht aus nur einer spiralförmig gewundenen Spindel. Die DNS setzt sich aus zwei solchen Wendeltreppen zusammen und wird deshalb als Doppelhelix bezeichnet. Sie unterscheiden sich hauptsächlich in ihren Funktionen. Die DNS stellt das generelle, permanente Speichermedium für alle genetischen Informationen dar. Sie trägt die allbekannten Gene. Die RNS, oder besser gesagt, die verschiedenen Typen von RNS, denn es gibt einige davon, übernehmen vielseitige Aufgaben im Zellgeschehen: Sie können die Informationen der Gene lesen und übersetzen, zu den Produktionsstätten innerhalb einer Zelle transportieren und so ganz bestimmte Proteine synthetisieren.

Einige Lehrmeinungen zur Entstehung des Lebens vertreten die Ansicht, dass zu den chemischen Verbindungen der ersten Stunde höchst wahrscheinlich Ribonukleinsäuren gehörten, weil sie wie gesagt, den Organismus als Träger aller ererbten Information zur identischen Reproduktion und Weitergabe des gespeicherten Wissens von Generation zu Generation befähigen. Man wusste ja, dass Eigenschaften der Lebewesen an die aktive Weitergabe des Lebens gebunden sind und man konnte sich nicht vorstellen, dass dies auch ohne RNS- beziehungsweise DNS- ähnliche Strukturen, hätte möglich sein können. Diese Annahme war vielleicht voreilig – vielleicht aber auch nicht. Die neuesten Ergebnisse einiger ganz unterschiedlicher Forschungsgruppen zeigen, dass zwischen den Bausteinen der RNS und DNS sich selbst organisierende Prozesse ablaufen und schließen daraus, dass die Bildung von RNS am Start des Lebens durchaus denkbar wäre. Viele Wissenschaftler jedoch vertreten die Meinung, eine so hoch spezialisierte und komplexe Struktur wie die DNA habe zu ihrer Entstehung selbst einer Evolution bedurft und konnte deshalb kaum am Anfang der Entwicklung gestanden haben.

Die allerersten Lebensformen, so vermutet man, besaßen noch keinen genetischen Apparat, sie sollten aber doch schon eine Evolution ermöglichen. Hierzu sei noch einmal Günter Wächtershäuser zitiert: *«Wie kann [jetzt], ausgehend von einer [solchen] Autokatalyse, eine Evolution ohne Nukleinsäuren erklärt werden? Für einen Chemiker ist fast nichts einfacher zu verstehen als das.«*

Überall im Leben können Fehler passieren – wer wüsste das nicht? Es gibt nichts und niemanden ohne einschlägige Erfahrung. Das gilt selbstverständlich auch, sowohl für chemische Reaktionen allgemein, als auch für die Entstehung des Lebens im Speziellen. Halten wir in enger Sichtweise den ersten Schritt der Autokatalyse bereits für ein determiniertes System, dann wäre eine zufällig entstandene chemische Abweichung davon ein Fehler. Ob wir aber einen Fehler als Fehler oder nur als eine Änderung betrachten, hängt wieder einmal vom Standpunkt des Betrachters beziehungsweise seiner Wertung ab. Dem Fehler haftet ein negatives Image an, da er eine Abweichung von einem optimalen oder normierten Zustand oder einem Vorgang ist, der Änderung ein positives.

Wann immer von Evolution die Rede ist, werden auch die Mutationen als ihr Motor angeführt. Evolution und Mutation gehören in unserer Vorstellung zusammen wie Kopf und Zahl einer Münze. Die Evolution war und ist immer noch, denn sie ist ja noch nicht abgeschlossen, von Mutationen abhängig. Das Wort Mutation aus der genetischen Fachsprache jedoch wurde aus dem lateinischen Verb *mutare* gebildet, das soviel wie ändern, verändern, bedeutet. Mutationen sind also Änderungen. Passieren Fehler bei der Autokatalyse, so kann meistens die Reaktion nicht weitergeführt werden. Der Chemiker spricht von einer Abbruchreaktion. Aus! Wir würden es negativ sehen und als Fehler bezeichnen. Wir könnten aber auch von einer Änderung sprechen, die ein Nebenprodukt hervorbringt. Im schlechtesten Falle käme es einem Abfallprodukt gleich. Nun muss so ein Nebenprodukt nicht unbedingt gleich Abfall sein. Es könnte ja seine Eigenschaft als Katalysator beibehalten haben und sich auf geeignete Weise in den Produktionszyklus einschalten. Dann würden wir das Nebenprodukt nicht negativ als Fehler, sondern positiv als eine Änderung, vielleicht als eine Abzweigung bezeichnen, die zu einem positiven Effekt führte. Es ist durchaus denkbar, dass solche Änderungen das gesamte Geschehen beeinflussen. Wenn diese Änderung noch etwas potenter wäre, ... ich zitiere ein weiteres mal Günter Wächtershäuser, ... *»wenn der Katalysator [das neue Nebenprodukt] etwas potenter ist und nicht nur in den Produktionszyklus zurückkoppelt, sondern auch in seine eigene Abzweigungsreaktion, das heißt, wenn wir eine doppelte Rückkopplung haben, eine altruistischegoistische Rückkopplung, dann haben wir einen vererbbaren Katalysator.«* Sie könnten hier einwenden, das sei eine weit hergeholte, eine arg konstruierte Annahme. Aber dann irrten Sie sich. Dem ist durchaus nicht so, denn diese Annahme ist nicht weit hergeholt, sondern mitten aus dem Leben gegriffen. Wächtershäuser stellt weiter fest: »*Jetzt haben wir einen Gedächtniseffekt und nach meinem Dafürhalten besteht die gesamte Evolution von Anfang bis heute, aus nichts anderem als aus der Bildung von immer weiteren Nebenprodukten, die entweder als gesonderte Moleküle oder heute intramolekular innerhalb einer großen Polymerkette vorliegen.*« Mit dieser großen Polymerkette meint Wächtershäuser nichts anderes als die DNS. Auch Maturana betont den altruistischegoistischen Sachverhalt in seinem Statement: »*Lebewesen sind Systeme zur Molekülproduktion, den eigenen Molekülplan konstituierend (individueller Bauplan) und einen neuen schaffend (Fortpflanzung, Weitergabe des Lebens). Alles was in ihnen vorgeht ist durch die Struktur determiniert und sogar äußere Einwirkungen können nur zuvor schon determinierte strukturelle Veränderungen auslösen.*« Das ist eine fundamentale Eigenschaft des Lebendigen. Warum sollte sie dann nicht schon bei den ersten Schritten zum Leben verwirklicht worden sein?

Kommt nicht jede erfolgreiche Reaktion einer Belohnung gleich und bedeutet sie nicht eine neue Chance weiterzumachen – zu leben? Eine negative Antwort – es gibt keine Reaktionspartner – bedeutet das Aus, kein Leben! Wir haben keinerlei Vorstellung davon, wie oft der Reaktionsmechanismus je abgebrochen wurde. Über jeden Zweifel erhaben jedoch ist die Feststellung: Die erfolgreich durchgeführten Reaktionen waren den Abbrüchen zahlenmäßig überlegen. Die Erkenntnis, dass der genetische Code nicht unbedingt der Anfang war, sondern ebenfalls das Produkt einer Entwicklung ist, kann als Baustein erachtet werden, der dazu beiträgt die Theorie vom autokatalytischen Molekül am Startpunkt des Lebens zu untermauern.

Sehen Sie den Unterschied? Nicht ein komplexes Molekül, vielleicht der größere Reaktionspartner, stellt am Beginn des Lebens das Individuum dar, sondern das Reaktionssystem. Daraus folgt zwingend: Jeder Reaktionspartner ist ein unabdingbarer Teil des Systems Leben. Beide sind demnach systemimmanent. Der Vorgang der Reaktion ist das Unteilbare, das Individuum, der Träger des Lebens!

Weil das so ist, muss auch für alle nachfolgenden, aus ihm hervorgegangenen Lebensäußerungen eine solche Einheit, ein solches System als Grundlage gefordert werden, denn es liegt im Wesen des Lebens begründet, ein System aus Partnern zu sein, von den allerersten Anfängen bis heute. Daran ändert auch nichts die Tatsache, dass der Trend der Evolution schon bald nach den Anfängen dahin ging Individuen auszubilden. Es ist heutzutage nur schwer vorstellbar, den

Salat oder das Fertiggericht oder Nahrung allgemein als Partner zu sehen. Aber das ändert nichts. Nicht der Hersteller ist der Partner, sondern das Naturprodukt selbst. Dies ist deshalb so wichtig, weil selbst der moderne Natur- und Artenschutz lange Zeit nur als ein Individuenschutz und kein Systemschutz verstanden wurden, worunter sie zum Teil heute noch leiden.

Bedeutung, Wechselwirkung, Umwelt

Im bisher Dargestellten sind die experimentellen Erkenntnisse von Robert M. Hazen, und seine Theorie der Mineralien als Geburtshelfer, mit der Theorie von Wächtershäuser, der Autokatalyse verquickt. Ich bevorzuge diese beiden, weil sie über den unmittelbaren molekularen Anfang nachdenken, und weit klarere Vorstellungen als in den anderen Theorien entwickeln. Alle bisher bekannten Fakten werden mit nur wenigen stützenden Annahmen erklärt. Sie leisten aber noch weit mehr. Sie erlauben schon auf der molekularen Ebene über die Beziehungen zwischen den neuen Lebensformen und der sie umgebenden Welt nachzudenken. Daneben existieren jedoch gleichberechtigt all die anderen Theorien, die davon ausgehen, dass Proteine, membranbildende Lipide und/oder Ribonukleinsäuren am Anfang des Lebens standen.

Wir haben uns nur auf die, an der chemischen Reaktion teilnehmenden, Reaktionspartner konzentriert und festgestellt, dass sie systemimmanent sind. Ein materielles System kann theoretisch isoliert betrachtet und analysiert werden. Wenn die beiden Reaktionspartner als ganzheitliches System gelten, kann es nur ein solches System sein, wenn gewährleistet ist, dass die Partner zueinander kommen. Bleibt die Frage: Wie? Würde es sich um Gase handeln, wäre die Antwort einfach: Sie würden sich frei im Raum bewegen und zufällig aufeinander stoßen. Aber das sind sie nicht! Wir sind zu den Schwarzen Rauchern tief in den Urozean getaucht, befinden uns im wässrigen Medium. Der eine Reaktionspartner sitzt in der mineralischen Mikroreaktionskammer fest oder haftet am mineralischen Untergrund, folglich muss der andere im wässrigen Medium als mobil angenommen werden. Wie sonst sollten sie zusammen kommen? Außerdem muss der frei bewegliche Partner in unmittelbarer Nähe in einer genügend hohen Konzentration vorhanden sein. Die Partner stehen nur über das Medium in Verbindung. Daraus folgt, dass das Medium ebenfalls Teil des Systems sein muss: Festsitzender Reaktionspartner A plus Medium plus mobiler Reaktionspartner

B ergeben erst das Leben. Das System ist vom Medium abhängig. Durch diese Abhängigkeit wird das Medium im Leben mit festgeschrieben. Ihm kommt dadurch eine zentrale Bedeutung zu. Abhängigkeit und Bedeutung stehen folglich in einem inneren Zusammenhang. Genauso wenig wie es Leben ohne Wasser gibt, kann es Leben ohne Medium geben, kann es Leben geben, das nicht mit Teilen seiner unbelebten Nachbarschaft in Beziehung tritt und diese nicht in sein System mit einbezieht.

Solche Beziehungen sind immer Wechselwirkungen. Also war bereits mit diesen ersten Entwicklungsschritten die biologische Wechselwirkung geboren. Naturwissenschaftler sprechen immer dann von Wechselwirkung, wenn zwischen zwei Dingen etwas passiert. Das ist wie mit Ihrem Computer. Er ist für Sie nur dann von Nutzen, von Bedeutung, wenn er mit dem Bildschirm wechselwirkt und diese beiden gemeinsam als System mit Ihnen. Ohne diese Wechselwirkung würden Sie niemals seine Funktion kennen lernen und nutzen können. Funktioniert er einmal nicht, erbringt er also seine vom Hersteller vorausbestimmte und vom Benützer erwartete Wechselwirkung nicht, so tritt er in einer ganz neuen, unerfreulichen Weise mit Ihnen in Wechselwirkung.

Wechselwirkungen sind ein Naturphänomen. Es gibt sie auf allen Ebenen des Lebens und der unbelebten Natur bis hin zu den Elementarteilchen. Schon in den Atomkernen treten elektrisch geladene Teilchen durch die elektromagnetischen Kräfte zueinander in Wechselwirkung. Auch gleichartige Elementarteilchen können durch ihr dynamisches Verhalten miteinander in Wechselwirkung treten. Auf dieser Ebene kann der Physiker nicht mehr zwischen »Wechselwirkung« und »Kraft« unterscheiden. Allen Wechselwirkungen ganz generell, auf welcher Ebene auch immer, wohnt eine bestimmte Kraft inne. Vielleicht sind es eben diese Kräfte, die die Materie zur Selbstorganisation befähigen. Bereits auf der Ebene der Atome und Moleküle kennt man Selbstorganisationsprozesse. Sie weisen Eigenschaften auf, wie sie lebende Organismen besitzen. Interessanter Weise handelt es sich hierbei um Gebilde, die sich aus einfachen Baueinheiten, hauptsächlich bestehend aus Metall- und Sauerstoffatomen, zu Schalenförmigen Gebilden aufbauen können. Die Metalle sind bevorzugt Vanadium, Molybdän und Wolfram, Elemente, die sowohl in der belebten Natur als auch bei wichtigen chemischen Prozessen in der Industrie eine zentrale Rolle spielen (Achim Müller). Der Gedanke also liegt nahe, dass am Anfang des Lebens aus vorhandenen Grundbausteinen, unter dem Einfluss von Energie und Zeit neue, noch nie da gewesene Moleküle entstanden sein können. Eine Selbstorganisation fand statt. Zweifelsfrei! Sie wird von dem chilenischen Neurobiologen und Philosophen

Humberto Maturana auch Autopoiese genannt, was soviel wie *Selbsterschaffung* heißt. Dies bedeutet nichts anderes, als dass auf das lebende System von vornherein Kräfte aus der Umgebung wirken!

Das erste autokatalytische System befindet sich in einer Welt, in der viele Dinge vorhanden sind: Das Wasser, die Hydrothermalen Schlote, die kunterbunte Mischung aus gelösten Chemikalien in ihrer Nähe, allen voran der nach faulen Eiern stinkende Schwefelwasserstoff, der mineralische Untergrund, der hohe hydrostatische Druck, das Fehlen von Licht, die extreme Temperatur und was weiß ich noch; ist es sinnvoll, all das in einem Rundumschlag schon als Umwelt zu erklären, entsprechend dem Definitionsbeispiel 2 » ... *das was umgibt*« (siehe Seite 54). Nach unserem herkömmlichen Begriff würden wir das tun. Dieser Begriff ist jedoch zu pauschal, zu wenig differenzierend. Er greift zu kurz. Er verkürzt Umwelt sozusagen nur auf eine Inventarliste, oder im modernen Leben, schlimmer noch, auf einen Warenkatalog. Er berücksichtigt weder die wesentlichen Inhalte der Bedeutung noch der Wechselwirkung. Die Analyse dessen, was entstanden ist kann vielleicht dazu beitragen, Umwelt besser zu verstehen.

Dem mineralischen Untergrund, auf dem ein Teil des Systems haftet, kommt in vergleichbarer Weise Bedeutung zu: Würde es nicht festsitzen, wäre die Wahrscheinlichkeit groß, sich in den Weiten des Ozeans zu verlieren und der Lebensreaktion verloren zu gehen. Auch hier erkennen wir eine Abhängigkeit gepaart mit Bedeutung. Die Lebensreaktion, das Individuum, steht folglich a priori mit bestimmten Teilen außerhalb seiner Reaktion in Beziehung.

Jedoch nicht alles, was außerhalb existierte, musste unbedingt eine Bedeutung haben und wechselwirken! Die erste Lebensform stand höchst wahrscheinlich nur mit Wenigem in Beziehung. Als schlagendes Beispiel hierfür kann die kosmische UV-Strahlung dienen. Sie grillte die Erdoberfläche und jedwede Form von Leben dort wäre durch ihre zerstörerische Kraft zugrunde gegangen. Bis zu den Fumarolen in der Tiefe konnte sie jedoch nicht vordringen. Ihr kam dort unten keine Bedeutung zu, weil es sie dort nicht gab und weil sich das neue Leben nicht mit ihr auseinandersetzen musste. Das kam erst viel später. Es ist eben nicht alles Umwelt, was um das neue entstandene Leben herum in nah und fern existierte.

Zu Beginn der Evolution dürften die Wechselwirkungen eher auf molekularer Ebene, intermolekular zwischen den schon vorhandenen und den neuen Molekülen abgelaufen sein, als makroskopisch zwischen dem lebenden System und der Außenwelt. Für das autokatalytische Molekül ist die Mikroreaktionskammer Umwelt, weil sie eine zentrale Bedeutung hat und mit ihm wechselwirkt. Die Konzentration der Reaktionspartner muss auch als ein bedeutungsvoller Faktor in Betracht gezogen werden, hängt doch von ihm der Lebenserfolg ab. Für die weiterführende Vermehrung stellt der mineralische Untergrund Umwelt dar, weil er eine Bedeutung hat; er gibt Halt; er ist somit ein Partner des Lebens. Die noch leeren Steine ein Stückchen weiter weg sind vollkommen bedeutungslos. Sie sind keine Partner des Lebens. Dass sie es vielleicht einmal sein werden, spielt absolut keine Rolle!

Umwelt als spezielle Bezugswelt wird auch in der Biologie als Fachausdruck eingesetzt: Die Nachbarzellen einer x-beliebigen Zelle in einem Gewebe werden als Umwelt bezeichnet, weil sie mit einander nicht nur in Verbindung, sondern auch in einem funktionalen Zusammenhang stehen. Die Nachbarmoleküle eines Proteins in einer Membran sind Umwelt, weil zwischen ihnen in gleicher Weise eine Beziehung, eine Wechselwirkung besteht. Für den Zellinhalt ist die Membran wiederum Umwelt und umgekehrt. Man könnte die Reihe der Beziehungen nach Belieben fortsetzen. Sie ist ein Wesenszug der Komplexität. (vergl. auch: Nachbarschaftsbeziehungen – Zitat Winnacker, Seite 96)

Vielleicht überrascht es, dass Umwelt bereits innen beginnt, wobei der Grad der Komplexität keine Rolle spielt. Dies gilt für zeitgenössische Lebensformen in gleicher Weise wie für die Anfänge. Nur wenigem aus der Umgebung kam damals Bedeutung zu. Nicht mit allem musste das neue Leben eine Wechselwirkung eingehen. Fasst man das neue Leben schon als ein System auf, dann kann man folgern: Alles was sich außerhalb des Systems befindet ist seine Umgebung, diejenigen Teile, die zum System gehören, weil zwischen ihnen Wechselwirkungen stattfinden, sind Umwelt. Umgebung kann all das sein, was ein Lebewesen – Mensch inbegriffen – pauschal, undifferenziert umgibt. Der Begriff Umwelt hingegen, sollte auf diejenigen Aspekte angewandt werden, denen aus Sicht eines jeweiligen Lebewesens, Mensch inbegriffen, auch Bedeutung zukommt. Das lebendige System steht immer nur mit Teilen der äußeren Welt durch Wechselwirkungen in Verbindung, ist also in eine, nämlich seine »Welt«, durch Bindungen eingebettet.

Diese spezielle, mit Bedeutung beladene Welt sollte vom Rest ohne Bezug begrifflich eindeutig abgetrennt werden. Man sollte unterscheiden zwischen Umgebung und Umwelt, zwischen tatsächlich bestehenden Wechselwirkungen, Einflüssen, Umweltfaktoren und solchen *»die es sein könnten«*. Als erster hat dies Jakob v. Uexküll vorgeschlagen. Er definierte Umwelt ausschließlich als Bedeutungs- oder Bezugsweltwelt.

Tür und Tor

Die Methoden zur Bestimmung des Alters fossiler Zeitzeugen sind mittlerweile sehr ausgereift und zuverlässig. Deshalb besteht kaum ein Zweifel darüber, dass die ältesten bekannten Fossilien, die Ramseysphären rund 3,5 Milliarden Jahre alt sind. Vor etwa 4 Milliarden Jahren, nimmt man an, existierten schon die Urozeane. Die Entstehung des Lebens fällt demnach in das Zeitfenster zwischen 4 und 3,5 Milliarden Jahre. Es liegen also möglicherweise einige hundert Millionen Jahre zwischen der Entstehung des Lebens und dem Auftreten der ersten Fossilien. Von diesen Urzellen, noch ohne Zellkern, bis zur Entstehung von einzelligen Lebewesen mit einem Zellkern, ist eine noch viel längere Zeit ohne Zeitzeugen vergangen. Zumindest hat man bisher noch keine »missing links«, die dazwischen passten, gefunden.

Manche Autoren behaupten deshalb, dass diese Zeitabschnitte ereignisarm gewesen seien. Stefan Klein schreibt in seinem Buch »Tagebücher der Schöpfung«: »*Was danach kam, der Weg zur Vielfalt der irdischen Kreatur, war ungleich schwieriger als der rasende Start des Lebens. Als seien der Evolution die Ideen ausgegangen, stockte die Entwicklung der Organismen gleich nach dem Beginn. Die Einzeller, äußerlich von den Urzellen kaum zu unterscheiden, blieben fast zwei Milliarden Jahre allein auf dem Planeten*«. Gegner der Evolution, führen gar den Mangel an Beweisen als Argument für die Existenz und das Wirken einer übergeordneten Gottheit an. Ich kann der Aussage »nur wenig oder nichts sei passiert« nicht zustimmen. Das Gegenteil ist der Fall: Es waren, so muss man ernsthaft annehmen, sehr aktive Zeiten. Die Evolution hat nicht Däumchen gedreht. Warum auch?

Zunächst einmal, mit welchen Dimensionen haben wir es zu tun? Am Anfang nur mit Molekülen, dann mit Clustern von Molekülen, später möglicherweise mit Biofilmen und darin vielleicht mit mikroskopisch kleinen Vesikeln. Was sollte davon Milliarden Jahre später noch übrig sein. Dass es Versteinerungen geben sollte, ist schlichtweg unwahrscheinlich. Moleküle oder Molekülklümpchen versteinern nicht. Erst an die Membranen von zellähnlichen Strukturen können sich unter günstigen Voraussetzungen Mineralkristalle anlagern und deren äußere Gestalt als Versteinerung konservieren und der Nachwelt als so genannte »Biosignatur« erhalten. Es besteht außerdem nur dann eine Chance, derlei Fossilien zu finden, wenn entsprechend alte, geologische Formationen zugänglich sind, was nicht sehr häufig vorkommt. Obendrein muss man sie dann erst noch in so genannten Dünnschliffen unter dem Mikroskop entdecken.

Die Tatsache, dass man die Ramseysphären gefunden hat, war wohl ein Lottogewinn, ein überaus großer Glücksfall. Sie weisen schon einen relativ komplexen Ordnungsgrad auf. Da ist zunächst die äußere Hülle, die das ganze Gebilde umschließt. Dass es nur leere Vesikel gewesen sein sollten ist höchst unwahrscheinlich. Wahrscheinlich fand im Inneren schon eine Art Stoffwechsel statt. Wie aber kommen Stoffe hierfür durch die Membran? Durch Diffusion? – dann müsste es schon eine spezialisierte permeable Membran gewesen sein. Mit einem Einschleusmechanismus? – dann müsste es schon eine hoch spezialisierte Doppelmembran gewesen sein. Auch wenn wir keine weiteren »missing links« haben, heißt das noch lange nicht, dass es keine gab.

Die pure Vermehrung, oder anders ausgedrückt, die Entstehung von Biomasse benötigte ebenfalls viel Zeit. Sie eröffnete zwei entscheidende Optionen. Erstens: Das Leben blieb nicht lokal auf die Fumarolen in der Tiefsee beschränkt, sondern breitete sich aus. Neue Lebensräume wurden eingenommen. Das ging nicht von heute auf morgen. Wir können die Zeitdimensionen nur schwer begreifen, denn es handelt sich um geologische Zeitbegriffe, für die unsere menschlichen Vorstellungen nicht taugen. Zweitens: Je höher die Individuenzahl anstieg, desto größer wurde die Wahrscheinlichkeit sowohl des Überlebens als auch der Differenzierungsmöglichkeiten.

Wenn wir von Evolution hören, denken wir meist nur an Anpassungen in der äußeren Erscheinung. Vielleicht sind uns die Schnäbel der Darwinschen Finken vor Augen, oder die Fischflossen, oder die weißen, roten und rosa Bohnen, an Hand derer wir die Mendelschen Vererbungsgesetze in der Schule gelernt haben, jedoch nicht die zahlenmäßig haushoch überlegenen biochemischen, inneren Anpassungen. Sie ließen sich nicht von heute auf morgen bewerkstelligen. Evolution und Mutation werden meist in einem Atemzug genannt. Sie gehören zusammen wie Kopf und Zahl einer Münze. Die Mutationen, (die Fehler und Änderungen), die immer als Nebenprodukte auftreten, sind der Motor der Evolution. Sie sind ihrem Wesen nach, in ihrer Struktur nichts anderes als veränderte Moleküle und stellen den kleinstmöglichen, potentiellen Evolutionsschritt dar. Soweit so gut. Bleibt die bisher unbeantwortete Frage: Was passiert eigentlich mit ihnen?

Sie kommen, wie alle Neuerungen, sinnbildlich gesprochen, auf den Prüfstand. Auf den Prüfstand des Lebens.

Was hat man sich darunter vorzustellen und was sind die Prüfkriterien?

Zwischen den neuen, mutierten und den schon etablierten Molekülen, geschieht etwas ganz Entscheidendes. Sie werden auf ihre Lebensfähigkeit geprüft, indem sie miteinander in Wechselwirkung treten: Passen Neuerungen nicht, stören sie etablierte Abläufe – dann werden sie eliminiert. Sehr viele Mutationen sind letal und treten nie in Erscheinung, da ihre Träger einfach sterben. Fügen sich Neuerungen in bereits bestehende Strukturen ein, ergänzen oder optimieren sie das Schonvorhandene – dann werden sie integriert. Das Ergebnis der Prüfung wird gespeichert. Dadurch wird es zur Information. Eine Auswahl hat stattgefunden. Die Selektion war geboren. Selektion und Adaption lassen sich nicht auseinander dividieren. Das Selektierte, das Ausgewählte ist auch das Angepasste.

Vester fragt in seinem Buch »Neuland des Denkens« unter anderem: *«Was ist das für eine Ur-Information, die der Materie bei ihrem ›unwahrscheinlichen‹ Weg zum Lebewesen einverleibt wird? Stammt diese Information für alles Lebendige aus einer einzigen Quelle? Können wir sie verändern, mit ihr hantieren, ist sie überhaupt fassbar? Zeigt sie uns, woher wir überhaupt stammen?«* Durch den Gedächtniseffekt werden Wechselwirkungen zu Informationen. Information bedeutet im wahrsten Sinne des Wortes stark machen. Stark machen für das Leben. Der Begriff leitet sich nicht vom lateinischen Wort *forma* für Form, sondern von *firmus* gleich stark ab!

Von nun an vollzieht sich immer wieder der prinzipiell gleiche Vorgang: Eine Mutation, tritt auf. Sie wird geprüft: Sie wird angenommen oder verworfen. Für alle weiteren Überlegungen zur Evolution sind die, die verworfen werden, die nicht lebensfähig sind, ohne Interesse. Auf die anderen kommt es an, auf die, die angenommen werden, die lebensfähig sind.

Evolution ist nichts anderes als die Veränderung vererbbarer Eigenschaften im Laufe der Zeit. Nichts ist dabei über die Art oder die Struktur der Veränderung ausgesagt, geschweige darüber, wann und wodurch sie zum Tragen kommen.

Die oben schon erwähnten Ramseysphären machen deutlich, dass schon sehr früh ein ganz spezieller Entwicklungstrend eingesetzt haben muss. Mit dem Zugewinn an Komplexität nahm das Phänomen »Individuum« mehr und mehr Gestalt an. Komplizierte Stoffwechselwege und Enzymstraßen, von denen schon in diesem Kapitel unter der Überschrift Alles ist Chemie (Seite 125) die Rede war, begannen sich herauszubilden. Dadurch rückten die Reaktionspartner immer weiter auseinander, bis sie letztendlich – und jetzt sinnvoll – als Individuum und Nahrung unterschieden werden können.

Der Großteil der heutigen Lebewesen ist an gemäßigte Umgebungstemperaturen von 15–45 Grad Celsius angepasst. Seit langer Zeit sind auch Hitze liebende, thermophile Bakterien bekannt, die optimal bei Temperaturen um die

70 Grad Celsius gedeihen. Darüber hinaus existieren Formen, die sich erst bei noch höheren Temperaturen wohl fühlen und wachsen, so ab 80 Grad und mehr, bis zu einer Obergrenze von 113 Grad Celsius. Das sind Temperaturen, bei denen andere Mikroorganismen, selbst die thermophilen Bakterien in wenigen Sekunden abgetötet werden. Deshalb werden diese Organismen, die bei so außerordentlichen Lebensbedingungen existieren, von Wissenschaftlern »Extremophile« genannt. Professor Karl. O. Stetter von der Universität Regensburg, der diese Gruppe erforscht, nennt sie hyperthermophile Bakterien oder auch mit der besonders bildhaften Metapher *»Feuerzwerge, Zeugen der Urzeit«*. Wissenschaftlich werden sie als Archaea bezeichnet. Sie besitzen bereits eine zellähnliche Struktur und Ribonukleinsäuren. Davon gibt es nicht nur einpaar verschiedene Arten, sondern einen ganzen reich verzweigten Stammbaum.

Die Ausdifferenzierung der Membran, von einer einfachen Lipidschicht zu einer Doppelmembran, die das Ein- und Ausschleusen von Substanzen erlaubt, ohne dass ein »Loch« entsteht, benötigte unzählige Entwicklungsschritte. Darüber hinaus besitzen viele Bakterien bereits die Fähigkeit sich aktiv fortzubewegen. Hierzu bedarf es einer überaus komplexen und ausdifferenzierten molekularen Struktur, die wiederum nur in einer unvorstellbar großen Zahl von Anpassungsschritten entstanden sein konnte. Lebewesen, die sich bewegen, benötigen noch andere Fähigkeiten. Die Zellmembranen selbst von noch ganz urtümlichen Bakterien wie der Archaea lassen auf eine enorme evolutive Entwicklung schließen. In ihnen sind schon komplexe Proteine integriert, die es erlauben, Informationen aus der umgebenden Außenwelt aufzunehmen.

Jeder einzelne Schritt zur Differenzierung musste nach den Prinzipien der Evolution »erfunden« werden. Wie viele Nebenprodukte mussten entstehen, verworfen beziehungsweise angenommen werden, bis ein solcher Ordnungsgrad erreicht werden konnte? Und wie viele mussten hinterher noch entstehen? Sie sind alles andere als selbstverständlich. Sie entstammen mit Sicherheit einer, an Ereignissen dicht gepackten Entwicklungszeit.

Wir machen uns zwar von den Anfängen des Lebens recht gute, wenn auch ganz unterschiedliche, zum Teil sogar kontroverse, theoretische Vorstellungen, alle weiteren Entwicklungsschritte danach bis zu den Anfängen des genetischen Codes sind aber sehr unscharf. Jeder Schritt bedingt den nächsten – jeder nachfolgende Schritt ist die logische Konsequenz aus dem Vorhergegangenen. Wenn auch die Einzelfakten oder die äußere Form in der Darstellung der Entstehung des Lebens nicht korrekt getroffen werden konnten, weil nicht bekannt, so ändert das nichts daran, dass die zu postulierende Abfolge der wesentlichen Inhalte, rückblickend, nicht doch dem Kern der Sache sehr nahe kommt.

Die Tür zu diesem Weg der Entwicklung öffnete ganz am Anfang das Auftreten der doppelt rückkoppelnden Katalysatoren. Sie machten den Weg frei zur zunehmenden und reproduzierbaren Komplexität. Nach der Theorie von Wächtershäuser zur Entstehung des Lebens, waren beim Start noch keine expliziten Gedächtnismoleküle, keine Ribonukleinsäuren notwendig, da die Gedächtnisfunktion zunächst von den doppelt rückkoppelnden Molekülen ausgeübt werden konnte. Auf diesem Stand der Entwicklung erscheint es sinnvoll, beim Zugewinn an Komplexität durch »Fehler« eben nicht von Fehlern, sondern nur von Änderungen zu sprechen. Da jedoch nirgendwo mehr Reste dieser vorläufigen Vererbungsmechanismen zu finden sind, nicht einmal bei den Archäen, liegt es nahe, dass sie nach der Entstehung der RNA, auf Grund deren überragenden Selektionsvorteils, gänzlich ausgestorben sind.

Das breite Tor zur Entwicklung der Artenvielfalt öffnete sich dann mit dem Auftreten der Ribonukleinsäuren, und Desoxiribonukleinsäuren, des genetischen Codes sowie dessen Weitergabe und Rekombination. Erst nachdem im Laufe der Evolution die Nukleinsäuren die Gedächtnisfunktion übernommen haben, sollte man bei deren Änderungen von Mutationen sprechen, weil Mutationen als Fachbegriff der Genetik gebraucht und verstanden werden. Das beinhaltet aber nur eine sprachliche Übereinkunft. Prinzipiell darf in diesem Zusammenhang »Fehler«, »Änderung« und »Mutation« als ein und dasselbe angesehen werden. Im Folgenden sei deshalb und um des besseren Verständnisses willen nicht mehr ausschließlich von Änderung, sondern von Mutation die Rede. Denn ganz allgemein versteht man darunter eine Veränderung des Erbgutes, also eine Veränderung der in der DNA gespeicherten Information, aus der dann die Änderung einer körperlichen Eigenschaft resultieren kann. Die Träger neuer Merkmale nennt man analog Mutanten.

Draußen ist drinnen, Argumente für ein neues Verständnis von Umwelt

Kapitel 6

»Wer in der Evolution des Lebens (...) überlebt, muss die Fähigkeit zum Spielen haben: Er darf sich nicht auf ein festes Ziel konzentrieren, sondern muss die Möglichkeit schaffen, verschiedenartigen zukünftigen Herausforderungen erfolgreich begegnen zu können. Dies verlangt Lebendigkeit, Flexibilität, Vermehrung der Optionen anstatt Maximierung einer bestimmten Option«

Hans-Peter Dürr

Wie wurde die Welt zur Umwelt?

Die Antwort darauf begann sich schon vor 1800 abzuzeichnen. Vielleicht war damals schlichtweg die Zeit dafür reif:

Erasmus Darwin (1731–1802), der Großvater des berühmten Charles R. Darwin, ein englischer Arzt und Naturforscher, nahm in didaktischen Lehrgedichten seinem Enkel die Idee der Entwicklungstheorie vorweg. Sie soll den Enkel allerdings in seinen Erkenntnissen nicht beeinflusst haben.

Wie neue Arten entstünden, darüber spekulierte auch Jean-Baptiste de Monet, Chevalier de Lamarck (1744–1829), Professor zu Paris. Auch er erkannte in seinen Grundgedanken bereits die Vererbung erworbener Anpassungen. Jedoch stellte er sie in Verbindung zu einem, den Lebewesen angeblich angeborenen Vervollkommnungsdrang. So soll, so das berühmte Beispiel, die Giraffe einen langen Hals bekommen haben, weil sie sich immer nach den saftigsten Blättern streckte, oder der Stier Hörner, weil ihm seine Wut und Angriffslust zu Kopfe stieg. Heute wissen wir es besser. Solche Ansichten werden belächelt und als ›Lamarckismus‹ abgetan. Im Juli 1837 schließlich schrieb Charles Robert Darwin (1809–1882) in sein geheimes rotes Notizbuch, er denke über die »*transmutation of species*«, die »Umwandlung der Arten« und einen »*evolutionary tree*«, »einen Evolutionsstammbaum« nach.

In der Öffentlichkeit viel weniger bekannt als Darwin ist Alfred R. Wallace (1823–1913), ebenfalls ein englischer Zoologe, Forschungsreisender und Zeitgenosse Darwins. Er stellte unabhängig von ihm seine eigene Selektionstheorie auf. Wallace veröffentlichte diese jedoch erst auf Anraten Darwins.

Darwin hatte zwar schon vorher öffentlich von seiner Theorie berichtet. Publik wurden diese Gedanken jedoch erst, nachdem er 1859 sein klassisches Werk veröffentlicht hatte: »*On the Origin of Species by Means of Natural Selection, or the Preservation of Favoured Races in the Struggle for Life*«. Zu Deutsch »Über den Ursprung der Arten durch natürliche Auslese, oder die Erhaltung bevorzugter Rassen im Kampf ums Dasein«. Wirklich durchgesetzt hat sich Darwins Idee erst nachdem die borniertem Gegner seiner Theorie verstummt waren. Die Kritiken, die sie provoziert hatte, waren manchmal satirisch, zuweilen hämisch, oft aber unsachlich und gefährlich, denn Darwins Ideen erschütterten die bis dahin unangefochten gültigen göttlichen Grundfeste der Weltordnung. Vor deren Verfechtern musste er sich hüten, denn eine neue Konzeption wurde nicht widerstandslos akzeptiert.

Dabei war der Gedanke an sich gar nicht so neu. Ansätze dazu finden sich bereits viele in der Literatur wieder. Schon Euripides (480–406 v. Chr.) stellte fest: »*Unser Leben ist ein Kampf*«. Vierhundert Jahre später schreibt Seneca (4 v. Chr. – 65 n. Chr.) in seinem 96. Brief: »*Vivere militare est*« – »Leben heißt kämpfen«. Ganz ähnlich lautet es in der alten lateinischen Bibelübersetzung, der »Vulgata«: »*Militia est vita hominis*« – »Des Menschen Leben ist ein Kampf«. Und schließlich fragt Martin Luther. »*Muss nicht der Mensch immer im Streit sein auf Erden*«?

Die Epoche machende Neuerung liegt in der Kombination dieses Gedankens mit der Vererbung erworbener Anpassungen, dem Lamarck'schen Grundgedanken und ihre Anwendung auf die Entstehung der Arten. Im Nachhinein scheint es logisch, einfach und zwangsläufig, dass sich daraus die Evolution ableiten musste.

Zwar geht aus Darwins Aufzeichnungen hervor, dass er darüber hinaus auch über die Lebensdauer von Arten, über die Notwendigkeit des Aussterbens, über die sexuelle Reproduktion, die Mischung von Merkmalen in Folge der Paarung und die »*Widerwärtigkeit*« von Kreuzungen nachdachte, aber er glaubte noch, dass alle Körperzellen, wie auch immer, zur Vererbung beitragen. Von Genetik, von Chromosomen, und DNS wusste er nichts. Erst rund siebzig Jahre später, in den 30er Jahren des vergangenen Jahrhunderts, wurden die, von Johann Gregor Mendel (1822–1884) gefundenen, so genannten Mendelschen Regeln zur Vererbung, mit Darwins natürlicher Selektion verbunden. Erst 1935 wurde durch die in Fachkreisen berühmte, so genannte »Dreimännerarbeit« von Timoféef-Ressovsky, Zimmer und Dellbrück klar, dass Gene Moleküle waren. Der Kölner Genetiker Peter Starlinger nannte diese Erkenntnis eine wissenschaftliche Revolution.

Aus der Synthese all dieser Erkenntnisse formte sich die heute gültige, moderne Theorie der Evolution. Sie wird – nicht mehr ganz korrekt – als darwinistische Evolutionstheorie bezeichnet, denn entscheidende Impulse dazu gab Alexander Iwanowitsch Oparin (1894–1980), ein bedeutender sowjetischer Biochemiker und Evolutionsforscher. Die bessere, modernere Umschreibung lautet »Synthetische Evolutionstheorie«. Man teilt die Theorie der Evolution in drei Abschnitte: Erstens, in eine präbiotische Evolution, die alle Vorgänge auf der Erde bis zur Entstehung des Lebens umfasst. Zweitens, in eine chemische, welche die Lebensentstehung und die Entwicklung der ersten Lebensformen beschreibt. Und drittens letztendlich, in die eigentliche, mittlerweile weltweit anerkannte synthetische Theorie der Evolution. Sie ist die tragende Säule der modernen Biologie.

»*Evolution ist nicht nur eine Idee, eine Theorie oder eine Vorstellung, sondern der Name für einen natürlichen Vorgang. Dass er abläuft, lässt sich mit ganzen Bergen von Belegen dokumentieren, die niemand jemals widerlegen konnte. (...) Heute ist es eigentlich irreführend, die Evolution als Theorie zu bezeichnen, nachdem man in den letzten 140 Jahren so umfangreiche Beweise für ihr Vorhandensein entdeckt hat. Evolution ist keine Theorie mehr, sondern schlechterdings eine Tatsache.*« schreibt Ernst Mayr.

Die Antwort auf die Frage, wie wurde die Welt zur Umwelt, lautet also: Durch die biologische Evolution. Aus einschlägiger Literatur erfahren wir immer, dass man darunter generell die Veränderung vererbbarer Merkmale versteht und sich ausschließlich auf die genetische Vererbung bezieht. Diese Einschränkung ist verständlich; über die biologischen Vorgänge rund um die Genetik existiert eine schier unüberschaubare Fülle an Wissen, über die Zeit vorher dagegen kann nur spekuliert werden. Auf einen Nenner gebracht bedeutet Evolution Informationsgewinn, der im Genom festgeschrieben wird. Mit Genom bezeichnet man den Chromosomensatz einer Zelle oder eines Lebewesens, der deren, beziehungsweise dessen Erbmasse darstellt.

Wir sprechen meist so von der Evolution, als wäre sie ein längst abgeschlossenes Kapitel der Erdgeschichte mit dessen Ergebnis wir uns heute herumplagen müssen, mit dem wir auch nach unserem Gutdünken umgehen können. Von einem abgeschlossenen Kapitel kann ganz und gar nicht die Rede sein. Das »heute« ist nur eine Momentaufnahme, ein flüchtiger Augenblick, ein Wimpernschlag in einer Ewigkeit. Die Evolution hat schon Milliarden Jahre zurückgelegt und es werden noch so viele kommen, als der Sonne an Lebensdauer prognostiziert werden. Wir leben mitten in der Evolution!

Prof. Dr. Achim Müller betont in seinem Vortrag vor der 122. Versammlung der Gesellschaft deutscher Naturforscher und Ärzte: »*Wie niemand sonst ist der Wissenschaftler daran interessiert zu verstehen, wie die Natur die überwältigende Farben-, Funktions- und vor allem Adaptationsvielfalt zustande bringt. Die entscheidenden, zur biologischen Vielfalt führenden Prozesse laufen weit unterhalb der angesprochenen makroskopischen Ebene ab, auf molekularer Ebene, im Größenbereich des so genannten Nanokosmos, zwischen einem und etwa 100 Nanometern (Ein Nanometer entspricht einem Millionstel Millimeter). Die hier »angesiedelten« nanoskaligen Biomoleküle, wie zum Beispiel Proteine und Ribonukleinsäuren, sind letztlich für die Generierung der wahrnehmbaren Formenvielfalt verantwortlich. Dies allerdings aufgrund äußerst komplexer Vorgänge!*«

Gehört das Gesagte nicht schon längst zur Allgemeinbildung? Auf den ersten Blick mag das Zitat von Professor Achim Müller fast banal erscheinen. Aber das trügt. Er spricht zwei grundsätzliche Wesenszüge der Evolution an, die allzu oft als selbstverständlich angenommen werden, und deren überragende Bedeutung deshalb auch leicht übersehen wird:

Da ist zunächst die enorme Komplexität. Sie ist deshalb so bemerkenswert, weil über die Ebenen hinweg Vorgänge im Nanokosmos mit solchen des Makrokosmos zusammenwirken. Sie lassen sich nicht auseinander dividieren, denn das Ergebnis, die Farben- Formen- und Funktionsvielfalt, nennen wir letztendlich Anpassung.

Anpassung an was und wie? Komplette Teilwissenschaften der Biologie wie Vergleichende Anatomie, Ökologie, moderne Evolutionsbiologie, Bionik und Umwelttechnologie sind beispielsweise aus dieser Frage entstanden und suchen Antworten.

Eine plausible Erklärung, wie die Welt zur Umwelt wurde, beginnt also notwendigerweise in dem, inzwischen vertrauten, Nanokosmos mit dem Anfang des Lebens. Mit ihm ist nicht nur die Lebensreaktion, das Lebewesen, das Medium, die Information und die Umwelt entstanden, sondern auch die biologische Evolution in Gang gesetzt worden.

Die Lebensformen und das System, in dem sie eingebettet waren, gewannen immer mehr an Komplexität. So wie sie sich differenzierten, so musste sich auch ihre Beziehung zu der Welt drum herum immer weiter ausdifferenzieren und ebenfalls an Komplexität gewinnen. Die biologischen Wechselwirkungen kommen jedoch nicht von außen durch den Einfluss zustande, den die Welt auf die Organismen ausübt. Umgekehrt! Die Richtung weisenden Parameter sind die inneren Strukturen. Die Änderung und Steigerung der inneren Komplexität zwingen die neuen Organismen auch mit mehr und anderen äußeren Faktoren als bisher in Wechselwirkung zu treten. Dadurch werden die »Mechanismen«, die die Evolution vorantreiben, ebenfalls immer komplexer und neue Parameter der äußeren Welt gewinnen immer mehr an Bedeutung. Sie werden zur Bezugswelt – zur Umwelt

Die ersten Lebensformen standen nur mit Wenigem aus der Welt um sie herum in Wechselwirkung. Sie waren sozusagen mehr mit sich selbst in ihrem Nanokosmos als mit der Außenwelt beschäftigt. Als Prüfkriterien waren eher die intermolekularen Wechselwirkungen von Bedeutung und weniger die Wechselwirkungen mit der Umwelt. Eine Mutation muss zu allererst zu den inneren Konstellationen passen. Mit zunehmender Komplexität der lebenden Strukturen wurden dann mehr und mehr Wechselwirkungen mit der Außenwelt zwingend und konnten dank der neu entstandenen Gedächtnismoleküle effektiv umgesetzt werden. Somit verlagerte sich dieser Prozess Schritt für Schritt aus dem internen zwischenmolekularen Bereich hinaus in die Auseinandersetzung mit der äußeren Welt, mit dem Makrokosmos. Das Bild vom Prüfstand des Lebens und die Prüfkriterien unterliegen somit ebenfalls der Evolution.

Nach Frederik Vester kann man fast alle Evolutionsphänomene einem von zwei Vorgängen zuordnen: »*Entweder dem Erwerb und der Beibehaltung eines angepassten Zustandes oder der Entstehung und Funktion biologischer Vielfalt.*« Beide Prozesse laufen gleichzeitig ab. Ihnen sind die beiden wichtigsten Einheiten der Evolution zugeordnet: Das Individuum und die Population.

Das Individuum, als Entstehungsort und Träger von Mutationen und deshalb auch das alleinige Objekt der Selektion, verkörpert die erste Einheit.

Die Population umfasst eine Gruppe von Lebewesen einer Art, die zur gleichen Zeit im selben Raum leben und miteinander durch Fortpflanzung in genetischem Austausch stehen. Somit kommt der Population die Funktionsebene zu, Träger der Vielfalt in der Evolution zu sein.

Betrachtet man die Evolution rückwärts, so erkennt man, dass das, was wir heute sehen, sich von all dem unterscheidet, was früher war. Noch weiter verallgemeinernd gilt deshalb: Evolution heißt nichts anderes als die Änderung aller natürlichen Systeme in der Zeit. Steven Hawking bezeichnet das Prinzip der biologischen Evolution als »*eine Zufallswanderung durch den Raum aller genetischen Möglichkeiten*«, und stellt fest, dass sie sich deshalb relativ langsam vollzieht. Der Grund hierfür liegt darin: Je unwahrscheinlicher ein Ereignis – hier eine Mutation – ist, desto länger dauert es bis sie eintritt.

Wie nun die Änderungen und die Wechselwirkungen als Information »genetisch« festgeschrieben, gespeichert werden, und wie und in welcher Form die äußere Welt zu Umwelt wird, das sollen die nachstehenden Beispiele erläutern:

Zunächst ein kleines Gedankenexperiment: Stellen Sie sich vor, Sie würden mit einem Pinsel schöne gelbe, gleich große Punkte auf eine große weiße Fläche malen. Ob regelmäßig oder nicht, spielt keine Rolle. Wichtig ist nur, dass Sie mit der ungeübten Hand malen. Die Punkte symbolisieren sich selbst durch Teilung reproduzierende Organismen. Haben Sie eine gewisse Anzahl von Punkten gemalt, dann können wir schon von einer Population sprechen. Nun tritt eine Veränderung, eine Mutation auf: Sie malen ab sofort **auch** mit der anderen, der geübten Hand – das ist wichtig, denn das sei unsere Mutation. Zur besseren

Unterscheidung geben wir ihr eine andere Farbe, zum Beispiel rot. Von nun an malen Sie mit der geübten Hand rote Punkte, als neue Individuen, mit der ungeübten aber malen Sie weiterhin gelbe, denn der »gelbe Organismus« löst sich ja durch die neu entstandene Mutation nicht in Luft auf. Er lebt weiter und pflanzt sich auch weiter fort. Wir erhalten zwei Gruppen von Organismen, zwei Populationen: Einen wie gehabt und einen mit einer neuen Eigenschaft.

Ins Biologische übersetzt heißt das: Im einfachsten Falle, wenn beide Populationen nebeneinander existieren, ist biologische Vielfalt entstanden. Es kann aber zusätzlich noch etwas geschehen: Da Sie mit der geübten Hand viel geschickter sind, also effektiver malen, erkennen Sie unschwer, dass die neue Population, wenn nichts Einschneidendes passiert, wenn Sie zum Beispiel nicht aufhören zu malen, einen gewissen Vorteil hat gegenüber der anderen. Das neue Merkmal könnte eine erfolgreiche Reproduktion wahrscheinlicher machen, auf Grund derer der Organismus sich gegenüber den herkömmlichen Organismen behaupten kann. Diese Population würde schneller wachsen. So würde zum Beispiel ein zum Besseren hin modifizierter Stoffwechsel wirken. Vitalere Eltern haben in der Regel auch vitalere oder mehr Nachkommen. Vereinfacht ausgedrückt: Der neue Organismus hat eine größere Vermehrungsrate. Langsam aber stetig bekommt die neue Population ein Übergewicht. Der Organismus setzt sich durch. Es gibt immer mehr Individuen mit der neuen Erbanlage, wodurch sie in der Population zahlenmäßig zunimmt. Ein Selektionsvorteil liegt vor. Eine Population neuer Organismen entsteht, grad so wie in Ihrem Bild. Allmählich wird die neue Erbanlage zum Stamm, zur Grundausrüstung gehören. Möglicherweise ist sogar eine neue Art entstanden oder zumindest der Weg dorthin gewiesen.

Nichts ist über den zeitlichen Verlauf ausgesagt. Das Auftreten einer Mutation und Ihre Verwirklichung ist nicht unbedingt ein und derselbe Schritt, sondern kann zeitlich weit auseinander liegen. Nicht jede Mutation muss der Forderung nach einer sofortigen ja – nein Entscheidung genügen. Viele Mutationen sind für den Organismus weder günstig noch schädlich. Wenn sie etablierte Abläufe nicht stören, dann können sie über längere Zeit ohne sichtbaren Effekt »mitgenommen« werden und sich ansammeln. Das folgende Beispiel zeigt, dass zwischen dem Entstehen einer Mutation und ihrem Wirken eine Zeitspanne liegen kann. Es zeigt auch, dass der Verlauf der Evolution davon abhängen kann. Das ist kein Einzelphänomen, sondern ein in der gesamten Evolution immer wieder festzustellender Effekt.

Vom Parameter der Außenwelt zum Umweltfaktor

Das Leben ist in totaler Finsternis entstanden. Die Sonneneinstrahlung an der Oberfläche war zunächst vollkommen bedeutungslos. Schon sehr früh jedoch spielt in der Evolution das Sonnenlicht eine überragende Rolle bei der Photosynthese. Wie erhielten damalige Lebensformen Kenntnis von der Existenz des Lichtes? Wie wurde Licht zum Umweltfaktor?

Irgendwann, von den Tiefseegebieten kommend, sind urtümliche Lebensformen aufgestiegen und haben neue Lebensräume eingenommen. Bis zu einer bestimmten Grenze. Sie wird markiert vom Übergang aus der totalen Finsternis in den Bereich, in dem der Wechsel zwischen Dunkelheit und Licht die Szenerie beherrscht. Das so genannte sichtbare Licht – sichtbar für den Menschen – umfasst den Bereich elektromagnetischer Strahlung mit Wellenlängen von 380 bis 780 Nanometer. Das Spektrum reicht von den kurzwelligen Blauvioletttönen bis zum langwelligen Rot. Noch kürzere Wellenlängen, das Ultraviolett einerseits und die ebenfalls unsichtbare langwellige infrarote Wärmestrahlung andererseits, rahmen das Spektrum ein. (siehe Abbildung 11, Seite 194) In Abhängigkeit von der Wellenlänge dringen die elektromagnetischen Strahlen unterschiedlich tief in den Ozean ein. Je kürzer die Wellenlänge, desto tiefer reichen sie, weshalb die Unterwasserwelt blau erscheint, bevor sie ins lichtlose Schwarz abgleitet.

Sobald Lebewesen in diejenigen Untiefen kamen, in die Ultraviolette Strahlung noch vordringen kann, war für den Aufstieg zunächst Endstation – etwa bei 10 Metern Wassertiefe. Jedwede Lebensform, die sich hierher oder höher verirrte, wurde tagsüber von der UV-Strahlung zerstört. Einen schützenden UV-Filter gab es noch nicht. Die Ozonsschicht kam erst viel, viel später. Deshalb ist es äußerst unwahrscheinlich, dass sich eine UV – Resistenz oder irgendwelche Schutzvorrichtungen erst hier herausgebildet haben. Geeignete Mutanten mussten logischerweise schon vorher, als ihnen noch keine Bedeutung zukam, aufgetreten und dann mit nach oben genommen worden sein. Aber Vorsicht! UV – Resistenz und/oder Schutzvorrichtungen wurden nicht ausgebildet, damit die Lebewesen im Oberflächenwasser leben konnten, sondern umgekehrt: Weil ihnen ultraviolette Strahlung nichts mehr anhaben konnte, überlebten sie im Oberflächenwasser. Eine ganz neue Welt tat sich dadurch auf. Sie tat sich aber nicht auf weil die Sonne schien. Sie tat sich auf, weil die Innenfaktoren es ermöglichten. Erst diese verwandeln einen Parameter der Außenwelt in einen Umweltfaktor. Jetzt kommt ihm Bedeutung zu. Ein Paradebeispiel für einen Selektionsvorteil! Die UV-Strahlen haben letztendlich alle nicht geeigneten in den oberen Schichten ausgelöscht, und dadurch diejenigen Lebewesen, die unter diesen Umweltbedingungen leben konnten, heraus selektioniert. Somit war die Information über diesen äußerst wichtigen Aspekt der umgebenden Welt schließlich im Genom verankert. Diese gespeicherte Information gehörte ab sofort zur Grundausstattung aller Lebewesen dieses Lebensraumes. Das Wissen über ein Stückchen draußen kam nach innen. Bis auf den heutigen Tag wird es von Generation zu Generation weitergegeben. Gleichzeitig öffnete sich damit ein Fächer ungeahnter Entwicklungsmöglichkeiten.

Für die übrig gebliebenen UV - geschützten Wesen bedeutete das Licht der anderen Wellenlängen zunächst ebenfalls nichts. Gar nichts! Licht erhielt erst eine Bedeutung, nachdem wiederum durch Mutationen, Farbstoffmoleküle auftraten, die durch Licht in einen angeregten, das heißt energiereicheren Zustand versetzt werden konnten und nachdem diese Anregung auch für den Energiebedarf des Organismus nutzbar geworden war. Das war der Zündfunke für eine komplexe Kette von biochemischen Prozessen, die nicht nur einer sondern unzählig vieler Mutationen bedurfte.

Die Anregungsenergie wird in modernen Pflanzen über benachbarte Proteine in billionstel Sekunden auf so genannte Reaktionszentren übertragen. Das bekannteste Reaktionszentrum ist das Blattgrün oder Chlorophyll, selbst ein anregbarer Farbstoff. Mit seiner Hilfe wird die aufgenommene Lichtenergie in chemische Energie umgewandelt. Diese wiederum ermöglicht in vielen nachfolgenden Schritten aus den sehr energiearmen anorganischen Verbindungen Kohlenstoffdioxid und Wasser die Synthese energiereicher organischer Verbindungen; in der Regel Glukose. Die Photosynthese ist in Gang gekommen. Sie bezeichnet den eben in aller Kürze beschriebenen Prozess, bei dem Lichtenergie durch Lebewesen in chemische Energie umgewandelt wird und mit deren Hilfe körpereigene, organische Substanzen synthetisiert werden können. Die ersten Organismen, die dies zuwege brachten, waren Cyanobakterien. Sie blieben bis heute nahe zu unverändert erhalten. Die Reaktionsgleichung der Photosynthese lautet:

$$6 CO_2 + 12 H_2O \longrightarrow C_6H_{12}O_6 + 6 H_2O + 6 O_2$$

Drei Dinge stechen sofort ins Auge:
    Erstens erinnert die Gleichung an die Summenformel der Zellatmung (siehe Seite 129), die praktisch die Umkehr der Photosynthese ist.

Zweitens, Kohlendioxid, CO_2, wird verbraucht. Neben der geochemischen Veränderung setzte mit dem Start der Photosynthese auch die biologische Umwandlung der Atmosphäre ein. Viel Kohlendioxid wurde aus der Atmosphäre herausgenommen und zunächst in lebender, später auch in fossiler Biomasse deponiert. Die verbleibende Kohlendioxidkonzentration pendelte sich, nach zum Teil heftigen Schwankungen, auf einen Restwert von 0,033 Prozent vor dem modernen Klimawandel ein; allein zwischen 1974 und 2008 stieg die Konzentration auf den Wert von 0,038 Prozent. Modern sprechen wir nicht von deponiertem Kohlenstoff beziehungsweise Kohlenwasserstoffen, sondern von fossilen Energieträgern. »Fossile Energieträger« – als wären sie für uns gemacht! So kommt allein schon durch den Sprachgebrauch dem Begriff ein positiver Aspekt zu, der die negative Ausbeutung kaschiert. Es bedurfte Jahrmillionen, um das Kohlendioxid aus der Atmosphäre zu binden, zu deponieren und zum Teil in Kohle, Erdöl und Erdgas umzuwandeln. Seit der Industrialisierung, die Ende des 18. Jahrhunderts in Großbritannien ihren Anfang nahm und sich dann rasch ausbreitete, sind bis heute nur ca. 250 (zweihundertfünfzig) Jahre vergangen. In dieser kurzen Zeit jedoch haben wir den Großteil des in Kohle und Erdöl und Erdgas deponierten Kohlenstoffs durch alle Verbrennungsprozesse zusammen in Form von Kohlendioxid wieder in die Atmosphäre geblasen. Wir dürfen uns nicht wundern, dass wir dadurch eine Klimaveränderung auslösen. Gemessen an den Jahrmillionen der biologischen Deponie des Kohlendioxids kommen die 250 Jahre des verschwenderischen Verbrauchs fossiler Energieträger einer gewaltigen, globalen CO_2 Explosion gleich!

Drittens, als Nebenprodukt der Photosynthese entsteht Sauerstoff, O_2. Er stammt, wie man aus Experimenten weiß, aus den gespaltenen Wassermolekülen, nicht aus dem Kohlendioxid. Diese Tatsache unterstreicht einmal mehr die große Bedeutung des »Mediums« Wasser. Weil der Sauerstoff ausschließlich aus dem Wasser stammt, stehen in der obigen Reaktionsgleichung auf der linken Seite zwölf Wassermoleküle. Nur dann können auf der rechten Seite der Gleichung sechs Sauerstoffmoleküle stehen, deren Sauerstoffatome, wie gesagt, ausschließlich aus dem Wasser stammen.

Die Photosynthese ist sowohl quantitativ als auch qualitativ der bedeutendste biogeochemische Prozess der Erde. Wieder ein Stückchen draußen, nämlich ›das Wissen über die Existenz und die Wirkung des Lichts‹, kam nach innen, wurde im Genom verankert und wird von Generation zu Generation weitergegeben. Die gespeicherte Information gehörte ab sofort zur Grundausstattung vieler Lebewesen.

Die als Eingangszitat zu diesem Kapitel gewählte Feststellung, – wer in der Evolution des Lebens überlebe, müsse die Fähigkeit zum Spielen haben, er dürfe sich nicht auf ein festes Ziel konzentrieren, sondern müsse die Möglichkeit schaffen, verschiedenartigen zukünftigen Herausforderungen erfolgreich begegnen zu können. Dies verlange Lebendigkeit, Flexibilität, Vermehrung der Optionen anstatt Maximierung einer bestimmten Option – ist auf den Menschen ausgerichtet. Sie basiert jedoch auf umfassenden, grundsätzlichen Einsichten. Immer wieder begegnet man im Laufe der Evolution Situationen, die ein buntes Kaleidoskop von vielerlei, mit unter gänzlich unterschiedlichen Optionen eröffnen. Hans-Peter Dürr, der Physiker und Träger des alternativen Nobelpreises, schreibt weiter: »*Es wäre wie bei der Vorbereitung einer neuartigen Olympiade, bei der erst am Vorabend der Spiele entschieden würde, in welcher Disziplin ein Sportler oder eine Gruppe von Sportlern zum Wettkampf antreten soll.*« Die Mutationen, die ein Leben im Licht ermöglichten eröffneten einen ganzen Fächer ungeahnter Entwicklungsmöglichkeiten, deren Ergebnis wir sehen. »*Flexibilität wird hierbei durch große Vielfalt und konstruktive Kooperation des Verschiedenartigen erreicht*«.

Heutzutage sind verschiedene Bakterienarten, diverse einzellige Lebewesen, die Algen und alle grünen Landpflanzen zur Photosynthese befähigt. Letztere, die Landpflanzen, die Wälder, nehmen in unserer Vorstellung den ersten Platz ein. Der steht ihnen aber nicht zu. Die wichtigsten sind all die mikroskopischen Pflanzen, die in den Weltmeeren treiben. Hierzu gehören die Cyanobakterien, die noch keinen definitiven Zellkern besitzen und deshalb unter dem Namen Prokaryoten geführt werden. Des Weiteren gehören alle chlorophyllhaltigen Einzeller mit einem abgegrenzten, also einem echten Zellkern, die Eukaryoten, dazu. Sie alle werden unter dem Begriff Phytoplankton zusammengefasst und produzierten schon Sauerstoff, lange bevor irgendein Lebewesen anfing ihn zu atmen. Einst lieferten sie 100 Prozent, heute sind es noch 90 Prozent des Weltsauerstoffs. Wir hängen somit von der Existenz dieses Phytoplanktons ab. Das ist einer der Gründe, warum wir uns um den Zustand der Weltmeere Sorgen machen müssen.

Der Anfang der Sauerstoffproduktion verlief, so muss man annehmen, langsam und führte nicht gleich zur Umwandlung der Atmosphäre. In der Urzeit gab es viel Eisen, offen an der Erdoberfläche oder gelöst in den Ozeanen. Eisen verbindet sich mit Sauerstoff, es rostet. Auch das Element Silizium verbindet sich gerne mit Sauerstoff zu Siliziumoxid, dem allgemein bekannten Quarz oder Quarzsand. So entstanden Strände und Sandwüsten. Etwa zwei Milliarden Jahre lang blieb nicht viel Sauerstoff in der Atmosphäre übrig, weil Eisen und Silizium so großen Appetit darauf hatten. Schließlich lief dieser Oxidationsvorgang jedoch allmählich aus, und Sauerstoff begann sich in der Atmosphäre anzureichern. Jetzt konnten sich Sauerstoff atmende Lebewesen entwickeln. Der Sauerstoff stieg auch bis in 20–50 Km Höhe, in die Stratosphäre auf. Dort wird er (O_2) unter Verbrauch von UV – Strahlen in Ozon (O_3) umgewandelt. Ebenso werden UV-Strahlen verbraucht, wenn sie Ozon wieder spalten. Der sogenannte Ozon–Sauerstoff-Zyklus bildet den UV-Schutzschild. Er machte eine gewisse Zeit lang wegen des ›Ozonlochs‹ negative Schlagzeilen. (siehe Abbildung 3 Seite 68)

Der Sauerstoffgehalt pendelte sich schließlich beim heutigen Anteil von 21 Prozent ein. Geologische Befunde, die Ablagerung so genannter Bändererze, welche die urzeitliche Wirkung des Sauerstoffs erkennen lassen, deuten darauf hin, dass es die Photosynthese schon seit etwa 3 Milliarden Jahren gegeben haben muss. Ihre Entstehung fällt also in eine Zeit, die relativ schnell auf die Entstehung des Lebens folgte. Die Entwicklung bis zu diesem Stand der Evolution muss demnach äußerst rasant verlaufen sein. Organismen, die zur oxygenen Photosynthese fähig sind, besitzen nämlich schon einen sehr hohen Grad an Komplexität.

Ein Nebenprodukt mit großer Wirkung

Illustrative und äußerst interessante Beispiele zweifelsohne, aber eben aus der Urzeit und deshalb doch nur schwer nachvollziehbar, theoretisch eben. Die Überlegungen zur Entwicklung in grauer Vorzeit führen, ganz schnell, auf direktem Wege zu aktuellen Problemen der modernen Zeit. Tinbergen berichtet in seinem Buch «Wo die Bienenwölfe jagen» von einem Beispiel aus der Gegenwart. Ich gebe es im Folgenden frei wieder und passe es in die Gedankengänge hier ein.

Tinbergen (1907–1988), gilt als der erste Verhaltensforscher, der ausdrücklich Gegenwart und Vergangenheit auch in der Verhaltensbiologie als untrennbare Einheit bezeichnet hat. Tinbergen und Mitarbeiter untersuchten unter vielem anderem die Anpassungen von Birkenspannern an ihre Umwelt. Birkenspanner sind Schmetterlinge, die sich tagsüber mit ausgebreiteten Flügeln an die Stämme von Birken schmiegen und auf die Dämmerung warten. Dann erst fliegen sie umher – man zählt sie zu den Nachtfaltern. Schmetterlinge, die tagsüber bewegungslos an Baumstämmen sitzen, könnten leicht von Vögeln weggepickt werden. Dies geschieht aber nicht, denn sie sind äußerst gute Tarnungskünstler. Sie ahmen mit der Färbung ihrer Flügel die weiß schwarz gezeichnete Birkenrinde aufs i-Tüpfelchen nach. Sogar die Spezialisten, Baumläufer, Kleiber und Meisen, die Bäume nach Fressbarem absuchen, werden getäuscht. Eine ideale Anpassung an die Umwelt, wobei mit Umwelt einschränkend der Lebensraum Birke bezeichnet sein soll. Die Anpassung, die Tarnung funktionierte perfekt, bis etwas Einschneidendes geschah – nicht überall wo's Birkenspanner gibt, sondern lokal im Industriegebiet an der Ruhr. In den sechziger und siebziger Jahren verzeichnete man dort eine sehr ausgeprägte Umweltverschmutzung. Birkenstämme erschienen nicht länger weiß schwarz, sondern durch Ruß und Schmutzablagerungen grau schwarz. Weiß schwarze Birkenspanner saßen nun wie auf dem Präsentierteller. Ihre Tarnung funktionierte nicht mehr. Sie hatte sich ins Gegenteil verkehrt. Fressfeinde mussten nicht mehr mühsam suchen, sondern konzentrierten sich auf helle Flecke und waren erfolgreich. Abgesehen davon, dass die Untersuchungen von Tinbergen und seinen Mitarbeitern die Intelligenz der Fressfeinde deutlich machten, ereignete sich noch etwas. Man fand in einer kleinen Region Birkenspanner, die nicht weiß schwarz sondern grau schwarz gemustert waren, grad so wie die umweltverschmutzten Birken. Was war geschehen? Eine Mutante ist aufgetreten. Im Erbgut irgendeines Birkenspanners hatte sich die genetische Information für seine Farbe verändert. Aus seinen Eiern schlüpften Raupen, die an den Birkenblättern fraßen, sich zu gegebener Zeit verpuppten und dann als grauschwarze Schmetterlinge schlüpften. Sie waren als einzige in einer vergleichbaren Situation, wie ihre weißschwarzen Urgroßeltern vor der Umweltverschmutzung. Sie wurden jetzt von den Fressfeinden übersehen. Der Rest ist schnell erzählt. Auf Grund ihrer neuen Eigenschaft überlebten zahlenmäßig weit mehr grauschwarze Birkenspanner, die herkömmlichen waren leichte Beute. Eine Population neuer Birkenspanner ist entstanden. Das Bild der leichten Beute soll jedoch nicht darüber täuschen, dass das Ganze ein zeitaufwendiger Vorgang war, über viele Generationen hinweg.

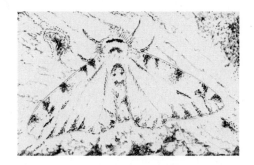

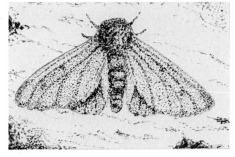

Abbildung 8a, 8b
Oben sitzt ein normal gefärbter, unten ein dunkel gefärbter Birkenspanner auf Birkenrinde.

Man könnte nun auf den Gedanken kommen, das Beispiel der Birkenspanner belege die oft beschworene »Anpassungsfähigkeit der Natur«. Sie wird, so denke ich, meist als Ausrede missbraucht, um irgendwelche Umweltsünden zu verharmlosen. Ihr haftet der Makel an, ziel- oder zweckgerichtet zu sein.

Merkmale treten nie zielgerichtet auf. Wäre es so, hätte Lamarck mit seiner Begründung für den langen Hals der Giraffe Recht. Es gibt keinen Mutationsdruck, also eine von außen gerichtete Notwendigkeit zu Mutationen. Die Mutation, wird immer vom Zufall bestimmt.

Gerade der Zufall ist es, der häufig Verständnisschwierigkeiten bereitet. Viele Menschen wollen nicht akzeptieren, dass die enorme Formen- Farben- und Funktionsvielfalt nicht gesteuert, sondern allein vom Zufall ausgelöst wurde. Im Alltag bezeichnen wir Ereignisse immer dann als › rein zufällig ‹, wenn sich ihr Erscheinen nicht direkt begründen lässt, wenn wir das, was zu ihrem Auftreten führte, nicht kennen. Im lebenden System lässt sich die Tatsache, dass eine Änderung, ein Fehler auftritt, dass etwas passiert, als Zufallsereignis im herkömmlichen Sinne begreifen. Was im Einzelnen jedoch qualitativ passiert, ist vom vorgegebenen System abhängig. Wenn beim Schreiben des Wortes › Zufall ‹ ein Fehler unterläuft, so kann er nur in einer missratenen Buchstabensequenz liegen › Zafall – Zuball – Zufoll oder Zufqll … ‹, eben nur, was das System erlaubt. Sogar die Anordnung der Buchstaben auf der Tastatur des Manuals ist eine Komponente des Systems und kann eine Rolle spielen. Der Fehler kann kein anderes Wort sein; ebenso wenig kann er Töne, Farben oder gar Gerüche einschließen. Neues entsteht nur aus dem Vorhandenen. Das bedeutet zwar zunächst eine drastische Einschränkung der Möglichkeiten. Weil aber durch das Neue das Vorhandene verändert wird, eröffnet dies neue, weiterführende Freiheitsgrade für die Zukunft. Man könnte, oberflächlich betrachtet, das Weiterentwickeln aus dem Vorhandenen als zielgerichtet missdeuten. Bei genauerem Hinschauen jedoch klären sich derlei Irrtümer auf. Die weiteren Beispiele werden es belegen.

Nach Frederic Vester könnten wir das Evolutionsphänomen der Birkenspanner dem »Erwerb eines angepassten Zustandes« zuordnen. Gleichzeitig erkennen wir auch, dass biologische Vielfalt entstanden ist. In anderen Gegenden mit weniger Umweltverschmutzung funktioniert der ursprüngliche Zustand tatsächlich noch, da ist das biologische Gleichgewicht zwischen den Birkenspannern und ihren Fressfeinden noch nicht gestört.

Würden wir die Sichtweise von Professor Achim Müller auf den neuen Tarnanzug der Birkenspanner anwenden, so kämen wir zweifelsohne zu dem

Schluss, dass dieser, als Beitrag zur Adaptationsvielfalt, auf der makroskopischen Ebene angesiedelt ist. Selbstverständlich liegt die genetische Festschreibung der Anpassung, wie immer, im Nanobereich der DNS-Moleküle, im Nanokosmos. Ernst Mayr schreibt in seinem Buch »Das ist Evolution« zum Begriff ›Anpassung‹ kritisch: »*Das Wort ›Anpassung‹ wird in der Literatur über Evolution leider für zwei völlig verschiedene Dinge verwendet, im einen Fall zu Recht, im anderen nicht. Dies führt zu vielerlei Verwirrung.*«

Wer Anpassungen nicht einfach als gegeben hinnehmen will, der argumentiert aus menschlicher Sicht gerne kausal: Die Birkenspanner haben die Farbe geändert, damit sie nicht mehr gefunden und gefressen werden. Oder: Der Adler hat Klauen, damit er seine Beute besser greifen kann. Robben und Wale haben eine dicke isolierende Speckschicht, damit sie im Eismeer überleben können.

Diese Sichtweise ist falsch! Weder haben die Robben und Wale ihre Veranlagung zur Speckschicht, noch der Adler den Bau seiner Klauen aktiv erworben beziehungsweise gestaltet. Auch die Birkenspanner haben sich nicht eine Lösung für ihr Problem, neuerdings auf dem Präsentierteller zu sitzen, »schnell einfallen lassen«. Aus menschlicher Sicht argumentieren wir gerne so, als müsste sich etwas ändern, entsprechend unseren Erwartungen, so wie wir es managen oder durchführen würden. Aber dem ist nicht so!

Die Umkehr ist richtig. Eine Robbe kann im Eismeer überleben, weil sie eine isolierende Speckschicht hat, und der Adler kann seine Beute greifen, weil er Klauen hat und die Birkenspanner überlebten, weil es zufällig eine Mutation in ihrem Genom gab. Das ist ein gewaltiger Unterschied. Adler, Wale, Robben, Birkenspanner, Giraffen haben keine angeborene Fähigkeit zur Verbesserung, haben keinen angeborenen Vervollkommnungsdrang – nicht nur sie nicht, sondern kein einziges Lebewesen!

Eine solche Zweck orientierte Meinung wird verständlich – aber trotzdem nicht richtig -, wenn man überlegt, auf welche Situationen wir ›Anpassung‹ oder die zugehörigen Verben ›anpassen‹, ›sich anpassen‹ anwenden:

Wir passen unsere Kleidung dem Wetter an und tragen dicke wärmende Kleidung im Winter. Wir passen beim Autofahren unsere Geschwindigkeit dem Verkehr, den Sicht- und Straßenverhältnissen an (oder sollten es wenigstens tun). Die Renten werden an die durchschnittliche Lohnentwicklung angepasst. Der Mensch passt sich seinem sozialen Umfeld an.

In all diesen Beispielen bedeutet Anpassung Ziel gerichtete Angleichung an äußere Gegebenheiten, gleichbedeutend mit Eigenschaften der Außenwelt. Das übertragen wir selbstverständlich. Uns allen ist die allgemeine Meinung geläufig, dass jedes Lebewesen so ausgestattet ist, dass es den ihm bestimmten Platz in der Natur einnehmen kann.

Unter Anpassung in der Evolution sollte man jedoch etwas anderes verstehen. Durch Zufall entstand – nicht nur im Beispiel der Birkenspanner – auf der nanoskaligen Ebene der DNS eine Mutation oder sie ist schon lange vorhanden, kam aber bisher nicht zur Realisation. Wie auch immer, sie kommt zum Tragen und verändert das äußere Erscheinungsbild eines oder mehrerer Individuen. Ab jetzt gibt es zwei Typen, den alten und einen neuen. Der alte Typ, der weißschwarze, der mittlerweile auf grau – schwarzen Birkenstämmen wie auf dem Präsentierteller sitzt, wird aufgefressen. Man könnte auch sagen: Er wird beseitigt. Der neue Typ bleibt übrig. Jetzt sagen wir, der neue Typ sei angepasst.

Diese Anpassung ist folglich – wie ernst Mayr sie nennt – ein Nebenprodukt der Beseitigung. Kann es Zufall sein, dass zwei Wissenschaftler, Wächtershäuser und Mayr, unabhängig von einander bei zentralen Fragen des Evolutionsprozesses von Nebenprodukten sprechen?

Was wäre, wenn keine Mutation vorhanden gewesen wäre? Dann gäbe es in dem angesprochenen Gebiet immer weniger Birkenspanner, bis sie schließlich ganz verschwunden wären.

Anpassung kann man nur im Rückblick erkennen. Sie wird nicht durch die Mutation hervorgerufen, sondern ist der historische Vorgang der Selektion. Das Ausgewählte ist das Angepasste. Dabei spielt es keine wesentliche Rolle, ob man das Individuum als Ganzes oder eine seiner Eigenschaften als angepasst betrachtet. Das obige Beispiel zeigt deutlich, dass der Vorgang der Anpassung ausschließlich passiv verläuft. Die dunkleren Birkenspanner tragen selbst weder zu ihrer Anpassung noch zu ihrer Beseitigung bei. Nach Mayr gilt: Ein Lebewesen oder ein Merkmal eines Lebewesens (ein Körperteil, eine physiologische Eigenschaft, oder eine Verhaltensweise) gilt als angepasst, wenn es zum Überleben und oder besseren Fortpflanzungserfolg eines Individuums oder einer Gruppe von Individuen beiträgt.

Dieser Gedanke führt direkt zu der häufig vertretenen, recht oberflächlichen Meinung, eine biologische Art sei an ihre Umwelt angepasst. Sie kennen sie, keine Frage! Die Unschärfe dieser Aussage kommt von der Unschärfe des Begriffs Umwelt. Es sei noch einmal betont: Nicht alles um ein Lebewesen herum ist Umwelt. Die Birkenspanner interessiert zum Beispiel überhaupt nicht, wie viele Bienen oder Maulwürfe es in ihrem Gebiet gibt. Sie teilen sich nur eine großräumige Welt, innerhalb derer sie an eine begrenzte Zahl von Eigenschaften angepasst sind. *»Diese spezifische Auswahl von Umweltmerkmalen bietet einer*

Spezies ihre Nische, das heißt ihre notwendigen Lebensbedingungen.« schreibt Mayr.

Eine ökologische Nische kann auf zweierlei Weise definiert werden, auf eine herkömmliche oder eine modern ökologische.

Die erstere benützt das Bild eines Gebäudes mit sehr vielen Räumen und Unterabteilungen, Nischen. (*Oikos*, aus dem Griechischen = das Haus, der Haushalt; vergl. zum Beispiel: Ökologie, die Lehre vom Haushalt) Demnach besteht die Natur aus nahezu unendlich vielen Nischen, die jede von einer Art besetzt wird, die sich speziell an die Anforderungen ihrer Nische angepasst hat. Daraus folgt eindeutig: Die Nische sei eine Eigenschaft der Umwelt.

Trifft das wirklich zu? In der modernen Ökologie begreift man Nische nicht mehr als Beschreibung eines bestimmten, in seiner Struktur vorgeformten Raumes, sondern als Beschreibung einer Funktion. Nische ist also nicht länger ein statischer sondern ein funktioneller Begriff. Die Wechselwirkungen zwischen den körperlichen Eigenschaften und den Verhaltensweisen einer Art einerseits und den Umweltfaktoren andererseits sind das wesentliche Kriterium. Die Eigenschaften der Art bestimmen die Nische. Nicht umgekehrt! Für alle zur Photosynthese befähigten Lebewesen stellt Licht ein Grundbedürfnis dar. Sie können nur noch in Lebensräumen mit Licht leben. Die dunklen Birkenspanner brauchen verschmutzte Birken! Somit ist die Nische eine von innen nach außen gerichtete Projektion der Bedürfnisse einer Art.

Das spezifische Draußen, die Umwelt, wird durch determinierte innere Strukturen vorbestimmt. Die makroskopische Ausformung dieser determinierten inneren nanoskaligen Strukturen an Individuen nennt man Merkmal. Einmal gewonnene und genetisch festgeschriebene Informationen werden auf breiter Basis an viele Nachkommensstämme weitergegeben.

Information ist heute ein sehr weitläufiger Begriff und wird je nach Anwendungsgebiet oder Wissenschaft unterschiedlich, ja oft gegensätzlich interpretiert. In den Naturwissenschaften versteht man unter Information physikalische oder chemische Parameter oder deren Änderungen, die für einen Empfänger innerhalb eines bestimmten Zusammenhanges relevant sind und in ihm Veränderungen auslösen. In den bisherigen Beispielen hat das positive Ergebnis der Wechselwirkung von Mutation und Selektion eine nachhaltige Veränderung in den vererbbaren Strukturen hervorgerufen. Durch sie wird ein höherer Grad an Komplexität oder anders ausgedrückt an Ordnung erreicht. Information kann also als ein Maß für den Ordnungsgrad aufgefasst werden. Entropie, das Maß für die Unordnung wäre dann respektive das Maß für den Mangel an Information. Die Entropie entstammt der Thermodynamik, der Informationsbegriff der Kybernetik, der Systemtheorie, schreibt Professor K.H. Kreeb in seinem Buch »Ökologie und menschliche Umwelt«. Der Name Kybernetik leitet sich vom griechischen ›kybernetike techne‹ ab, was soviel wie Steuermannskunst bedeutet. Die Kybernetik befasst sich also mit der Steuerung von Systemen. Vor allem sind die Lebewesen Beispiele für kybernetische Systeme bis hin zur äußersten Komplexität des menschlichen Gehirns. Das Geschehen in ihnen bezieht sich sowohl auf die interne Verknüpfung der Systemteile als auch auf die Wechselwirkung mit der Außenwelt.

Bewegung als Motor für die Beziehung zur Umwelt

Frei schwebende Organismen, die ohne ihr Zutun verfrachtet werden, und festsitzende Lebensformen ohne Bewegungsfreiheit, sind Veränderungen im umgebenden Medium passiv ausgesetzt. Spielball zu sein, oder festzukleben, seien zumindest beträchtliche Nachteile, wenn nicht gar Sackgassen der Evolution, sollte man wohl meinen. Weil aber durch Mutationen Vorhandenes verändert wird, eröffneten sich auch solchen Organismen ebenfalls weiterführende Freiheitsgrade mit ungeahnten Selektionsvorteilen. In den letzten Jahren wurde das Erbgut Tausender von Arten, meist Mikroorganismen, entschlüsselt. Dabei hat sich herausgestellt, dass sich der Ort, die Stelle im Chromosom, an dem sich eine Mutation ereignet hat, als viel bedeutsamer erwies, als die Gesamtzahl der Veränderungen. In einem Genom muss sich nicht viel ändern um eine große Wirkung auszulösen. Das Geheimnis liegt vielmehr im raschen Wandel von Orten, wo so etwas große Auswirkungen auf die Funktion eines Organismus hat, hat Katherine S. Pollard herausgefunden. Auf diese Weise bekamen Lebewesen, die sich aktiv bewegen konnten, schon recht früh in der Entwicklungsgeschichte ihre ganz große Chance. Bewegung kam in die Evolution.

Bewegung allein war noch nicht der große Wurf. Warum wohl? Würden die Teile einer Pflanze unkontrolliert in beliebige Richtungen wachsen oder würden spontane Kontraktionen unkontrollierte Bewegungen hervorrufen, dann wäre der Organismus kein funktionierendes System mehr, dessen Teile in Abhängigkeit zueinander stehen und ein bestimmtes Ordnungsprinzip aufweisen. Die für das Leben so charakteristische Eigenschaft, sich gegen die Tendenz zur Unordnung zu erhalten, wäre eingeschränkt oder nicht mehr gegeben. Zustände, die sehr rasch eliminiert worden wären. Kontraktionen dürfen sinnigerweise nur dann ausgeführt werden, wenn Bedarf dafür vorhanden ist. Erst dann darf die notwendige, zur Verfügung stehende Energie abgerufen werden. Ohne Steuerung herrscht Chaos. Gesteuerte und koordinierte Bewegung hingegen bedeutete einen großen Zugewinn an Lebensqualität und brachte enorme Selektionsvorteile.

Bis hierher wurden nur Informationen angesprochen, die im Erbgut gespeichert und in ihm weitergegeben werden, die artspezifischen Bauanleitungen. Darin enthalten sind nicht nur morphologische Merkmale, wie zum Beispiel das Vorhandensein einer Geißel oder von Extremitäten oder die Farbe der Birkenspanner, sondern auch physiologische, wie die Photosynthese oder das Hell-Dunkel-Unterscheidungsvermögen und verhaltensspezifische Merkmale, wie etwa das Lachen oder die Aggression. Dann spricht man allgemein vom Bauplan, vom Stoffwechsel, von Sinnesleistungen oder vom Verhalten. Den beiden letzteren, den Sinnesleistungen und dem Verhalten kommt für die Beantwortung der Fragen, wie die Welt zu Umwelt wird, und wie sich die Beziehung zur Umwelt herausgebildet haben, große Bedeutung zu.

»Da die biologische Evolution im Prinzip eine Zufallswanderung durch den Raum aller genetischen Möglichkeiten ist«, wie Steven Hawking formuliert, *»vollzieht sie sich sehr langsam.«* Sich bewegende Organismen hatten jedoch mit schnellen, kurzfristig erworbenen Informationen über die sie umgebende Welt eine viel größere Chance zu überleben, als ohne.

Allen Menschen scheint es absolut selbstverständlich, dass sie die Welt sehen, hören, fühlen, schmecken und riechen. Die ersten, archaischen Lebensformen jedoch waren blind, taub und gefühllos. Sie besaßen noch keine Sensoren, welche Information über physikalische oder chemische Eigenschaften der umgebenden Welt lieferten. Diese haben sich ja erst im Lauf der Evolution herausgebildet. Jeder Sensor, und war er anfänglich noch so rudimentär, bedeutete ein Fenster in die unbekannte Außenwelt und bescherte seinem Träger einen Selektionsvorteil. Ab jetzt beschränken sich die Wechselwirkungen mit der Außenwelt nicht nur auf die Vorgänge der Anpassung, sondern viel mehr auch auf die Vorgänge bei der Bewegung und Orientierung. Sensorische Strukturen, die zu schnellen Information verhelfen und komplexes Verhalten erlauben, arbeiten gewissermaßen auf einer anderen Ebene. Sie geben Information über physikalische oder chemische Eigenschaften der umgebenden Welt und machen diese nun durch ihre Bedeutung zur Bezugswelt, zur Umwelt.

»Da hat sich was bewegt!« – und schon ist unsere Aufmerksamkeit geweckt. Bewegung wird bevorzugt wahrgenommen. Bewegungserscheinungen gehören zu den direkt sichtbaren Lebensäußerungen und werden auch deshalb zu den Lebenskriterien gerechnet. Es liegt auf der Hand, dass es ein enormer Selektionsvorteil gewesen sein muss, sowohl für den Jäger als auch für den Gejagten, eine auch noch so geringe Bewegung sofort zu erkennen, alarmiert zu sein und darauf reagieren zu können. Bewegungen sind uns deshalb viel vertrauter und selbstverständlicher als der Großteil aller Stoffwechselvorgänge etwa, die im Verborgenen ablaufen.

Wen wundert es da, dass sich schon in der griechischen Naturwissenschaft Überlegungen zur Bewegung finden? Schon damals sprachen die so genannten »Atomisten« von, sich stets planlos bewegenden Atomen. Platon (428–348) führte alle Veränderungen auf Bewegung zurück. Aristoteles (384–322) sieht in der Bewegung die Ursache allen Werdens. Das Phänomen der Bewegung ist für ihn nicht nur die physikalische Ortsbewegung von Mensch und Tier, sondern jegliche Art der Veränderung. Der Beginn ist der Zustand der Möglichkeit, der Abschluss ist die Verwirklichung des Möglichen. Aristoteles unterscheidet auch eine innere und äußere Ursache der Bewegung, je nachdem ob die Bewegung auf natürliche Weise, gleich innerem Antrieb oder künstlich, also auf äußeren Antrieb hin, erfolgte. Lange Zeit, bis zum Beginn des 17. Jahrhunderts blieb seine Auffassung im Wesentlichen bestehen. Erst Galileo (1564 – 1642), dem berühmten italienischen Mathematiker, Philosoph und Physiker, gelang es in Gedankenexperimenten die Gesetze des freien Falls herzuleiten und dadurch ein neues Verständnis von Bewegung zu schaffen. Sein wichtigstes Werk schrieb er in den letzten Jahren seines Lebens: *»Unterredungen und mathematische Demonstrationen über zwei neue Wissenszweige, die Mechanik und die Fallgesetze betreffend«*. Seine Hauptleistung besteht darin, erkannt zu haben, wie wichtig neue physikalische Erkenntnisse sind und welche Möglichkeiten sie eröffnen. Er ersetzte die philosophische Frage nach dem »Warum« eines Vorgangs durch die naturwissenschaftliche Frage nach dem »Wie«. Das Thema Bewegung beschäftigte fortan alle großen Philosophen und Naturwissenschaftler, bis hin zu Albert Einstein und Steven Hawking.

Bewegung ist immer relativ. Sie hängt vom Beobachter ab, wie sich leicht und anschaulich verdeutlichen lässt. Eine Person, die aus dem Fenster auf die Straße schaut, sieht wie sich die Autos und in ihnen die Menschen bewegen. Die einen fahren von rechts, die anderen von links vorbei und verschwinden in entgegen gesetzter Richtung. Die Bewegung hat ganz eindeutig eine Richtung für den Beobachter, denn er ist zugleich Bezugspunkt. Das stimmt mit der physikalischen Dimension überein, die die Bewegung als Vektor, als Pfeil → gerichtet begreift.

Sitzen Sie selbst im Auto, so sind die Verhältnisse anders. Sie sehen an Hand der vorbei gleitenden Häuser und Bäume, dass Sie sich und ihr Beifahrer bewegen. Für diese Bewegung sind die Häuser und die Bäume, die äußere Welt, nicht Sie als Beobachter, der Bezugspunkt – auch wenn letzterer ständig wechselt. Der Beifahrer hingegen ist, bezogen auf das Auto oder auf den Fahrer, nicht in Bewegung, sondern in Ruhe – einmal abgesehen von den geringfügigen Eigenbewegungen. Beobachter und Bezugspunkt sind getrennt.

Wir sollten deshalb streng zwischen Bewegung und Mobilität unterscheiden. Wir leben in einer mobilen Gesellschaft, lassen uns mit Bus, Bahn, Auto oder Flugzeug passiv verfrachten, bewegen uns also nicht aktiv.

Für die Bewegung meines Armes oder Beines bin ich, wie die Person am Fenster, selbst der Beobachter und zugleich der Bezugspunkt. Eine absolut banale Bemerkung werden sie vielleicht bei sich denken, das ist doch selbstverständlich! – Ist es das? Einmal ehrlich, wann haben sie je ›nachgeschaut‹, wo sich gerade ihr Arm oder Bein befindet, wenn sie nach etwas greifen oder aufstehen wollen? Die Beobachtung und Feststellung des Bezugspunktes übernehmen unzählig viele Sensoren im Inneren unseres Körpers in Zusammenarbeit mit unserem Gehirn unterhalb der Bewusstseinsschwelle. Wir wären kaum zu etwas fähig, müssten wir ständig überlegen. Die interne Kontrolle und Steuerung ermöglicht erst eine sinnvolle Wechselwirkung mit der äußeren Welt.

Wenn man von Bewegung spricht, werden oberflächlich am ehesten das Laufen, Schwimmen, Fliegen und Fahren genannt, was jeder von sich selbst und den Tieren draußen kennt. Aber parallel dazu gebrauchen wir den Begriff der Bewegung schon seit alters her auch im übertragenen Sinne, als »geistiges oder seelisches Erregen«. Die Wurzeln dafür liegen ganz sicher in der zentralen biologischen Bedeutung von Bewegung. Auch wenn wir jemanden zu etwas bewegen, ihn also zu einer bestimmten Handlung veranlassen, bleibt die Grundbedeutung stets erhalten. Ebenso in all den Fällen in denen eine Gemeinschaft ihre Interessen durchsetzen will: Denken Sie an die Alternativbewegung, die sich in den 1960er Jahren in den westlichen Gesellschaften entwickelt hatte oder an die Umweltbewegung.

Bäume, Büsche und Blumen bewegen sich passiv im Wind. Aber die Blüten öffnen sich aktiv, die Spaltöffnungen machen auf und zu um den Gasaustausch zu regulieren, die Pflanzen wachsen – nach oben und nach unten – sie bewegen also sich oder Teile ihres Körpers. Manche Pflanzen schießen sogar ihre Samen weit von sich fort oder drehen die Blätter und Blüten der Sonne zu oder verhalten sich wie die Mimosen. Die große Zahl dieser Bewegungen läuft langsam ab. Dazu gehören die einfachsten Wachstumsbewegungen, bei denen sich die Individuen durch ihre Vermehrung als Biofilm ausbreiten (siehe auch Seite 135), und alle Wachstumserscheinungen. Bewegungen hin zum Licht erfolgen in der Regel durch bevorzugtes Wachsen der Schattenseite. Dies geschieht schon, wenn zum Beispiel neue Moleküle in Zellmembranen eingebaut werden. Bleibt der Einbau auf eine bestimmte Stelle oder Seite beschränkt, krümmt sich der Rest zwangsläufig. Die Zaunwinde, die sich Halt suchend um alle festen Strukturen in ihrer Umgebung windet, zeigt eindrucksvoll solche Wachstumsbewegungen. Sie gilt nicht nur seit alters her als Heilpflanze, sondern auch als Pflanze mit Gespür für Raum und Zeit. Um einen geeigneten Halt zu finden, führt die Stängelspitze Suchbewegungen aus. Diese beschreibt einen Kreis, entgegen dem Uhrzeigersinn, der mehrere Zentimeter im Durchmesser misst. Nach ein dreiviertel Stunden ist der Kreis vollendet, wenn kein Halt gefunden wurde.

Schnelle Bewegungen, wie etwa das Ausschleudern von Samen beruhen oft auf dem Ausgleich von Spannungen, die durch Wachstum oder durch den Innendruck bestimmter Zellen aufgebaut waren.

Anders als bei den Pflanzen sind alle Typen aktiver tierischer Bewegung, einschließlich der Bewegung der Bakterien und Einzeller, an fibrilläre Cytoplasmadifferenzierungen gebunden. Das sind lang gestreckte, so genannte Motorproteine mit einem Durchmesser von 5–20 Nanometer, die bis zu einer Länge von 100 Nanometer und mehr polymerisieren können. Sie haben sich in allen kontraktilen Strukturen im Elektronenmikroskop nachweisen lassen. Je nach ihrer Anordnung in der Zelle und nach der Art ihres Zusammenwirkens kommen verschiedene Typen der Bewegung zustande. Schon Bakterien und einzellige Lebewesen sind in der Lage, frei ihren Ort zu wechseln. Sie schwimmen aktiv durch Wimpern- oder Geißelschlag oder kriechen wie die Amöben. In den Wimpern oder Geißeln sind die Motorproteine als neun plus zwei Stränge angeordnet, während sie für die Körperkontraktionen frei im Protoplasma verteilt sind. Bei diesen Vertretern des Mikrokosmos fällt es uns noch schwer, zwischen Pflanzen und Tieren und entsprechend zwischen pflanzlicher oder tierischer Bewegung zu unterscheiden. Alle vielzelligen Tiere und der Mensch bewegen sich durch Muskelkraft. Hier sind die Motorproteine in den Muskelzellen angeordnet.

Wer oder was steuert die Bewegungen?

Bakterien waren die ersten sich mit Cilien oder Geißeln aktiv bewegenden Wesen. Ihnen kommt im Mikrokosmos die größte Bedeutung zu. Man findet sie in den tiefsten Tiefen des Ozeans, im Süßwasser, im Erdreich und in Höhlensystemen. Sie siedeln auf allen anderen Lebewesen und in deren Innerem. Alle Ökosysteme sind von ihrer Existenz abhängig. Es gibt sie einfach überall. Sie fügen sich ein in die alles Leben umfassenden Stoff- und Lebenskreisläufe. Wir kennen nur eine verschwindend kleine Anzahl von Bakterienarten. Mikrobiologen schätzen, dass noch mehr als 90 Prozent unbekannt seien. Obwohl Bakterien, als die ältesten Zellen die wir kennen, bereits eine feste Zellmembran und differenzierte Innenstrukturen haben, unterscheiden die Biologen zwischen Bakterien und echten einzelligen Lebewesen. Bakterien besitzen zwar schon DNS-Gedächtnismoleküle, diese sind jedoch noch nicht in einem deutlich erkennbaren Zellkern zusammengefasst, sondern noch frei im Zellplasma verteilt. Man nennt sie deshalb Prokaryonten – sie besitzen nur den Vorläufer eines Zellkerns -, um sie von den Einzellern mit einem echten Zellkern, den Eukaryonten, abzugrenzen. Aber sie verfügen schon über sensorische Fühler zur Erkundung der Umwelt. Von den Bakterien an haben sich Schritt für Schritt immer neue, immer andere Sensoren entwickelt.

Um Bakterien sehen zu können, benötigt man ein Elektronenmikroskop, mit dem aber keine Lebendbeobachtungen möglich sind. Einzeller hingegen können im Lichtmikroskop lebend beobachtet werden, wo sie nicht nur ihre typischen Bewegungsabläufe zeigen, sondern auch wie sie sich mit der Außenwelt auseinander setzen.

Egal ob Filamente in Cilien oder Geißeln oder in Muskelzellen, eine funktionale Bewegung kann nur dann zustande kommen, wenn alle Teilschritte koordiniert ablaufen. Wie gut das funktioniert demonstrieren die typischen Vertreter der Einzeller, die drei Klassiker aus dem ›Leben im Wassertropfen‹, in beeindruckender Art und Weise unter dem Mikroskop: Das Pantoffeltierchen (Paramecium caudatum), das zu den Ciliaten (Wimpertierchen) gehört; das Augentierchen (Euglena viridis), das zu den Flagellaten (Geißeltierchen) gehört und das Wechseltierchen (Amoeba proteus), aus der großen Zahl der Amöben.

Schon lange ist bekannt, dass sie sich ohne großen Aufwand kultivieren lassen: Man nehme ein Glas, gebe etwas Heu hinein, gieße mit Wasser auf und stelle es ans Fenster. Nach ein paar Tagen hat sich darin ein reichhaltiges Leben entwickelt. Schon mit bloßem Auge sieht man winzig kleine Punkte im Glas umher schwimmen. Auf diese Weise gewonnene Lebewesen nannte man früher einfach Aufgusstierchen. Vom lateinischen Wort *infusum*, was Aufguss oder Tee bedeutet, leitet sich die veraltete wissenschaftliche Sammelbezeichnung Infusorien ab. Sicherlich finden auch Sie in Ihrem Aufguss, wenn Sie denn einen machen, die typischen Vertreter.

Was erzählen sie uns alles über sich, über ihre Umwelt und wie sie darin zurecht kommen, wenn wir sie aufmerksam im Mikroskop studieren? Geben wir einen Tropfen aus der Kulturlösung auf einen Objektträger und decken ihn mit einem Deckglas, das mit winzigsten Wachsfüßchen versehen ist. Zunächst werden wir einige Schwierigkeiten haben. Das einzige, was wir sehen, wird eine Reihe kleiner Punkte sein, die sehr rasch hin und her flitzen und sofort wieder aus dem Vergrößerungsausschnitt verschwinden.

Nach längerem Suchen finden wir vielleicht ein Urtierchen, mit dem wir nicht so viele Schwierigkeiten haben, denn es ist längst nicht so schnell. Ganz behäbig kriecht es umher und sucht Nahrung. Dabei verändert es ständig seine Körperform. Vorne bildet es neue Ausstülpungen, in die der Zellinhalt vor zu fließen scheint, und hinten zieht es sich zusammen. Diese ständig wechselnden Körperformen haben der ganzen Gruppe ihre Namen gegeben: Wechseltierchen oder Wurzelfüßer. Sie scheinen mit den vorfließenden Körperteilen wie mit Füßen zu laufen und diese erinnern wegen ihrer Verzweigungen auch noch an Wurzeln. An manchen Stellen stoppt es aus unersichtlichen Gründen plötzlich das Weiterfließen, nur um eine neue Richtung einzuschlagen. Warum? Es ist beispielsweise denkbar, dass Informationen von Chemorezeptoren der Anlass zur Verhaltensänderung waren. Die Bewegungen werden ausschließlich von Motorproteinen durchgeführt und sind gesteuert, auch wenn sie noch so planlos erscheinen mögen. Wenn wir Glück haben, können wir auch beobachten, wie es von zwei Seiten her ein winziges Pflanzenstückchen umfließt und so in einer Nahrungsvakuole in seinen Körper aufnimmt.

Um die kleinen Flitzer beobachten zu können, müssen wir sie abbremsen. Das geschieht mit etwas Watte. Zwischen den Wattefäden bilden sich kleine Kammern, in denen dann Pantoffeltierchen – und andere – gefangen sind und so auch bei größerer Vergrößerung nicht aus dem Blickfeld verschwinden können: Zunächst fällt auf, dass alle Pantoffeltierchen sowohl vorwärts schwimmen, als sich auch gleichzeitig schraubenförmig um die eigene Achse drehen. Ein heller

Saum, der rhythmische Flimmerbewegungen ausführt, umgibt den ganzen Körper. Im Lichtmikroskop kann man keine einzelnen Wimpern sehen, sondern nur die Lichtreflexion ihres synchronen Schlages. Diese Wimpern oder Cilien, wovon sich der Name der ganzen Gruppe – Ciliaten – ableitet, sitzen in spiralförmig angeordneten Linien über den ganzen Körper verteilt. Ihr wellenförmiger Schlag ist die Ursache für beide Bewegungen, die Vorwärts- und die Drehbewegung. Auch erkennen wir unschwer, dass es immer mit dem gleichen Ende nach vorne schwimmt. Am anderen Ende fällt ein Büschel längerer Wimpern auf, es dient zur Steuerung. Die Paramecien sind also polarisiert, sie besitzen ein vorderes und ein hinteres Ende und sie scheinen ganz genau zu wissen, wo vorne und hinten ist.

Sind die Wattefäden nicht dicht genug gepackt, sondern lassen genügend ›große‹ Lücken, so kann man beobachten wie die Tiere ihre Körperform verändern, sich schlank machen und durchquetschen. Offensichtlich besitzen sie ›muskuläre Strukturen‹, die sie gezielt einsetzen können, ähnlich wie die Amöben. Stoßen die Paramecien an und kommen nicht weiter, dann beobachten wir, wie sie umkehren.

Machen wir auch noch ein kleines Experiment mit ihnen: Geben wir an den Rand des Deckglases einen winzigen Tropfen Essig, der langsam vordringt. Das Paramecium hatte eine bestimmte Richtung vorgegeben, warum auch immer. Es ›will‹ halt in diese Richtung. Da kommt der Essig. Nun vollführt es eine Rückwärtsbewegung mit darauf folgender seitlicher Abbiegung, worauf das Vorwärtsschwimmen wieder einsetzt (von Uexküll). Schlägt der Versuch erneut fehl, weil es wieder auf Essig trifft, wird ein dritter unternommen. Wir konstatieren: Das Paramecium orientiert sich nach dem Prinzip Versuch und Irrtum. Es hat auch nach wiederholten Versuchen nicht gelernt, dass in dieser Richtung kein Weiterkommen ist. Wie könnte es auch so schnell lernen, denn Lernen, gleich Speichern von Information, vollzieht sich auf seiner Organisationsstufe noch im langsamen Bereich der genetischen Ebene. Kurzfristig hat unser Paramecium zwar die Möglichkeit zur Orientierung, aber keine Chance etwas zu lernen.

An der Grenze zwischen Kulturlösung und Essig kehren alle Paramecien schleunigst um. Das mögen sie nicht. Offensichtlich besitzen sie nicht nur Strukturen, welche die innere Situation des Körpers erfassen, Cilienschlag verändern, fertig machen zum Wenden, sondern auch Sensoren, die physikalische Eigenschaften der äußeren Welt erfassen, wie etwa: Da ist ein Hindernis, kehr um! Zu eng, mach dich schlanker! oder Vorsicht sauer, ebenfalls kehrt marsch! Solche

Leistungen verdeutlichen, wie sich äußere Parameter durch die sensorischen Leistungen eines Organismus in Umwelt verwandeln.

Eine kleine Randbemerkung mit großer Reichweite: Tor des Monats, Sportler des Jahres, Baum oder Vogel des Jahres … sind neuerdings beliebte Aufhänger und Interessenfänger: Das Pantoffeltierchen, Paramecium caudatum hat es weit gebracht und sich in die Liste illustrer Prominenter eingereiht! Die Mitarbeiter der Deutschen Gesellschaft für Protozoologie kürten es zum »Einzeller des Jahres 2007«. Damit wollen die Autoren auf die große Organismengruppe des Mikrokosmos aufmerksam machen, sie uns näher bringen, und ihre Bedeutung für das Ökosystem Erde unterstreichen. Sie kann kaum überschätzt werden. Allzu viele »Erfindungen der Evolution« wurden hier in der Vergangenheit gemacht.

Euglena viridis, zu Deutsch das grüne Augentierchen ›ein obligatorisches Muss für alle Schüler und Biologiestudenten: Euglena ist eine Gattung mit zahlreichen ähnlichen Arten, die in Tümpeln und Teichen leben. Bei Massenvorkommen färben sie das Wasser grün. Während des Studiums durfte ich es gleich zweimal lernen. Einmal in der Botanik, weil es, wie eine Pflanze Chloroplasten, Zelleinschlüsse mit dem grünen Farbstoff Chlorophyll enthält, worauf sich auch der Name viridis, grün, bezieht. Mit diesen Chloroplasten hat es eine ganz besondere Bewandtnis. Man geht davon aus, dass sie aus ursprünglich eingewanderten Cyabobakterien hervorgegangen sind, die die Photosynthese mitgebracht haben. Damit kann es sich selbstverständlich mit Hilfe von Licht autotroph, d.h. selbständig ernähren. Das genügt den Botanikern, um es als pflanzliches Lebewesen zu beanspruchen und es dem Süßwasserphytoplankton zuzurechnen. Die Zoologen zählen es jedoch auf Grund mehrerer Merkmale zu den tierischen Lebewesen. Zum einen treten Formen ohne Chlorophyll auf, die sich heterotroph, also tierisch ernähren. Interessanterweise gibt es auch Mischformen, die sich gleichzeitig oder je nach äußeren Bedingungen tierisch oder pflanzlich ernähren können. Zum anderen besitzt Euglena eine Geißel, mit deren Hilfe es sich aktiv fortbewegt. Unter dem Mikroskop kann man sehr leicht und gut beobachten, dass es sich immer zum Licht hin orientiert. Wie macht es das? Woher ›weiß‹ es wo das Licht her kommt? Es besitzt eine lange Geißel, die eine Besonderheit aufweist. Sie entspringt in einem Geißelsäckchen, gabelförmig mit zwei Geißelwurzeln. An der Stelle, an der sich die Geißelwurzeln treffen befinden sich lichtempfindliche Photopigmente. Darüber liegt, wie eine hohle Hand, ein so genannter Augenfleck aus lichtundurchlässigen Pigmenten. Je nachdem wie sich nun das Augentierchen dreht, werden die lichtempfindlichen Photopigmente belichtet oder beschattet. Dies ermöglicht ihm Hell und Dunkel zu unterscheiden. Dies wiederum verrät aus welcher Richtung das Licht einfällt. Somit erlaubt diese einfach anmutende Anordnung aus zwei Pigmenten eine bescheidene, aber den Ansprüchen völlig genügende Orientierung zum Licht und verhilft ihm zu einem Platz an der Sonne. Eine Bewegungsreaktion allgemein, die durch äußere Umstände ausgelöst wird, nennt man Taxis. Bewegungen, in Abhängigkeit von einer Lichtquelle nennt man Phototaxis. Euglena bewegt sich positiv phototaktisch dem Licht zu.

»Sollten eines Tages Menschen zum Mars aufbrechen, ist Euglena vielleicht mit an Bord«, stellt Donat-Peter Häder in Aussicht. Die Fähigkeit Sauerstoff zu produzieren und Kohlendioxid aufzunehmen könnte Euglena zum geeigneten Kandidaten für eine biologische Wiederaufbereitung von Atemgasen während eines zwei Jahre dauernden Flugs zum Mars machen. In einem 2007 erfolgreich durchgeführten Experiment, in dem allerdings Fischlarven die Rolle von Astronauten übernehmen mussten, produzierten die Mikroorganismen ausreichend Sauerstoff um ihre Astronauten am Leben zu erhalten und entsorgten sowohl das ausgeatmete Kohlendioxid als auch stickstoffhaltige Abfallprodukte.

Die Fähigkeit sich zu bewegen und die Umgebung zu sondieren, hat sich, von den Bakterien ausgehend, bei den Einzellern weiter entwickelt. Alle Manöver der Amöbe, des Parameciums und von Euglena, sind gesteuerte und koordinierte Bewegungen. Sie erfordern ein komplexes Zusammenspiel von Fähigkeiten. Die Kontraktion des Körpers beim Durchquetschen, der Cilien beziehungsweise Geißelschlag beim Vorwärtsschwimmen und seine Umkehr beim Umkehren, die Orientierung zum Licht und das Zurückweichen vor dem Essig lassen keinen anderen Schluss zu, als dass Pantoffeltierchen und Co sowohl über ein System innerer Messfühler und koordinierender Strukturen verfügen, als auch über Sensoren, welche Eigenschaften der Außenwelt erfassen. Da es sich ja um Einzeller handelt, können es noch keine Nerven ähnlichen Strukturen sein, welche die Steuerungsaufgaben übernehmen, sondern müssen Protoplasmadifferenzierungen sein. Mit ihnen kann man sich, ganz allgemein gesprochen, gezielt zu einer möglichen Nahrungsquelle hin bewegen, oder sich von unzuträglichen Außenfaktoren abwenden.

Diese Bewegungsformen und die zugehörigen Steuerungsvorgänge und Orientierungsleistungen sind äußerst effektiv und für Ihre Zwecke vollkommen. Sie waren in der Evolution so erfolgreich, dass sie sich über 3,2 Milliarden Jahre nahezu unverändert erhalten haben. Selbst beim Menschen finden sich derlei archaische Errungenschaften: Die weißen Blutkörperchen, die Leukocyten, die Gesundheitspolizei des Körpers, bewegen sich wie die Amöben. In Wunden umfließen sie eingedrungene Bakterien und Fremdkörper und fressen sie auf. Als Eiter werden sie dann aus dem Körper entfernt. Mit der Atemluft gelangt auch Feinstaub in unsere Atemwege, der wieder beseitigt werden muss. Diese Aufgabe übernimmt das Flimmerepithel, das die Atemwege auskleidet. Wie bei den Ciliaten schlagen Myriaden von Cilien synchron. Hier allerdings dienen sie nicht der Eigenbewegung, sondern dem koordinierten Transport von Fremdpartikeln nach außen. Ein schönes Beispiel dafür, wie relativ Bewegung sein kann. Spermien schließlich finden durch Chemotaxis und Geißelantrieb zum Ei. High Tech aus der Urzeit.

Gerichtete Bewegung brachte den entscheidenden Selektionsvorteil. Das war sozusagen die Geburtsstunde der Sinnesorgane. Sinnesorgane hier in einem ganz pauschal gebrauchten Sinne, denn bei einzelligen Lebewesen kann man noch nicht von Organen sprechen, weil Organe aus vielen Zellen zusammengesetzte Funktionseinheiten sind. Bei einzelligen Lebewesen und Zellen allgemein, belegt man die intrazellulären Funktionseinheiten, in Analogie, mit dem Begriff Organelle. Der Zellkern, Mitochondrien, Chloroplasten, Wimpern, Geißeln, Vakuolen und Augenflecke sind solche intrazellulären Funktionseinheiten, Organelle.

Die ersten Strukturen zur Prüfung der Außenwelt waren wahrscheinlich in die Zellmembran eingelagerte Proteinmoleküle, ähnlich denen, die man jetzt auch in Membranen antrifft, und die die Aufgabe von Messfühlern übernommen haben, welche durch äußere Einflüsse verändert werden können. Bei der Photosynthese war schon einmal die Rede von Proteinmolekülen, die durch Licht in einen angeregten, das heißt energiereicheren Zustand versetzt werden, und davon, dass diese Anregung für andere Stoffwechselleistungen genutzt wird. In allen Augen übernehmen ebenfalls photosensible Pigmente mit vergleichbaren Eigenschaften die Primärfunktion: Sie werden durch Licht in einen angeregten Zustand versetzt, also folglich verändert. Ganz allgemein gilt: Die äußeren physikalischen oder chemischen Faktoren oder deren Änderungen, die in sensorischen Strukturen Veränderungen auslösen, nennt man Reize. Reize müssen immer eine bestimmte Qualität, zum Beispiel Licht einer bestimmten Wellenlänge, und eine ausreichende Intensität haben. Für die Photopigmente ist Licht der adäquate Reiz. Für die Chemorezeptoren der Paramecien, die den Essig lokalisieren konnten, war die Säure der Reiz. Antworten Organismen auf solche oder ähnliche Reize aus der Umwelt mit bestimmten Reaktionen dann schreiben wir ihnen eine Reizbarkeit zu. Auch sie ist ein Kriterium des Lebens.

Die einzelligen Lebewesen verfügen also schon auf ihrer Entwicklungsstufe über ein Informationssystem mit dem die äußere Welt auf Zuträglichkeit geprüft werden kann, und ihr Zusammenspiel mit dem Bewegungsapparat schafft die Möglichkeit, zukünftigen Herausforderungen erfolgreich begegnen zu können.

Beantwortete Reize sind nichts anderes als Information. Das sich zum Licht hin orientierende Augentierchen zeigt ja, dass es ›weiß‹ wo das Licht ist. Somit sind Sinnesorgane Informationsgewinnungsvorrichtungen: Lebewesen mit Sinnesorganen besitzen folglich zweierlei Informationsbereiche oder Informationsebenen: Erstens, einen langsamen, langfristigen, der auf der genetischer Ebene der DNS – Gedächtnismoleküle basiert, und zweitens, einen kurzfristigen, schnellen, der die Sinneseindrücke zur Orientierung bereitstellt.

Ein dritter und vierter Bereich, die dann auch neue Ebenen repräsentieren und weiterführende Wechselwirkungen mit der Umwelt erlauben, werden noch hinzukommen.

Auf die Frage, was Leben sei, hat der Biologe Maturana folgende Antwort gegeben: *Lebewesen sind Systeme zur Molekülproduktion, den eigenen Molekülplan konstituierend (individueller Bauplan) und einen neuen schaffend (Fortpflanzung, Weitergabe des Lebens). Alles was in ihnen vorgeht ist streng durch die Struktur determiniert und sogar äußere Einwirkungen können nur zuvor schon determinierte strukturelle Veränderungen auslösen.* (vergl. Kapitel 5, Seite 141) Auf die Information von außen kann nur mit einer ganz bestimmten Reaktion geantwortet werden. Diese Reaktion ist in ihrer Ausprägung vorgefertigt. Sie ist ausschließlich durch Mutationen und nachfolgende Selektion entstanden und im Erbgut festgeschrieben, gehört also dem ersten Informationsbereich an. Erst durch das Auftreten solcher und dann weiterentwickelter Informationssysteme gewinnt Umwelt Gestalt und Bedeutung.

Draußen ist drinnen, Argumente für ein neues Verständnis von Umwelt

Kapitel 7

Die Sinne sind ›engstirnig‹ auf die praktischen Belange der Arterhaltung ausgerichtet und sie schneiden aus der Wirklichkeit gerade nur das und gerade nur so viel heraus, wie für die Belange des Individuums wichtig sind, und sie liefern auf diese Weise ein ›schiefes‹ Bild der Realität.

Konrad Lorenz

Vom Mikrokosmos zum Makrokosmos

Den Bakterien und Einzellern kommt im Ökosystem Erde eine bedeutende Rolle zu. Sie haben in vielerlei Hinsicht das Erscheinungsbild der Erde geprägt. Sie haben zum einen die Zusammensetzung sowohl der Atmosphäre, als auch der Geo- und der Biosphäre durch den Vorgang der Photosynthese von Grund auf verändert. Was wir hier und jetzt als Natur sehen, all die makroskopischen Erscheinungen der Pflanzen- und Tierwelt, sind zahlenmäßig wenige, verglichen mit den Myriaden Lebewesen, von denen wir ohne Mikroskop gar nichts wüssten. Sie haben nicht nur im Laufe der Evolution die Atmosphäre verändert, sondern sie decken auch heute noch den größten Teil des globalen Sauerstoffbedarfs und sind der Motor aller Stoffkreisläufe. Alle Ökosysteme hängen von ihrer Existenz ab.

Vor 3,2 Milliarden Jahren etwa begann die Blütezeit der Mikroorganismen und dauerte ungefähr 2,6 Milliarden Jahre, bis ihre alleinige Vorherrschaft vor rund 600 Millionen Jahren allmählich ausklang. Im Sandstein der EdiacaraHügel in Südaustralien fand man relativ große, klar gegliederte Abdrücke von urtümlichen Schwämmen, Polypen, Schirmquallen, Blumentieren und pflanzenähnlichen Wedeltieren, die auf eben dieses Alter von rund 600 Millionen Jahren datiert werden. Das sind Lebewesen, die nicht mehr dem Mikrokosmos der Einzelligen zugerechnet werden können, sondern sind eindeutig vielzellige Lebewesen. Waren die Einzeller noch ›Allroundkünstler‹, das heißt, eine einzige Zelle deckte alle Lebensfunktionen ab, so besteht der Körper der neuen so genannten Ediacara-Fauna bereits aus vielen unterschiedlichen Zelltypen. Die Übergänge sind fließend. Selbst heute noch leben, sozusagen als Zwischenformen erhalten geblieben, sehr einfach gebaute direkte Vorfahren der Vielzeller, die Kugeltierchen. Einzeller haben sich zu kugeligen, im Wasser schwebenden Zellkolonien zusammengeschlossen. Ein ganz besonderes Merkmal dieser Kugeln ist die Differenzierung in unterschiedliche Zelltypen. Auf der Hierarchieebene der Ediacara-Fauna trifft man auf eine noch größere Komplexität, auf noch mehr Arbeitsteilung zwischen Zellen. Zum Beispiel dienen jetzt so genannten Fangzellen ausschließlich dem Nahrungserwerb; die Fresszellen übernehmen von ihnen die Nahrung, verdauen sie, und geben die Nährstoffe an die anderen Zellen weiter. Eine andere Zellart baut selektiv das Skelett auf, und Geschlechtszellen sind ausschließlich für die Vermehrung zuständig.

Die Spezialisierung und Differenzierung ihrer Zellen haben die Vielzeller schließlich weiter entwickelt und bis zur Vollendung im derzeitigen Entwicklungsstand gebracht. Evolution baut auf dem Vorhandenen auf, und so brachte die Aufgabenteilung wieder ungeahnte Entwicklungsmöglichkeiten und breit gefächerte Optionen mit sich. Hierzu zählt die ganz besondere Umgestaltung zu Sinneszellen, die Reize aus der Umwelt aufnehmen. Zusätzlich zu diesen Sinneszellen findet man auch schon Zelltypen, die die Aufgabe von Nervenzellen übernommen haben und sich netzförmig über den Körper verteilen. Die Informationen aus der Außenwelt können nun über viele andere Zellen hinweg, an die Reaktionen ausführenden Strukturen, die Muskelzellen weitergegeben werden.

So ist mit den sensorischen Strukturen bereits die Ausgangsbasis geschaffen für die große Fülle an Möglichkeiten, die außerhalb des eigenen Körpers liegende Welt zu erfahren. Waren die ersten Anfänge noch bescheiden, so eröffneten sie doch den Weg zu allen Sinnesorganen der nachfolgenden Generationen. Mit fortschreitender Entwicklung wurden immer mehr und immer neue Parameter der Außenwelt erfasst. Es sei wieder einmal betont, dass dieser Vorgang nicht von den Eigenschaften der Außenwelt abhing, sondern ausschließlich die inneren Strukturen bestimmten welche Parameter erfassbar wurden. Die Selektion machte sie dann, wenn sie dem Individuum zu einem Lebensvorteil verhalfen, zum Bedürfnis des Individuums.

Die Chemorezeptoren des Paramecium machen schon deutlich: Hätten sie keine Chemorezeptoren, würden die Wesen in unverträglicher Umgebung, zum Beispiel zu saurer, in die sie hineingeraten, höchstwahrscheinlich sterben. Mit Chemorezeptoren und den zugehörigen Ausweichmechanismen überlebten sie. Erst ab jetzt stellen saure Bereiche des Wassers, beziehungsweise nicht saure, Umwelt dar. Sauer oder nicht sauer – ein ganz kleines Fenster in die große umgebende Welt. Aber es genügt den Belangen der Arterhaltung, wie es Konrad Lorenz ausdrückt. Alle Sinnesorgane stellen solche Fenster dar. Wir Menschen sehen im Bereich des sogenannten sichtbaren Lichtes (siehe Seite 194). Andere sehen kein Rot, dafür aber UV, wie etwa die Bienen, oder infrarote Wärmestrahlung, wie manche Schlangen. Elefanten und Wale hören im Infraschallbereich mit sehr langen Wellenlängen, Fledermäuse im Ultraschallbereich – um nur einige wenige Beispiele der Qualität zu nennen. Nicht nur hinsichtlich der Qualitäten unterscheiden sich die Sinnesorgane, sondern auch in ihren Quantitäten, sprich Empfindlichkeiten. Immer wieder geben Leistungen von Tieren Anlass zum Staunen: Katzen oder auch Wüstenfüchse orten ihre Beute an Hand der fast unhörbaren Geräusche, die entstehen, wenn sich diese unter der Erde bewegt. Adäquate Reize für ein Sinnesorgan sind solche, die qualitativ und quantitativ dem Leistungsbereich des Organs entsprechen. Der Schlag aufs Auge ruft auch visuelle Eindrücke hervor, kann aber nicht als adäquat bezeichnet werden.

Die wichtigen Weichen zu der Bahn brechenden Entwicklung der Aufgabenteilung und des Zusammenschlusses spezialisierter Zellen zu Geweben und Organen, begann bei der Entwicklung hin zu den Coelenteraten und verstärkte sich am Übergang zu den Bilateria. Coelenteraten sind rund gebaute Hohltiere, wie Schwämme, Korallen und Nesseltiere, mit einer Radiärsymmetrie. Bei ihnen kann, wie bei den Quallen, nicht zwischen rechts und links unterschieden werden. Unter der Bezeichnung Bilateria werden alle Tiere zusammengefasst, die sehr wohl eine rechte und eine linke Körperseite vorweisen. Auch der Trend hin zu zentralen, Information verarbeitenden Organen setzte recht früh ein.

Lebewesen mit Sinneszellen besitzen zweierlei Informationsbereiche, den ureigenen, langsamen, langfristigen auf genetischer Ebene, und einen zusätzlichen, kurzfristigen, schnellen, der die Sinneseindrücke zur Orientierung bereitstellt und zur Ausführung weiterleitet. Letzteres bedeutet mit Sicherheit einen großen selektiven Vorteil. Die Information kann jedoch noch nicht gespeichert werden. Die Orientierungsleistung des Pantoffeltierchens, Versuch und Irrtum, mag für einzellige Lebewesen genügen. Licht ist für Euglena ein Reiz, der die Phototaxis, das genetisch festgelegte Verhalten auslöst. Sie bedarf noch keiner weiteren Verarbeitung.

Sobald aber die Arbeitsteilung und Spezialisierung der Zellen auch Nervenzellen hervor gebracht hatte, war der Entwicklungsschub hin zur neuronalen Steuerung eingeleitet. Neurone stellen den Kontakt zwischen Sinneszellen und ausführenden Organen, zum Beispiel Muskeln, her. Rezeptoren und Effektoren können von nun an räumlich weit getrennt von einander sein.

Neurone können nicht nur Rezeptoren und Effektoren miteinander verbinden, sondern auch untereinander Kontakte herstellen. Sie schaffen neuronale Netzwerke, eine überaus erstaunliche Leistung der Selbstorganisation des Lebens. Einfache Schaltkreise ermöglichen Reflexe. Durch vernetzte und rückkoppelnde Schaltkreise lassen sich Gedächtniseffekte aufbauen: Sie können lernen.

Mit lernfähigen neuronalen Strukturen, mit einem auch noch so kleinen und einfach gebauten Gehirn, sind seine Träger nicht mehr auf die genetische Ebene angewiesen, um Information zu speichern, die der Orientierung im Raum dient. Das besorgen jetzt Ganglien oder Gehirne wesentlich rascher. Das heißt nicht,

dass die DNS - Gedächtnismoleküle ausgedient hätten. Ganz im Gegenteil. Die werden nach wie vor zur Molekülproduktion gebraucht. So ausgestattete Lebewesen verfügen nun über vier Bereiche der Information, die sie für das Leben rüsten:
1. Die genetischen Informationen, die den gesamten Bauplan und die Molekülproduktion festlegen.
2. Die primären, kurzfristigen Orientierungsinformationen, die es ermöglichen in Raum und Zeit zurechtzukommen.
3. Die sekundären, langfristig gespeicherten, auf Abruf bereitstehenden Orientierungsinformationen, die dem Wiedererkennen dienen.
4. Die langfristig gespeicherten Informationen der Tradition, die das Verhalten bestimmen.

Raum und Zeit, Parameter der Umwelt

Wie Informationen auf der genetischen Ebene von draußen nach drinnen gelangen, ist in Kapitel 6 ausführlich besprochen. Die primären Orientierungsinformationen benötigt jedes Lebewesen zur Steuerung seiner Bewegungen. Wie wichtig solche Informationen sind, sagt uns der Schmerz am Schienbein, wenn wir den Stuhl übersehen haben. Hätten wir ihn gesehen, wären wir daran vorbeigegangen. Die Situation ist so banal und einfach wie alltäglich. Niemand verschwendet einen Gedanken daran, wie viele und welche Teilvorgänge, Einzelschritte ablaufen müssen, damit eine so selbstverständliche Leistung zustande kommt. Es sind auf alle Fälle viele. Alle Schritte zusammen nennt man in der Sinnesphysiologie, dem Teilgebiet der Biologie, das sich mit den Sinnesleistungen beschäftigt: Die Reiz - Erregungskette:

Als erstes benötigen wir in unserem Falle Licht. Der Stolperstuhl reflektiert es – in alle beliebigen Richtungen. Ein ganz geringer Teil dieser Lichtstrahlen gelangt zu unseren Augen; (siehe Abbildung 9, Seite 184) Im so genannten dioptrischen Apparat – Hornhaut und Linse – werden die Lichtstrahlen gebündelt und so auf die Netzhaut, gleich Retina gelenkt, dass sie dort ein scharfes Bild liefern. Die meisten Menschen glauben, dass in unseren Augen ein genaues Abbild der Umgebung entsteht. Sicherlich war es im Laufe der Evolution ein Vorteil, das, was wir sehen, für die Realität zu halten. Nicht nur in der Evolution, auch heute noch, im praktischen Leben gilt: So wie ich es sehe, so ist es!
Ist es tatsächlich so?

Keineswegs! Das Abbild auf der Retina ist winzig, zweidimensional und steht zudem Kopf. Die Feststellung, das Schöne liege im Auge des Betrachters ist zwar sehr poetisch, aber dennoch falsch. Wir sehen nicht mit den Augen. Die Augen sind nur ein Teil eines Systems, des visuellen Systems. Vom Bild auf der Netzhaut gelangen die Lichtstrahlen zu den Sinneszellen, den Photorezeptoren. Davon besitzen wir zwei Typen, die Stäbchen und die Zapfen, die sich in ihrem Bau und ihrer Funktion unterscheiden. In ihnen sind die photosensiblen Pigmente angeordnet, die man auch, ihrer Farbe wegen, Sehpurpur nennt. Die Stäbchen dienen dem Hell - Dunkelsehen, vergleichbar dem veralteten Schwarz - Weiß - Fernsehen, die Zapfen ermöglichen das Farbensehen. Stäbchen und Zapfen nehmen auch unterschiedliche Plätze in der Netzhaut ein. Stäbchen finden sich überwiegend in der Peripherie, die Zapfen stehen vorwiegend im Gelben Fleck. Er ist die Stelle des schärfsten Sehens. Hier finden sich beim Menschen rund 160 000 Sehzellen pro Quadratmillimeter. Das ist noch nicht mal viel: Bei Vögeln sind es bis zu einer Million. Wir richten unsere Augen immer so aus, dass der Gegenstand, den wir genau sehen wollen im Gelben Fleck abgebildet wird. Er heißt deshalb auch Fixierpunkt.

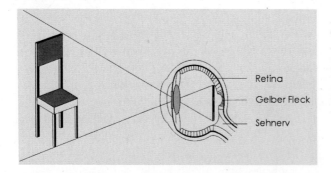

Abbildung 9
Objekte können nur als winzige, zweidimensionale, Kopf stehende Projektionen auf der Retina im Auge abgebildet werden.

Das Bild auf der Retina wird durch die Funktion der Sinneszellen aufgelöst und annäherungsweise in so viele Bildpunkte zerlegt, als Sinneszellen vom Bild überdeckt werden. Die primäre Wirkung der adäquaten Lichtreize geschieht in den Sinneszellen am Sehpurpur. Unter der Einwirkung von Lichtquanten – es genügen schon ganz wenige, etwa 2 bis 5 – ändert der Sehpurpur seine Struktur. Information löst im Empfänger eine Veränderung aus, er bleicht kurzfristig aus. Dadurch wird das eingefallene Licht zur Information. Von »sehen« kann jedoch noch nicht die Rede sein. Aus dieser Änderung geht die Erregung in Form einer

Folge von neuronalen Aktionspotentialen hervor. Ganz allgemein gesprochen wird die Lichtinformation in der Retina in elektrische Signalsequenzen, so genannte Aktionspotentiale umgewandelt, oder besser gesagt, umkodiert, digitalisiert. Von dort aus nehmen die, die Information transportierenden Signalsequenzen, ihren Weg über neuronale Bahnen zu den Verarbeitungszentren im Gehirn. Nicht nur das visuelle System, sondern auch alle anderen sensorischen Systeme sind ähnlich aufgebaut. Abbildung 10 a, Seite 186 gibt einen schematischen Überblick. Jede Ebene der sensorischen Hierarchie, angefangen bei den Sinnesorganen, schickt ihre Signale an die nachgeschaltete. Dort wird eine gewisse Anzahl von Signal verarbeitenden Schritten durchgeführt, bevor die Signale an die nächste Hierarchieebene weitergegeben werden. Die Ergebnisse einer Ebene können auch kopiert und parallel weitergeleitet werden. Dann werden sie auch parallel verarbeitet. Wozu? Die eine Kopie kann beispielsweise unser Verhalten beeinflussen, ohne dass wir uns dessen bewusst werden. Sie bleibt also im Unterbewusstsein. Die andere hingegen kann unser Verhalten bewusst beeinflussen.

In Abbildung 10 b, Seite 186 sind die Areale der Großhirnrinde dargestellt, die das visuelle System repräsentieren. Die Information im visuellen System fließt von der Retina über Zwischenstufen sowohl zum Thalamus als auch zum Gyrus temporalis inferior, der ganz entscheidend zur Objekterkennung beiträgt. Vom Thalamus und Gyrus aus gelangt die Information zunächst zum primären, dann zum sekundären visuellen Cortex um letztendlich in den Assoziationscortex zu gelangen. Er stellt schließlich die räumliche Information über ein Objekt bereit, das zum Beispiel ergriffen werden soll.

Ich habe ganz bewusst Beispiele aus dem visuellen System gewählt. Es steht uns sozusagen emotional am nächsten. Mit den anderen unserer fünf Sinne verhält es sich selbstverständlich ähnlich. Wir riechen nicht mit der Nase, wir hören nicht mit den Ohren und wir fühlen nicht mit den Händen und so weiter! Die Sinnesorgane sind ausschließlich ›Messinstrumente‹, die physikalische Faktoren, oder deren Änderungen, aus der Welt um uns herum messen. Dabei können sie nur solche physikalischen Parameter oder deren Änderungen messen, die in Ihrem ›spezifischen Messbereich‹ liegen. Alle anderen werden schlicht ignoriert. Sie können nicht wahrgenommen werden. Wir sollten aber all die anderen Messfühler unserer Innenwelt nicht vergessen, die ebenfalls zur Interpretation der Außeninformation herangezogen werden. Sie messen, um nur einige zu nennen, zum Beispiel die Stellung unserer Augen, den Dreh- beziehungsweise Kippwinkel unsers Kopfes oder die Zeitverzögerung des ankommenden Schalls an den Ohren. Alle diese Messwerte werden unterhalb der Bewusstseinsgrenze im Unbewussten sowohl gemessen als auch verarbeitet.

Darüber hinaus überwachen eine ganze Reihe von ›Messfühlern‹ alle sonstigen internen Funktionen. Denken wir nur an die Regulierung des Blutdruckes, des Sauerstoffbedarfs, der Herzfrequenz, des Gleichgewichts, der Muskelspannung und vieler anderer. Man könnte die Reihe noch beliebig lang fortsetzen. Andere interne Funktionen oder Zustände, die unser Verhalten beeinflussen, werden auch ins Bewusstsein gehoben. Zu ihnen muss man den Hunger und Durst, die Angst, die Neugier und die Freude oder Trauer zählen. Spitzer hat in seinem Buch errechnet, dass nur jedes zehn millionste Neuron unseres Gehirns über Sinnesorgane mit der Außenwelt verbunden ist. Das entspricht gerade mal 0,000001 Prozent. Alle anderen Neurone sind unter sich verbunden und mit Verarbeitungsaufgaben beschäftigt. Die Summe der Eigenprozesse und deren Steuerung überwiegt alles andere.

Unter Verarbeitung versteht man die Wechselwirkungen, die zwischen den vielen Zentren ablaufen. Sie werden durch drei Grundprinzipien charakterisiert: Hierarchische Organisation, Unterteilung in funktionelle Einheiten und parallele Verarbeitung.

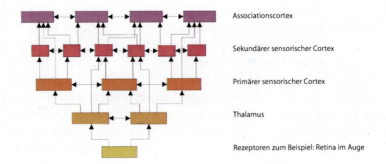

Abbildung 10a
Derzeit gültiges Modell sensorischer Systeme. Informationen von Sinnesorganen werden aufsteigend, aber auch parallel und funktionell untergliedert, verarbeitet. Nach Biopsychologie, John P.J. Pinel

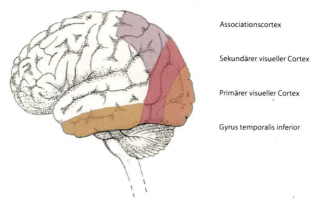

Abbildung 10b

Gehirn mit vier markierten Gehirnarealen des visuellen Systems, wobei die Markierungen mit dem Modell der sensorischen Systeme 10 a korrespondieren.
Die Information im visuellen System fließt vom Auge über zwei nicht näher angegebene Zwischenstufen sowohl zu dem hier sichtbaren Gyrus temporalis inferior, als auch zum dahinter liegenden, von außen nicht sichtbaren Thalamus. Von hier gelangt sie zum primären visuellen Cortex, weiter zum sekundären visuellen Cortex und schließlich zum Assoziationscortex.
Die markierten Gebiete sind nicht flächig zu verstehen. Ihre räumliche Ausdehnung in die Tiefe ist anders und komplexer.

Vorgefertigte Umwelt

Wenn wir den Stuhl betrachten, leiten die Bahnen nicht ein Bild des Stuhls vom Auge bis ins Gehirn, sondern nur Schlüsselinformationen. Nur wenige Eigenschaften der äußeren Welt sind darin enthalten. Das sind: Information über die Lagebeziehungen der Bildteile des Stolperstuhles zueinander und zu seinem Hintergrund, seine Helligkeitskontraste, seine Farbkontraste und die daraus resultierenden Konturen. Man hat in vielerlei Versuchen herausgefunden, dass es für die Weiterverarbeitung durchaus wichtig ist, wie lange oder wie kurz Konturen sind und in welchem Winkel sie zueinander stehen. Nebeneinander liegende Strukturen eines betrachteten Objektes werden auch als Schlüsselinformationen in nebeneinander liegenden Bahnen weitergeleitet und in nebeneinander liegenden Gehirnzellen verarbeitet. Neurophysiologen sprechen hierbei von neuronaler Repräsentation. Man weiß recht gut darüber Bescheid. Bestimmte verarbeitende Neurone sind zum Beispiel nur für Ecken, oder nur für Kanten oder nur für Farben zuständig. Andere wieder antworten ausschließlich auf Bewegung. Derlei Teilinformationen stammen, wie wir oben schon erwähnt haben, aus einem winzigen, Kopf stehenden, zweidimensionalen Bild auf der Retina und dürften wohl kaum geeignet sein, ein dreidimensionales Raumerlebnis zu erzeugen. Dazu bedarf es mehr, nämlich zusätzlicher Informationen! Woher stammt diese zusätzliche Information?

Die Gehirnforschung hat gezeigt, dass es im Gehirn nicht nur spezielle Neurone für Ecken und Kanten gibt, sondern auch für gelernte Sachverhalte wie Kategorien oder Regeln, die durch relevante Merkmale repräsentiert sind. *»Kategorien sind Kombinationen von Merkmalsausprägungen, die es erlauben, eine Sache eindeutig einer Klasse von Sachen zuzuordnen«* schreibt Spitzer in seinem Buch »Lernen«. Erst durch das Zusammenarbeiten aller funktionellen Einheiten des visuellen Systems vermittelt uns das Gehirn die Wahrnehmung des Sehens, das für unser Alltagsleben von so überragender Bedeutung ist.

»Die Forscher können heute die Aktivität einer einzelnen Nervenzelle oder einer Gruppe von Neuronen direkt aufzeichnen und diese Aktivität mit Aspekten eines bestimmten Bewusstseinszustandes in Verbindung bringen, zum Beispiel mit der Wahrnehmung der Farbe Rot oder der einer gekrümmten Linie« schreibt Antonio R. Damaso in der Zeitschrift Spektrum der Wissenschaft, Rätsel Gehirn. Das Gebiet der Hirnforschung hat rasante Fortschritte gemacht, und dennoch schränkt er ein: *»Wir beginnen gerade erst die Tatsache zu erfassen, dass die Wechselwirkung zwischen vielen nicht benachbarten Hirnregionen offenbar hochkomplexe Zustände ergibt, die weit mehr sind als die Summe ihrer Teile«.*

Auf Information aus der Umwelt wird mit bereits gespeicherter Information über die Umwelt reagiert. Die meisten Menschen assoziieren ihr Nervensystem mit einem gigantischen Netzwerk aus Schaltkreisen und komplizierten, unüberschaubaren ›Verdrahtungen‹. Verdrahtungen jedoch sind starr. So ein Vergleich wird keinem Gehirn gerecht. Einmal abgesehen von seiner genetisch festgelegten Größe und Struktur, ist das Gehirn kein statisches Netzwerk, sondern ein dynamisches.

»Früher nahm man an, schreibt Spitzer, *dass sich das Gehirn des Menschen ab dem Zeitpunkt der Geburt kaum noch veränderte. Gewiss, der Kopf und sein Inhalt, im Wesentlichen das Gehirn, wachsen nach der Geburt noch auf etwa die doppelte Größe heran. Die Nervenzellen selbst jedoch sind nach der Geburt bereits praktisch in voller Zahl vorhanden. Bis vor etwa 20 Jahren ging man daher davon aus, dass es sich beim Gehirn um ein relativ statisches Organ handelt. Man wusste jedoch zu diesem Zeitpunkt ebenso wenig, wie das Gehirn eigentlich funktioniert. Hieran hat sich gerade in dem vergangenen Jahrzehnt, das nicht umsonst das Jahrzehnt des Gehirns genannt wird, einiges geändert (die*

90er Jahre sind gemeint- Anmerkung des Autors). *Das Gehirn ist nicht statisch, sondern vielmehr äußerst plastisch, d.h. es passt sich den Bedingungen und Gegebenheiten der Umgebung zeitlebens an. Es ist wie wir heute wissen, die Lebenserfahrung eines jeden Menschen, die sein Gehirn zu etwas Einzigartigem macht«*

Infolge der Wechselwirkungen zwischen seinem artspezifischen genetischen Programm und den Informationen aus der Umwelt verändert sich das Gehirn ständig. Die treibende Kraft hierfür sind die Informationen von außen, weshalb ihnen eine nicht zu unterschätzende Bedeutung zukommt.

Kaum sind wir auf der Welt, so überschwemmt eine Flut von Sinneseindrücken das Neugeborene. »Was geht im Kopf eines Säuglings vor?« »Können Menschen denken, bevor sie sprechen können?« Solchen Fragen geht Sabina Pauen, Professorin für Entwicklungspsychologie an der Universität Heidelberg, nach. Lange Zeit hat man angenommen, dass Kinder in den ersten Lebensmonaten wenig anfangen mit den auf sie einstürmenden Sinneseindrücken. Dem ist aber nicht so. Man weiß heute, dass bereits Neugeborene Gesprochenes in ihrem Gehirn verarbeiten. Untersuchungen an Säuglingen und Kleinkindern haben gezeigt, dass sie, kaum auf der Welt, schon lernen die Eigenschaften von Dingen zu vergleichen und etwa ab dem siebten Lebensmonat in Kategorien einzuteilen. *»Das ist auch dringend notwendig, denn die Fülle der Eindrücke, die ständig aus der Umgebung auf den Nachwuchs einwirken, droht das junge Gehirn zu überfordern«* schreibt Prof. Pauen in ihrem Artikel »Denken vor dem Sprechen«.

Neurobiologen bezeichnen die Anpassungsvorgänge im Zentralnervensystem eines Organismus, ganz allgemein als Neuroplastizität. Später im Leben kann jeder diese »Knete« durch aktives Lernen, durch Aussuchen der Interessen weitgehend selbst formen und gestalten.

Lernen

Eine beachtliche Fülle an wissenschaftlichen Erkenntnissen über das Lernen verdanken wir einem Tier, das den poetischen Namen Aplysia trägt. Aplysia ist eine Meeresschnecke mit ganz speziellen Eigenschaften. Als Vertreter der Weichtiere, zu denen sowohl Meeres- als auch Landschnecken, Muscheln und Austern und die Tintenfische gehören, besitzt sie auch ein kleines Gehirn. Die Besonderheit und einmalige Chance für die Wissenschaft liegt darin, dass dieses

Zentralnervensystem nur aus rund 20.000 Zellen besteht, wovon nur an die 100 lernen können. Eine weitere Spezialität liegt in der Größe dieser Zellen: Sie erreichen einen Durchmesser von bis zu einem Millimeter, sind also mit bloßem Auge zu sehen und mit Abstand die größten im ganzen Tierreich. Außerdem lassen sie sich gut in Zellkulturen halten, so dass sich an einer Zelle ohne Schwierigkeiten auch über eine Dauer von mehreren Tagen Experimente und Messungen durchführen lassen (Kandel). Die folgende kurze Zusammenfassung der Ergebnisse kann unmöglich den Umfang und den nötigen Aufwand der Experimente wieder spiegeln, wohl aber deren Bedeutung.

Die Speicherung von Information ist auf molekulare Veränderungen in den, mit Lernen befassten Gehirnzellen zurückzuführen, sowohl beim kurzfristigen Arbeitsgedächtnis als auch beim Langzeitgedächtnis. Beim Kurzzeitgedächtnis werden schon bestehende Kontaktstellen zwischen den Nervenzellen – die Synapsen – durch Proteine modifiziert; das heißt, nur als Beispiel, ihre Aktivität kann gehemmt oder gefördert werden.

Damit Informationen längerfristig gespeichert und dem Langzeitgedächtnis zugeschrieben werden können, müssen neue Synapsen, neue »Verschaltungen« entstehen. Lernen besteht somit einmal in der Modifikation bestehender Synapsen, man könnte es Tuning nennen, und in der Bildung neuer Synapsen, man könnte es Vernetzen nennen. Die Proteine, die für beide Prozesse notwendig sind, erfordern immer den Einsatz der Gene. Ohne deren Arbeit geht es nicht, denn die Gene sind für die Produktion von Proteinen verantwortlich. Reize aus der Außenwelt lösen in den sensorischen Systemen ganze Kaskaden von Erregungen aus und führen mit Hilfe der Gene zu strukturellen Veränderungen im Gehirn. *»Am wichtigsten ist die Tatsache, dass die Untersuchung des Langzeitgedächtnisses uns den ausgedehnten ›Dialog‹ verdeutlicht hat, der zwischen der Synapse und dem Zellkern geführt wird«* schreibt Kandel und er fügt sinngemäß noch an: *»Die Komplexität des Gedächtnisses ist gewaltig. Wir haben gerade erst mit seiner Erforschung begonnen!«* Alle Lernleistungen und damit letztendlich unser Verhalten hängen auch von der Leistung der Gene ab, und somit von der, in der Evolution historisch erworbenen Information, die wir in uns tragen. *»Ein Nicht-Biologe sieht in der Funktion von Genen in der Regel nur die Übertragung des Erbgutes, und ›genetisch bedingt‹ heißt dann ›unveränderlich gegenüber Umwelteinflüssen‹. Dies ist aber nur die eine Funktion der Gene; die andere besteht in der Regulierung praktisch aller Prozesse, die über sehr kurzfristige physiologische Effekte hinausgehen«*, schreibt Prof. Gerhard Roth (im Vorwort zu Kandel).

Können Untersuchungen an Labortieren im Allgemeinen und hier an einer Meeresschnecke im Speziellen, etwas über die menschliche Gehirnfunktion aussagen? So häufig diese Frage gestellt wird, so häufig wird auch bezweifelt, dass dies möglich sei. Die hier kurz umrissenen biochemischen Mechanismen des Lernens bei Aplysia können durchaus verallgemeinert werden. Folgende Gründe sprechen dafür: Zwar unterscheiden sich der Mensch und die Meeresschnecke und eine Labormaus rein äußerlich ganz erheblich. Gehen wir aber ein klein wenig ins Detail, so werden Gemeinsamkeiten sichtbar. Die Körper von Mensch, Maus und Schnecke werden in ganz ähnlicher Weise von Organen aufgebaut. Sie besitzen Verdauungsorgane, Atmungsorgane, ein Herz und einen Kreislauf, Muskulatur und ein Zentralnervensystem. Gehen wir noch weiter in die Tiefe, so stellen wir fest, dass alle Organe aus Zellen aufgebaut sind. Hier wird die Ähnlichkeit am größten. Nervenzellen einer Schnecke unterscheiden sich kaum in ihrem Bau und ihrer Funktion von denen einer Maus oder eines Menschen. Somit haben sich die Mechanismen des Lernens im Laufe der Evolution von den Vorfahren der Wirbellosen bis zu den Wirbeltieren erhalten und weiterentwickelt. Viele weitere Forschungsergebnisse, auch bei Säugetieren, stützen diese Annahme.

Reduktion und das Bild der äußeren Welt

In einem Weiterbildungsseminar für Lehrer des Integrations- und Orientierungsunterrichts sollten die Teilnehmer Bildmaterial für den Unterricht bewerten und in zwei Kategorien, eine positive oder eine negative, einteilen – eine beliebte, weil anregende und weiterführende Unterrichtsmethode. Eines der Bilder zeigte eine Person, an deren Kopf zur Ableitung der Gehirnströme, des sogenannten EEG's, viele Elektroden befestigt waren. Der Gesichtsausdruck der abgebildeten Person war nicht leidend, oder gestresst, sondern vielmehr gelassen, zwar auf die Erfordernisse konzentriert, aber doch locker. Mit anderen Worten, die Person auf dem Bild selbst vermittelte keinen negativen, sondern einen positiven Eindruck. Trotzdem ordneten alle Teilnehmerinnen und Teilnehmer, bis auf einen, das Bild der negativen Kategorie zu. Warum wohl? Der Situation wegen. Die Begründungen liefen auf zwei Argumente hinaus. Zum einen wurde das Bild mit aufwendiger, technischer Diagnosestellung assoziiert, also mit Krankheit, und das ist immer etwas Negatives. Zum anderen betonten einige Teilnehmer, das Bild erinnere sie an die Bestrebungen, alle geistigen Fähigkeiten mit biologis-chphysikalischen Vorgängen erklären zu wollen. Das lehnten sie ab.

Eine solche Einstellung ist weit verbreitet. Menschen haben verschiedene Zugänge zur Welt. Nicht alle sind von den Naturwissenschaften beeindruckt und wischen deren Erklärungen mit der Bemerkung beiseite, Wissenschaftler hätten schon viel behauptet, was sich später als nicht haltbar erwiesen habe. Ein wenig überzeugendes Argument! Andere lehnen zwar physikalische Erklärungen nicht grundsätzlich ab, meinen aber, dass der physikalischen Beschreibung der Welt keine absolute Sonderstellung zukomme. Die Ablehnung des Bildes beruhte somit auf einem vage empfundenen, nicht näher formulierten Verlust. Viele Menschen fühlen sich und ihre Vorstellungen von der Welt durch die wachsende Menge an Erkenntnisse die die Naturwissenschaften zur Verfügung stellen, entwertet oder gar entzaubert. Zur Blütezeit der Mechanik, im 16 und 17. Jahrhundert, glaubten Naturwissenschaftler und Philosophen, dass alle Systeme durch ihre Einzelteile vollständig bestimmt seien, mit Ausnahme des Menschen! René Descartes hielt Tiere noch für Automaten, deren Funktionsweise sich auf die Funktion ihrer Einzelteile zurückführen ließe. Der Reduktionismus war geboren.

Der Reduktionismus ist eine philosophische und wissenschaftstheoretische Auffassung. Nach ihr könne man ein System erklären, sobald man die Funktion aller seiner kleinsten Einzelkomponenten kenne. Unglücklicherweise versuchte man, und tut das leider immer noch, diese Auffassung auch auf lebende Organismen zu übertragen. Dagegen liefen schon vor mehr als hundert Jahren Biologen Sturm.

Die Methode des neurobiologischen Reduktionismus, die Einzelelemente ohne ihre Verflechtungen isoliert betrachtet und analysiert, ist etwas ganz anderes. Man sollte nicht Reduktion mit Analyse verwechseln. Nicht nur die isolierten Eigenschaften der Komponenten eines lebenden Systems sind wichtig, sondern auch die Kenntnis von der Art und Weise der Wechselwirkungen dieser Komponenten. Letzteres hatten die Reduktionisten schlicht übersehen. Leider blieb dieser Fehler erhalten und hat sich zuweilen ganz hartnäckig eingenistet. Wie der Name der Methode eben sagt, man fühlt sich auf Einzelteile reduziert, und das bereitet Unbehagen. Allein schon das Wort ›Reduktion‹ wird meist, allerdings auch zu Unrecht, negativ verstanden als Verringerung, als Herabsetzung, als Vereinfachung von etwas Kompliziertem, als Verlust von Quantität oder gar Qualität. Dass Reduktion ganz neutral wortwörtlich ›zurückführen‹ heißt, wird in aller Regel übersehen. Wir trennen und zerlegen und unterscheiden, um mit unserem Verständnis bis in die kleinsten Einzelheiten vorzudringen, vergessen jedoch gelegentlich, alles wieder zusammenzufügen und das Wirken des Gesamten zu verstehen.

Alle geistigen und psychischen Zustände oder Leistungen unseres Gehirns, wie etwa Aufmerksamkeit, Lernen, Fühlen, Sprechen, Erkennen usw. unterliegen eindeutig physiologischen Bedingungen. Damit wir etwas bewusst erleben können, müssen bestimmte funktionale Zustände herrschen. Zwischen der Intensität geistiger ›Arbeit‹ und körperlichen Funktionen, wie der Aktivität von Nerven und Sinneszellen, des Sauerstoff- und des Energieverbrauchs besteht ein eindeutiger, messbarer Zusammenhang. »*Dies alles zeigt,* schreibt. G. Roth, *dass das Geistig-Psychische die Grenzen der Naturgesetze nicht überschreitet, sondern sich innerhalb dieser Gesetze vollzieht*« und fragt weiter: »*Muss dieser physikalische Standpunkt notwendigerweise reduktionistisch sein? ... Die Antwort muss lauten: Nein! ... Nervenzellen und ihre Membranen denken, fühlen, hoffen und wollen nicht – dies kann nur der Gesamtorganismus; aber diese mentalpsychischen Zustände beruhen allesamt auf der Aktivität und Veränderung zellulär-molekularer Strukturen und Prozesse.*«

Soweit so gut! Um das Gehirn verstehen zu wollen, muss methodisch zunächst reduziert werden. Dabei bleibt es jedoch nicht. Was kommt nach der Reduktion?
    Erst durch das Zusammenarbeiten aller funktionellen Einheiten des visuellen Systems vermittelt uns das Gehirn die Wahrnehmung des Sehens, das für unser Alltagsleben von so überragender Bedeutung ist. Bei der Analyse komplexer Vorgänge im Gehirn stoßen wir letztendlich **nicht** auf ›Einzelteile‹, sondern auf › funktionelle Einheiten‹, sie führen Funktionen, Schritte aus. Das ist etwas grundlegend Verschiedenes. Ein Schritt ist ein Vorgang. Da es sich immer um erzeugende, konstruktive Vorgänge handelt, bringt uns die Methode des neurobiologischen Reduktionismus auf einen weiterführenden Weg. Das Zusammenarbeiten aller funktionellen Einheiten ist das Entscheidende! (Spitzer)
    Diesen weiterführenden Weg verdeutlicht folgendes Beispiel: Aus der Fülle des elektromagnetischen Wellenspektrums schneiden unsere Augen einen winzigen Teil aus, den wir das für den Menschen sichtbare Spektrum, das Licht, nennen. Soweit sind die Gegebenheiten schon auf Seite 156 ff kurz angesprochen. Eine Besonderheit blieb dabei jedoch unerwähnt. Sie gewinnt hier eine besondere Bedeutung: An beiden Seiten des sichtbaren Spektrums, jenseits von violett (ab einer Wellenlänge ca. 400 nm und kürzer) und jenseits von rot (ab einer Wellenlänge von ca. 700 nm und länger) erlischt das Sehvermögen. Wir

sehen weder Helligkeit noch Farben, sondern nur schwarz. Und wo ist das Weiß, bitte? Im physikalischen elektromagnetischen Wellenspektrum gibt es weder einen Wellenlängenbereich für die Farbe weiß noch für schwarz. (Siehe Abbildung 11, Seite 194) Ich sehe doch weiß und schwarz, werden Sie sofort einwenden. Selbstverständlich! Aber warum?

Reflektiert ein Gegenstand keine der ›sichtbaren‹ Wellenlängen, so erhält unser visuelles System keine Information aus der Außenwelt und vermittelt uns als Ersatz, die Wahrnehmung schwarz. Reflektiert ein Gegenstand jedoch alles Licht der sichtbaren Wellenlängen in etwa gleichen Teilen, dann hat das visuelle System wieder ein Problem: Wir ›sehen‹ alle Farben auf einmal – welche soll es melden? Mischen Sie zum Beispiel alle Farben Ihres Malkastens aus der Schulzeit zusammen, so erhalten sie ein schmutziges Schwarz. Mischt man dagegen die reflektierten Wellenlängen so sehen wir paradoxer Weise weiß. Das heißt nichts anderes, als dass das visuelle System aus der Mischung eine Empfindung errechnet, oder besser konstruiert, die keiner eindeutigen physikalischen Größe zuzurechnen ist. Die Empfindung weiß ist ein Kunstprodukt des Gehirns. Ebenso die Empfindung schwarz. Das Gehirn hat etwas erfunden, was wir gar nicht mit den Augen sehen, aber dennoch wahrnehmen, obwohl es so in der äußeren physikalischen Welt nicht existiert.

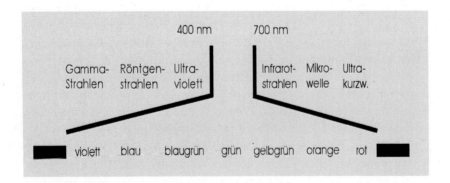

Abbildung 11
Aus dem gesamten elektromagnetischen Wellenspektrum – hier nur von den Gammastrahlen bis zu der Ultrakurzwelle angegeben – schneiden unsere Augen einen winzigen Teil aus, den wir das für den Menschen sichtbare Licht nennen. Es reicht von violett mit etwa 400 bis rot mit etwa 700 Nanometern Wellenlänge. Jenseits des angegebenen Bereichs sehen wir nur schwarz.

»*Der Begriff Wahrnehmung bezieht sich auf Prozesse der Integration, des Wiedererkennens und der Interpretation komplexer Empfindungsmuster*« schreibt John P. Pinel hierzu im Buch Biopsychologie. Er verwendet drei Begriffe, die von ganz großem Interesse sind: Integration, Wiedererkennen und Interpretation; alles sehr vielschichtige Begriffe mit vielen Anwendungsbereichen und dem entsprechend unterschiedlichen Definitionen. Auf einen Nenner gebracht, ergeben sie:

Integration ist das Zusammenführen von ›Neuem‹ mit ›schon Vorhandenem‹ zu einem sinnvollen Ganzen.

Wiedererkennen basiert auf dem Vergleichen von ›Neuem‹ mit ›schon Vorhandenem‹.

Interpretation heißt ›Neues‹ nach ›schon vorhandenen‹ Maßstäben zu erklären und zu bewerten.

Daraus folgt zwangsläufig, dass die Wahrnehmung eine Leistung unseres Gehirns ist, die auf zwei Komplexe von Information aufbauen muss.

Der erste ist der Prozess Information aus der Außenwelt zu gewinnen. Das entspricht dem oben genannten ›Neuen‹.

Das ›schon Vorhandene‹ stellt den zweiten Komplex dar. Er umfasst, zunächst ganz allgemein gesprochen, Gedächtnisinhalte. Es gibt auf dieser Informationsebene nur selbst erfahrene Gedächtnisinhalte, keine anderen. Das wiederum bedeutet, dass auf erlernte und gespeicherte Informationen zurückgegriffen wird. Im Prinzip geschieht folgendes: Das Bild auf der Netzhaut wird zerlegt, umkodiert, die Teile in gelernte Kategorien geordnet, mit erlernten Informationen verbunden, wieder zusammengesetzt und nach außen projiziert.

Hier treffen und ergänzen sich die Erkenntnisse über die Orientierungsinformation mit denen über die ökologische Nische. Eine Nische ist kein statischer, sondern ein funktioneller Begriff. Die Wechselwirkungen zwischen den körperlichen Eigenschaften und den Verhaltensweisen einer Art einerseits und den Umweltfaktoren andererseits sind das wesentliche Kriterium: Die Eigenschaften der Art bestimmen die Nische. Nicht umgekehrt! Somit ist sie eine von innen nach außen gerichtete Projektion der Bedürfnisse einer Art. Orientierungsleistungen sind, ganz ähnlich, eine nach außen projizierte Synthese, bestehend aus den Informationen von den Sinnesorganen, die mit Erfahrungsinhalten verarbeitet wurden. Auch auf dieser Ebene gilt wie oben: Auf Information aus der Umwelt, wird mit bereits gespeicherter Information über die Umwelt reagiert.

Zur Erläuterung von Erfahrungsinhalten seien die klassischen Beispiele der Gestaltwahrnehmung, der Größenkonstanz und der Ortskonstanz angesprochen. Bevor der Stolperstuhl erkannt werden kann, muss er von seiner Umgebung unterschieden werden. Er hebt sich von ihr durch ganz bestimmte strukturelle Merkmale ab, eben die eines Stuhles oder Hockers, die nicht in der Umgebung vorhanden sind - Fläche mit vier Beinen, egal aus welchem Blickwinkel heraus. Hat das Gehirn einmal die Grundgestalt durch Abstraktion erlernt, werden wir immer und überall jedwede Form eines Stuhles als solche erkennen, unabhängig vom Blickwinkel.

Die Größenkonstanz lässt uns Objekte, auch wenn sie unterschiedlich weit entfernt sind, gleichwertig erscheinen. Betrachten Sie die Gondeln eines Riesenrades. Die Gondel in die Sie einsteigen wird groß, die am oberen Scheitelpunkt hingegen klein auf der Netzhaut abgebildet. Trotzdem nehmen Sie die Gondeln mit etwa konstanter Größe wahr. Von Jakob von Uexküll stammt ein anderes überzeugendes Beispiel: Ergreifen Sie mit ausgestrecktem Arm eine Tasse und führen sie zum Mund. Die Tasse am ausgestreckten Arm wird klein in ihrem Auge abgebildet, die am Mund etwas größer. Würde die Tasse tatsächlich ihre Größe verändern, wir würden sie vor Schreck fallenlassen.

Wenn wir einen Gegenstand, zum Beispiel ein Bild in einer Ausstellung oder eine Landschaft in Ruhe betrachten, bleibt das Gesehene immer am gleichen Ort. Wenden wir uns jedoch unserem Partner zu, so verschieben sich alle Abbilder auf der Retina. Trotz dieser Verschiebungen, die ja auch dem zentralen visuellen System mitgeteilt werden, bleibt das Bild an der Wand oder die Teile der Landschaft subjektiv unbeweglich am gleichen Ort. Wir erleben folglich etwas ganz anderes als in unseren Augen abgebildet wird. Wir erleben Stillstand, obwohl sich das Bild auf der Retina bewegt.

Alle diese Konstanzleistungen beruhen auf gelernten Abstraktionen. Dadurch werden Eigenschaften von Gegenständen unabhängig von zufälligen Wahrnehmungsbedingungen erkannt. Das spezifische Draußen wird folglich durch determinierte Strukturen von innen vorbestimmt. Das unbewusst Erlernte, das erfahrene Wissen über die Welt ermöglicht uns erst, die Welt zu erkennen. Die Ergebnisse solcher Synthesen projizieren wir hinaus und »sehen« sie dann auch so. Die Tatsache, dass es sich beim Erkennen um eine Aufbauleistung handelt, hat diesem Phänomen seinen Namen eingetragen: Konstruktivismus. Es heißt sogar radikaler Konstruktivismus; radikal, weil es sich, bis in seine entwicklungsgeschichtlichen Wurzeln hinein, ausschließlich um Konstruktionsleistungen handelt, und um nichts anderes.

Seine historischen, erkenntnistheoretischen Wurzeln reichen bis in den Skeptizismus der griechischen Antike zurück. Demokrit (ca. 470 – 380) erklärt schon im 5. Jahrhundert vor Christus, *»dass wir nicht erkennen können, wie in Wirklichkeit ein jedes Ding beschaffen oder nicht beschaffen ist«*.

Die Aufgabe der Wahrnehmung besteht nicht in der Vermittlung von Wahrheit – so ist es und nicht anders – oder in der Erfassung einer uneingeschränkten, totalen, eineindeutigen Wirklichkeit, sondern in der Entwicklung eines Bildes der äußeren Welt, das es einem Individuum ermöglicht, sich in seiner Umwelt zu Recht zu finden. Das Bild muss nicht vollständig sein, sondern nur artspezifischen Anforderungen genügen. Natürlich existiert objektiv, unabhängig vom erkennenden Tier oder Mensch, eine reale Außenwelt. Das stellt niemand in Frage. Der Stolperstuhl hat sie schmerzlich in Erinnerung gebracht. Nur ihr Erscheinungsbild ist vom Sehenden abhängig. Der Biologe weiß, so sagt Konrad Lorenz in seinem Buch über »tierisches und menschliches Verhalten«, dass die Sinne ›engstirnig‹ auf die praktischen Belange der Arterhaltung ausgerichtet sind, und dass sie aus der Wirklichkeit gerade nur das und gerade nur so viel herausschneiden, wie für die Belange des Individuums wichtig sind, und dass sie auf diese Weise ein ›schiefes‹ Bild der Realität liefern. Aus diesem Ausschnitt und aus den Erlernten Erfahrungen wird sekundär eine Wirklichkeit konstruiert.

Philosophen, Psychologen und Biologen unterscheiden deshalb zwei Wirklichkeiten: Eine Wirklichkeit erster Ordnung und eine Wirklichkeit zweiter Ordnung. Dem Stolperstuhl an sich kommt die Wirklichkeit erster Ordnung zu. Das ›schiefe‹ Bild, das wir von ihm sehen – wenn wir ihn sehen – bleibt immer eine Wirklichkeit zweiter Ordnung. Umwelt kann deshalb nur eine Wirklichkeit zweiter Ordnung sein.

Draußen ist drinnen, Argumente für ein neues Verständnis von Umwelt

Kapitel 8

» ... Alles Vieh ruht auf seinen Weiden,
Die Bäum und Gewächse gedeihen,
Die Vögel flattern über ihren Sümpfen,
Die Flügel erhoben in Anbetung zu dir.
Alle Antilopen tanzen auf ihren Beinen,
Alle Geschöpfe, die in der Luft und die sich niederlassen,
Sie leben, wenn du auf sie geschienen hast. ... »

Aus dem Sonnengesang Echnatons
(Pharao 1364 – 1348 v. C.)

Von der Reduktion zur Konstruktion

In den zurückliegenden Kapiteln war zunächst vom ersten Informationsbereich die Rede, der auf der genetischen Ebene der DNS – Gedächtnismoleküle basiert. Daran schloss sich der zweite Bereich an, der die Sinneseindrücke zur Orientierung bereitstellt und darüber hinaus die Grundlagen des Lernens bildet. Er ist bereits äußerst komplex und vielschichtig. Mit zunehmender Komplexität der Gehirne trat, über die Orientierungsleistungen hinausgehend, noch eine weitere Spezialisierung auf. Die Entwicklung der Gehirne machte es möglich, sowohl die Information selbst, als auch die Art und Weise ihrer Verarbeitung, die ursprünglich nur der Orientierung diente, dauerhaft zu machen. Einsichten des Augenblicks werden so behalten, auf eine höhere Ebene des Erkennens gehoben und bekommen eine neue Bedeutung. (nach Lorenz)

Dem vierten Informationsbereich, der auch die vierte Ebene repräsentiert (siehe Seite 183 f), sei ganz bewusst ein eigenes Kapitel gewidmet, obwohl er sich selbstverständlich nahtlos ans vorherige anschließt, beziehungsweise mit ihm aufs engste verwoben ist. Auf der vierten Ebene sind alle mental-psychologischen Leistungen angesiedelt, vom Denken, Erkennen, von den Emotionen bis hin zum Bewusstsein, zur Persönlichkeit, zum Ich.

In seinem Roman »Nachtzug nach Lissabon« denkt der Psychologe Pascal Mercier unter anderem darüber nach, wie die äußere Erscheinung eines Menschen und sein inneres Selbstverständnis zusammenpassen. Ein Mann sieht sein Spiegelbild und fragt sich, ob es anderen auch so gehe, dass sie sich in ihrem Äußeren nicht wieder erkennen? Kommt ihnen ihr Spiegelbild auch wie eine Kulisse vor, voll von plumper Verzerrung? Bemerken sie auch mit Schrecken eine abgrundtiefe Diskrepanz zwischen der Wahrnehmung, die die anderen von ihnen haben und der Art, wie sie sich selbst erleben? Wie kann es sein, dass die Vertrautheit von innen und die Vertrautheit von außen so weit auseinander liegen können, so dass sie kaum mehr als Vertrautheit mit demselben gelten können? Sehen wir nicht alles in der Erwartung, ihm auf bestimmte Weise begegnen zu können und es dadurch zu einem Stück des eigenen Inneren zu machen? Diese Gedanken von Mercier decken sich mit all den Ergebnissen aus der Gehirnforschung, die uns bestätigen, dass wir gar nicht anders können als externe Informationen mit eigenen, internen zu verquicken und so ausschließlich zu einem persönlichen Stück des eigenen Erlebens zu machen. P. Mercier schreibt wörtlich weiter: »*Die Einbildungskraft schneidet sie zurecht, damit sie zu den eigenen Wünschen und Hoffnungen passen, aber auch so, dass sich an ihnen die eigenen Ängste und Vorurteile bestätigen können.«*

Jede Person sieht sich innerhalb ihrer eigenen Erfahrungswelt und definiert sich dementsprechend. Deshalb kommt dieser vierten Ebene innerhalb des Themas Umwelt eine noch größere Bedeutung zu als den vorausgegangenen. Wie Lorenz unmissverständlich feststellt, haben sich die eben genannten mental-psychologischen Leistungen aus den Orientierungsleistungen heraus entwickelt.

Unsere Sinne geben den Rahmen vor. Bei der Analyse der Vorgänge, die beim Erkennen des Stolperstuhles ablaufen, wurde deutlich, dass zwei komplexe Leistungen zusammen wirken müssen. Die Leistungen der Sinnesorgane, hier Augen, und die Leistungen des zentralnervösen Teils, des visuellen Systems.

Die Leistungen der Augen sind durch die Baueigentümlichkeiten eingeschränkt. Das sind ihr makroskopischer Bau als ›Lochbildkamera‹, der mikroskopische Aufbau der Retina mit den Stützzellen und Sinneszellen und ihre Anordnung, und sowohl der nanoskopische, molekulare Bau der Photopigmente als auch ihre physikalisch-chemische Wirkung. Diese Baueigentümlichkeiten reduzieren die eingehenden adäquaten Reize auf so genannte Schlüsselreize. Diese werden zur Weiterleitung an die nachfolgenden Zentren des Gehirns in Aktionspotentiale digitalisiert.

Bis hierher sind alle Schritte reduktionistisch, das lässt sich nicht wegdiskutieren.

Dabei bleibt es aber nicht.

Aus den Informationen von den Sinnesorganen allein könnte kein räumliches Bild entstehen, das unsere Orientierung im Raum ermöglichen würde. Unser Gehirn benötigt zusätzliche Informationen. Das sind erlernte Erfahrungen über die räumlichen Eigenschaften der Welt um uns herum. Aus diesen beiden Komponenten konstruiert dann das Gehirn eine Wirklichkeit – seine Wirklichkeit. Diese setzt sich aus Fragmenten einer tatsächlich existierenden Realität, gleich Wirklichkeit erster Ordnung, und der mit einbezogenen persönlichen Erfahrungen zusammen. Sie kann deshalb nur eine Wirklichkeit zweiter Ordnung sein. Der Beobachter bestimmt passiv, nicht willentlich, durch seine ihm vorgegebenen Strukturen, das was er sieht, hört, riecht und so weiter. Er ist dadurch aktiver Teil an der Konstruktion seiner Wirklichkeit. Mit anderen Worten, er ist selbst Beteiligter an seiner erfundenen Wirklichkeit. (Siegfried J. Schmidt) Dies alles geschieht schon auf der Ebene der Sinne. Sinne sind gleich Fenster, durch die wir in die Welt schauen. Es sind aber kleine Fenster mit getönten Scheiben, die den Blick einengen und verzerren. Diese Wirklichkeit projizieren wir hinaus und stülpen sie so zusagen der Wirklichkeit erster Ordnung über. Daraus folgt, dass wir bei allem, was wir erleben, nur unsere eigene, selbst konstruierte Wirklichkeit erleben.

Ob Menschen darüber hinaus je die Wirklichkeit erster Ordnung werden erkennen können, an dieser Frage mögen sich die Philosophen und Erkenntnistheoretiker die Zähne ausbeißen. Für das pragmatische Thema hier spielt diese philosophische und erkenntnistheoretische harte Nuss nur eine marginale Rolle.

All diese Vorgänge sind aufs engste mit dem Lernen verflochten. Lernen beginnt mit den einfachsten Orientierungsleistungen. Sich etwas merken, heißt ja schon etwas gelernt zu haben. Von den Lerninhalten wiederum müssen wir uns viele in Eigenregie, in eigenem Erleben, in eigener Arbeit aneignen. Dieses Wissen ist also rein individueller Herkunft. Es umfasst die persönlichen Erfahrungen. Um ein Verstehen der Welt aufzubauen, müssen Kleinkinder zunächst die meisten Dinge begreifen, im wahrsten Sinne des Wortes mit der Hand. Anders lassen sich die im vorigen Kapitel angesprochenen Konstanzleistungen der Größenkonstanz, der Farbkonstanz, der Tiefenschärfe und, und, und nicht erreichen. Neben diesem Wissen, das die Orientierungsleistungen ermöglicht, gibt es noch ein Wissen anderer Herkunft.

Menschen, aber auch schon viele Tiere, verfügen über ein Wissen, das zwar wie alles andere gelernt werden muss, das aber nicht aus der eigenen individuellen Erfahrung stammt, sondern aus den Erfahrungen von Artgenossen. Den Vorgang, durch den erlerntes Wissen von einem Individuum auf ein anderes, von einer Generation auf die nächste weitergegeben wird, bezeichnet Konrad Lorenz auch schon bei Tieren als Tradition. Er war es, der den ersten wissenschaftlich gesicherten Nachweis echter Tradition bei Tieren erbrachte, und zwar bei Dohlen. Viele weitere Beispiele folgten. In seinem Buch »die Rückseite des Spiegels« berichtet Lorenz auch über eine sehr illustrative Begebenheit mit Affen: Japanische Verhaltensforscher hatten Makaken mit Süßkartoffeln gefüttert und nicht darauf geachtet, ob noch Erde daran haftete oder nicht. Ein Weibchen erfand, erdige Süßkartoffeln in einem Bach abzuwaschen. Eine beachtliche mentale Leistung. Offensichtlich hatte sie einen Zusammenhang hergestellt zwischen erdigen, weniger gut schmeckenden und sauberen, besser schmeckenden Kartoffeln einerseits, und dem Vorgang des Waschens andererseits. Es dauerte nicht lange und dieses Verhalten konnte bei einer Anzahl von Affen der gleichen Gruppe beobachtet werden. Sie hatten sich dieses Verfahren ebenfalls zu Eigen gemacht und somit multipliziert.

So illustrativ die Beispiele tierischer Tradition sind, so betont Lorenz doch einen wesentlichen Unterschied zur menschlichen Tradition. Sie alle hängen von der Gegenwart des Objektes ab, auf das sie sich beziehen. Abwaschen kann nur in Verbindung mit einer schmutzigen Kartoffel begriffen werden.

»*Erst das begriffliche Denken und die mit ihm zugleich auftretende Wortsprache machen Tradition vom Objekt unabhängig.*« schreibt Lorenz. Aber auch die Sprache ist noch an gewisse Sachzwänge gebunden. Sie braucht immer einen Adressaten. Selbstgespräche führen nicht zu Tradition. Der Adressat muss verfügbar und in einem aufnahme- und lernfähigen Alter sein. Sprache ist generationsgebunden. Erst die Erfindung der Schrift überwand auch dieses Hindernis. Sie änderte noch einmal Wesentliches. Jetzt war es möglich Informationen in totaler Unabhängigkeit außerhalb von Gehirnen zu konservieren und zu tradieren, ohne Rücksicht auf den Entwicklungsstand oder die Anwesenheit der Nachkommen. Das Maß an Komplexität stieg enorm.

Hawking fügt noch etwas hinzu: »*Noch wichtiger ist, dass sich die Informationen in Büchern rasch aktualisieren lassen. Die Rate, mit der die menschliche DNS gegenwärtig von der biologischen Evolution aktualisiert wird, beträgt ungefähr ein Bit pro Jahr. Hingegen werden jedes Jahr zweihunderttausend neue Bücher publiziert, das heißt, es entstehen pro Sekunde über eine Million Bit neuer Information. Natürlich ist der größte Teil dieser Information Müll, doch selbst wenn im Schnitt nur jedes millionste Bit von Nutzen ist, vollzieht sich dieser Prozess immer noch hunderttausend Mal so schnell wie die biologische Evolution.*«. »*Diese Datenübertragung durch externe, nicht biologische Mittel hat dazu geführt, dass die Menschheit die Welt beherrscht... .*« schreibt er weiter.

Werte

Müsste man hier nicht die bange Frage anfügen: Aber zu welchem Preis? Schließt nicht diese gepriesene Weltbeherrschung eine lange Liste von negativen Auswirkungen mit ein? Was nützt sie uns also? Was nehmen wir in Kauf?

Was nützen gespeicherte Gigabites und zweihunderttausend neue Bücher pro Jahr? Jede Bibliothek ist ein passives, man möchte fast sagen totes Depot. Liegt vielleicht hier der Grund dafür, warum wir in einer Bibliothek nur flüstern: Um die Grabesruhe nicht zu stören? Erst wenn wir die gespeicherten Informationen zurück ins Leben holen, wenn wir sie durch Lesen und dabei ganz unbewusst (manchmal auch bewusst) durch Lernen neu erleben, wenn wir sie wieder in unsere Gehirne packen und dort kritisch bearbeiten, dann erfüllen wir sie wieder mit Leben. Mit Bildern verhält es sich ähnlich. Erst der Betrachter vollendet das Dargestellte.

Wenn wir aus dem Fenster schauen und draußen den Baum sehen, laufen alle beschriebenen Vorgänge ab. Wir weisen ihm sofort die Kategorie Baum zu, weil wir das gelernt und schon vielfach eingeübt haben. Wir haben den Baum also in unserem Gehirn schon längst entstehen lassen. Wieder ist der Betrachter der Beobachter, und somit aktiver Teil des Beobachteten, weil er auf dieser 2. Ebene von außen mit Information aus seinem Inneren verquickt, und so erst die Bilder und Begriffe konstruiert und lernt. Wir interpretieren also die optischen Informationen als Baum.

Dabei bleibt es aber nicht!

Wir tun ein Übriges:

Ob wir wollen oder nicht, ob wir es bewusst tun oder unbewusst, unser Gehirn assoziiert und konstruiert weiter. Den Baum können wir positiv einordnen, weil wir uns an ihm das Jahr über freuen. Wir könnten ihn aber auch negativ als unerwünschten Schattenmacher und als Laubstreuer im Herbst sehen. Er kann uns aber auch völlig egal sein. Wir nehmen in jedem Falle eine Wertung vor. Diese Werte sind keine Eigenschaften des Baumes an sich. Wir nehmen aber diese Wertung vor, weil wir sie auf Grund unseres Wissens oder Nichtwissens hinausprojizieren.

Dabei bleibt es aber nicht!

Sehen wir den Baum positiv, gefällt uns seine Blütenpracht im Frühjahr, genießen wir den Schatten im Sommer und das Vogelkonzert, dann erleben wir ganz konkrete Wechselwirkungen. Wir erleben unsererseits Freude und Annehmlichkeit, der Baum seinerseits bleibt am Leben und wirkt als Lebensraum für zahlreiche Tier- und Pflanzenarten.

Sehen wir ihn negativ, ist er uns ein Dorn im Auge, so werden wir früher oder später zur Säge greifen. Wieder erleben wir eine ausgesprochene Wechselwirkung: Endlich ist der Störenfried beseitigt! Wir erleben Genugtuung, mit all ihren Begleiterscheinungen. Der Baum aber ist zerstört, mit all seinen Begleiterscheinungen. Seine ökologischen Wechselwirkungen, von denen wir nichts wussten, oder schlimmer noch, nichts wissen wollten – sind zerstört. Die Entscheidung auf persönlicher Basis entpuppt sich als weitreichende Entscheidung über die Natur.

Dabei bleibt es aber nicht!

Passende Wirklichkeiten

Die so genannte Wirklichkeit, mit der wir es alltäglich zu tun haben, ist jeweils eine Wirklichkeit zweiter Ordnung. Sie wird durch die Zuschreibung von Sinn, Bedeutung oder Wert an die betreffende Wirklichkeit erster Ordnung ankonstruiert (nach Paul Watzlawick, Wirklichkeitsanpassung oder angepasste Wirklichkeit)

Der Baum an sich vor dem Fenster ist Wirklichkeit erster Ordnung. Aber zwei grundverschiedene Wirklichkeiten zweiter Ordnung entscheiden über sein Schicksal. Im Fall der positiven Einstellung dem Baum gegenüber passen die beiden Wirklichkeiten erster und zweiter Ordnung irgendwie zusammen. Dieses Passen, ganz generell, löst in uns Harmonie, zu mindest positive Gefühle aus. Passen hingegen erste und zweite Wirklichkeit nicht, so löst das ›Nicht-Passen‹ keine guten Gefühle aus, sondern Unbehagen, das sich bis zur Angst steigern kann. Der Regenwald an sich ist eine Wirklichkeit erster Ordnung, da er unabhängig von uns Menschen existiert. Ihn als unerschöpfliches Reservoir für Holz oder Nutzfläche zu sehen ist ganz sicher eine wenig passende Wirklichkeit zweiter Ordnung.

Im Laufe der Evolution bedeutete es fraglos einen großen Vorteil, wenn die nach außen projizierten Bedürfnisse einer Art, ihre Nische, und die wirkliche Welt aufeinander passten. Das gilt immer noch! Für alle Arten, einschließlich des Menschen. In der modernen Zeit wird es jedoch laufend deutlicher und offenbarer, dass die Wirklichkeiten nicht mehr so gut passen. Wir werden wohl kaum je in der Lage sein zu verstehen wie ein Birkenspanner die ihn umgebende Welt wahrnimmt. Aber mit Sicherheit passten seine Wirklichkeit und die Birken aus der Wirklichkeit erster Ordnung reibungslos zusammen – bis der Mensch durch Umweltverschmutzung die Verhältnisse änderte. Dieses Passen drängt das Bild vom Schlüssel und Schloss auf. Das wäre jedoch nur ein Aspekt des Passens. Ein viel wichtigerer Aspekt ist der des ›Funktionierens‹, im Sinne von Wechselwirkungen innerhalb eines Gefüges. Ein weiterer evolutionärer Vorteil lag wohl auch darin, dass Lebensabläufe in der erfundenen Wirklichkeit zweiter Ordnung zeitlich auf Vorgänge in der realen Wirklichkeit erster Ordnung abgestimmt waren. Ein wesentlicher Aspekt des ›Passens‹ scheint die Synchronisation zu sein. Unendlich viele Beispiele sind dafür bekannt.

Zugvögel fühlen äußerst genau die Jahreszeitrhythmen und begeben sich immer rechtzeitig auf Reisen; desgleichen die Wanderherden von Säugetieren, oder die Tiere des Meeres, die nahezu um die ganze Welt schwimmen. Auch standorttreue Tiere synchronisieren ihre Lebensabläufe. Die Wildschweine zeigen es. In einer Rotte erblicken gewöhnlich alle Frischlinge, auch von verschiedenen Müttern, nahezu gleichzeitig das Licht der Welt, weil die Sauen, gesteuert durch Pheromone, alle gleichzeitig in Hitze kommen und trächtig werden. Pheromone sind Hormone, die in die Luft abgegeben werden und so auf alle Artgenossen gleichzeitig wirken. Auch die Paarungszeiten von Räuber- und Beutetieren sind sinnvoller Weise aufeinander abgestimmt. Kein Beutegreifer könnte sich auf Dauer erfolgreich ernähren und fortpflanzen, würde er die Vermehrungsphasen seiner Beute nicht abwarten.

Ein letztes Beispiel sei erlaubt. Haben Sie sich schon einmal gefragt, warum unsere christlich abendländischen Feste Weihnachten und Ostern auf den Winteranfang beziehungsweise Frühling fallen? Die Terminierung stammt aus einer Zeit, in der der Abschluss der Ernte noch große Bedeutung hatte. Keller, Scheune und Fass waren gefüllt. Die Schlachtzeit war vorüber. Die Tage sind kurz. Die damals überwiegend bäuerliche Bevölkerung hatte somit Zeit und frische Nahrungsvorräte. Ein Grund zum Feiern! Ähnliches gilt für Ostern. Wann werden die Lämmer geboren? Im Frühjahr. Und wann legen die Hühner wieder? Im Frühjahr. Auch die Zeit stand noch zur Verfügung, denn die Feldarbeit beginnt erst danach. In anderen Ländern und Kulturkreisen findet sich Ähnliches. Naturfeste gehören zu den ältesten Festen der Menschheit. Sie stehen häufig mit Saat- und Erntezeiten im Zusammenhang, sind also jahreszeitlich gebunden, oder orientieren sich nach Sonne und Mond, nach der Winter- oder Sommersonnenwende, oder nach dem Vollmond. Dies steht im Einklang mit dem wichtigsten Axiom der Kulturwissenschaften. Es besagt, *»dass jede Kultur das System der biologischen Bedürfnisse befriedigen muss; das sind die Bedürfnisse, die bestimmt sind vom Stoffwechsel, der Fortpflanzung, den physiologischen Temperaturbedingungen, dem Schutz vor Nässe, Wind und dem unmittelbaren Einwirken der schädigenden Klima- und Wetterfaktoren, dem Schutz vor gefährlichen Tieren und Mitmenschen, der Erholung zu ihrer Zeit, der Übung des Muskel- und Nervensystems durch Bewegung und von der Regelung des Heranwachsens.«* (Bronislaw Malinowski)

In der Zeit der Globalisierung und Nahrungsmitteltechnik spielen solche Gründe keine Rolle mehr. Sie waren aber einmal von ausschlaggebender Wichtigkeit. Anthropologen, die sich mit den historischen Hochkulturen beschäftigen, stellen fest, dass immer dort, wo sich eine Hochkultur entwickelte, besondere Naturphänomene die Menschen herausforderten.

Brachte es eine Gesellschaft fertig ihre Bedürfnisse und die natürlichen Abläufe ihres Lebensraumes zur Übereinstimmung zu bringen, dann konnte sie sich überdurchschnittlich entwickeln. Ein Beispiel wie Synchronisation zur Hochkultur führen kann ist, neben vielen anderen, das antike Ägypten. Der Nil ermöglichte durch seine jährliche Ablagerung von fruchtbarem Schlamm ein reichliches Nahrungsangebot. Dieses führte zum Wohlstand der Gesellschaft und zur Kultur.

Beginnend mit den einfachen Orientierungsleistungen konstruieren die Menschen ihr Bild von der Welt. Die Übergänge von den Orientierungsleistungen zu den Kulturleistungen sind so fließend, dass sie im täglichen Leben kaum unterschieden werden können. Treibende Kraft für die Konstruktion ist immer die Fülle der Sinneseindrücke.

Wir nehmen die Welt um uns herum, die Natur draußen, die grüne Welt, die Wohn- und Arbeitswelt, die graue und die kulturelle Welt mit unseren Sinnen auf. Dabei bewegen wir uns wie in einem überdimensionalen Warenhaus. Alles um uns herum ist das Angebot für unsere Sinne. So wenig der Einzelne das gesamte Warenangebot eines Kaufhauses nützen kann, so wenig können wir die gesamte Bandbreite aller auf uns einstürzenden Informationen verwerten. Wir sind via Sinnesorgane überflutet mit Eindrücken, überreizt und gestresst. Um Orientierungsleistungen überhaupt möglich zu machen, muss Ordnung in dieses Chaos gebracht werden. So sind wir gezwungen zur Auswahl! Wir haben gelernt zu selektieren. Welche Gründe und welche Mechanismen der Auswahl zu Grunde liegen, ist hier nicht von Belang, es interessiert nur die Tatsache selbst, dass selektiert wird. Man bezeichnet die Summe aller Auswahlmechanismen und Kriterien als Filter der Aufmerksamkeit. Das erste Ordnungsprinzip besteht folglich darin, das überreiche Angebot auf ein erträgliches Maß zu reduzieren. Als zweites Ordnungsprinzip leisten auch hier Kategorien hervorragende Dienste. Erst dann sind Vergleiche und Wiedererkennen möglich. Als drittes kommt hinzu, dass solchen Kategorien auch Wertigkeiten beigemessen, und sie in wichtige, weniger wichtige und unwichtige eingestuft werden können.

Nun ist es ein allgemein bekanntes Phänomen, dass das Naturangebot im modernen Leben im Konkurrenzkampf mit allen anderen Angeboten eine eher untergeordnete Stellung einnimmt. Durch die Desynchronisation der Wirklichkeiten, – ich denke da an die Dauerbeleuchtung unserer Städte und Gemeinden in der Nacht, oder an den sommers wie winters gleichen Straßenverkehr, oder an das ganzjährige Obst und Gemüseangebot, an die Möglichkeiten, im Sommer in Hallen Schifahren zu können, u. v. a. – verliert die Natur immer mehr an Bedeutung. Sie bleibt in wachsendem Maße im Filter der Aufmerksamkeit hängen.

Erklärungsversuche

Bleibt das Staunen über Neues, über noch nicht Verstandenes. Bereits Plato soll erkannt haben, berichtet Aristoteles, das Staunen veranlasse schon von Beginn an die Menschen zum Philosophieren und tue es auch jetzt noch. Im Kantschen Weltbegriff ist die Philosophie die Wissenschaft von der Beziehung aller Erkenntnis auf die wesentlichen Zwecke der menschlichen Vernunft. Auch die Philosophen Karl Jaspers und Karl Popper gehen von den Realitäten des Lebens, den anschaulichen Erfahrungen aus, um von daher zum Grund der Dinge zu finden. Philosophie ist nicht das Monopol von Gelehrten, sondern betrifft das was jedermann notwendig interessiert. Sie entspringt also aus der Natur des Menschen und in jedem Menschen philosophiert es, ob er das will, oder nicht. Das Philosophieren, das Fragen und Antworten suchen, ist uns durch unsere Natur aufgegeben; dem einen mehr, dem anderen weniger. (Popper) Die Denkanstöße kommen zwar aus den Erfordernissen des Lebens, aber wir lernen auch, den fundamentalen Fragen im Alltag keine weitere Bedeutung beizumessen. Täten wir es, dann wäre es, als ob wir uns beim Einsteigen ins Auto jedes Mal die Funktion des Motors, der Bremsen und des Getriebes vergegenwärtigten und verstehen wollten.

Auf die Fragen des ›Woher‹ und ›Warum‹ konstruieren wir Antworten. Die Suche nach Erkenntnis wurde von Anfang an, von mythisch-religiösen Deutungsversuchen geprägt. Seit die Menschen denken, dachten sie über die brennende Frage ihrer Herkunft nach. Philosophieren hieß schon immer fragen, nach den fundamentalen Strukturen der Wirklichkeit, wie wir davon wissen können, und nach welchen leitenden Grundsätzen wir wollen und handeln sollen. Jede Epoche formulierte ihre eigenen Vorstellungen, basierend auf dem jeweiligen Erkenntnisstand ihrer Zeit. Die Antworten auf die Fragen des ›Woher‹ und ›Warum‹ finden sich in den Schöpfungsberichten.

Ein Schöpfungsbericht beschreibt, wie Menschen ihre Einsichten über sich selbst, die Welt und die Natur zu formulieren und zu verbinden begannen. Damit wäre der Schöpfungsgedanke ein Suchen nach den Geheimnissen des Organismus. (nach Goodman-Thau, zitiert aus Maturana Seite) Ein Suchen nach Erklärungen für die Wechselwirkungen zwischen den Menschen und der ihnen bekannten Welt. Also zu ihrer Wirklichkeit zweiter Ordnung! Heute nennen wir diesen Erkenntnisstand Weltbild. Es entstanden im Laufe der Menschheitsgeschichte viele verschiedene Versionen und in ihnen die Theorien über die Entstehung des Lebens und der damit verbundenen Herkunft des Menschen. Aus der überlieferten Geschichte kennen wir über hundert verschiedene Schöpfungsmythen. Ich bin überzeugt davon, dass die Anfänge des Denkens unserer paläontologischen Vorfahren und die Anfänge der Erklärungsversuche ihrer Herkunft zusammenfallen. An den Wurzeln unseres Denkens gab es nur eine Wirklichkeit. Es gab nur die ›Wirklichkeit‹, die die Menschen erkennen konnten, ihre Wirklichkeit zweiter Ordnung.

Es gab auch keine Trennung zwischen Wissenschaft und Glaube. Soweit wir überhaupt wissen, ist allen diesen Versuchen mit Ausnahme vielleicht des Buddhismus eines gemeinsam: Sie schaffen einen Bezug zwischen den Menschen und dem Überweltlichen, dem Transzendenten, dem Göttlichen, dem Unfassbaren, dem man sich ausgeliefert fühlte, indem sie einen Schöpfungsakt formulieren. Aus ethischer Sicht ist die Vorstellung vom Schöpfungsvorgang immens wichtig, weil in ihm auch die Normen für die Welt gesetzt werden. Es wird wohl niemand ernstlich bezweifeln, dass solche Ordnungsprinzipien die soziologischen Strukturen förderten und somit einen enormen Selektionsvorteil darstellten. Die auf Glauben basierende Idee der Schöpfung wird auf diesem Wege evolutionsbiologisch wirksam. Evolutionsbiologie und Glaube, Wissenschaft und Religion im weitesten Sinne, schließen sich nicht gegenseitig aus. Beide sind Teile der menschlichen Kultur und wurden erst in der Moderne auseinanderdividiert. Sie brauchen einander. Sie sind somit komplementär. Da stellt sich die Frage, sind die Wirklichkeit erster Ordnung und die Wirklichkeit zweiter Ordnung ebenfalls komplementär? Auch sie brauchen einander. Ohne unsere Kenntnis der Wirklichkeit zweiter Ordnung würden wir nie auf eine Wirklichkeit erster Ordnung schließen. Umgekehrt, ohne eine Wirklichkeit erster Ordnung gäbe es die Welt und uns nicht.

Den Begriff »Komplementarität« hat der Atomphysiker Nils Bohr eingeführt, um darauf aufmerksam zu machen, dass es für jede Beschreibung der Welt eine andere gibt, die ihr widerspricht und sie dennoch ergänzt. Ja es scheint sogar so zu sein, dass für viele Gegebenheiten eine solche komplementäre Ergänzung notwendig ist. Das wissenschaftliche Suchen nach der Entstehung und dem Sinn des Lebens und das Formulieren einer Entstehungstheorie können nicht von einander getrennt werden.

Davon gibt uns in eindrucksvoller Weise der Stein des Tutenchamun Auskunft. Damit meine ich nicht den in Kapitel 4 erwähnten Eisenmeteoriten, sondern einen anderen sagenumwobenen Stein. Er ist gefasst in einem prunkvollen und unschätzbar wertvollen Geschmeide, das Pharao Tutenchamun (1347–1338) einst zu feierlichen Anlässen auf seiner Brust getragen hatte. Man fand es in einer Truhe in der Grabkammer neben dem Sarkophag, als Grabbeigabe wie den Eisenmeteoriten. Es ist eines der aufwändigsten Schmuckstücke des gesamten Grabschatzes. Der altägyptische Goldschmied hatte den auffälligen, hellgrünen, von innerer Wärme kündenden Stein als Blickfang ins Zentrum des Brustschmucks gesetzt. In keinem anderen Schmuckstück als diesem findet sich ein ähnlicher Stein. Er ist einmalig und einzigartig. Stellt sich die Frage, woher kam er und wie gelangte er an den Hof des Pharao?

Ein Karawanenreisender, auf seinem Weg durch die Wüste, muss den Stein gefunden haben, als er im Sonnenlicht aufleuchtete, im Kontrast zum umgebenden Sand. Er hatte dergleichen vorher noch nie gesehen. Was mag ihm, nach dem ersten Staunen, nach der ersten Freude des Entdeckens alles durch den Sinn gegangen sein? Hin und her gerissen zwischen Freude und Ehrfurcht hebt er den vermutlichen Stein auf. Dessen weitere Verwendung legt nahe, dass er ein himmlisches Geschenk der Götter glaubte in Händen zu halten. Sollten die Götter ihm, einem einfachen, unbedeutenden Karawanenführer, unterwegs mit seinen Eseln, ein solches Geschenk machen? Wohl kaum! Nur dem Gott auf Erden allein, dem Pharao gebührte ein solches Göttergeschenk. Er sah sich selbst schon in der hohen Gunst der Götter und reichlich beschenkt, war er doch auserwählt, der Finder zu sein. So brachte er diesen Stein über 700 km weit aus der Wüste – man kennt heute den Fundort – bis an den Nil und überbrachte ihn dem Pharao.

Der namenlose Goldschmied hat wohl das, was ihm der Finder erzählt haben mag, umgesetzt und in die damalige Mythologie einbezogen. Der Stein, zu einer Gemme geschnitten, die den jugendlichen Sonnengott in Gestalt eines heiligen Skarabäus darstellt, ist zugleich Kopf und Körper eines Vogels mit ausgebreiteten Schwingen. Er hält die Himmelsbarke mit dem Horusauge und darüber erhebt sich die Mondsichel.

Wasser und Sonne, die Garanten für die Fruchtbarkeit stehen im Zentrum des Glaubens. Die Götter erschufen einst alles Leben aus dem Wasser des Urozeans Nun. Gespeist vom Blauen Nil, bringt der Fluss Nil im Unterlauf durch seine periodisch wiederkehrenden Überschwemmungen auf wundersame Weise Fruchtbarkeit und Leben und nimmt sie während der Trockenphase wieder zurück.

Den Raum zwischen Himmel und Erde füllt die Sonne aus, die im Alltag der Ägypter ein großer, beherrschender Faktor war. So wie die Menschen die scheinbare relative Bewegung der Sonne und des Mondes wahrgenommen haben, so glaubten sie, seien sie real und fügten sie in ihr Weltbild ein. Der Sonnengott fährt am Tag mit seiner Himmelsbarke von Horizont zu Horizont und in der Nacht durch die Unterwelt. Das Wissen, dass der Fluss die unfruchtbare Dürre durch Überschwemmung besiegt und dass die Sonne jeden Morgen die Unterwelt überwindet, bestärkte die Menschen in ihrem Glauben, dass sie, gleich der Sonne und dem Nil, den Tod werden bezwingen können. Hier drängt sich eine Parallele zum christlichen Glauben auf: Auch da wird der Tod bezwungen – durch Christus. Interessanterweise wird die aufgehende Sonne auch für ihn als Symbol verwendet. Dies wird dadurch deutlich, dass die überwiegende Mehrheit abendländischer Kirchen nach Osten, der aufgehenden Sonne entgegen, ausgerichtet ist.

Das Geschmeide symbolisiert somit die kosmische Ordnung und den ewigen Zyklus allen Lebens. Die Betonung liegt auf »allen Lebens«. Was heute, rund 3000 Jahre später, Naturschützer, Umweltverbände und die Ethikkommission der Kirchen fordern, war den antiken Ägyptern vertraut und selbstverständlich. Nach ihrer überlieferten Überzeugung hatte der Schöpfergott keines seiner Geschöpfe zum Herrn über andere gesetzt. Das Tier, zum Beispiel der Karawanenesel, war nicht Sache sondern Partner. Die Gleichrangigkeit drückt Pharao Enchnaton (1364 – 1348) in seinem Sonnengesang aus, der als Eingangszitat zu diesem Kapitel steht. So verwundert es nicht, dass sich die Gemeinsamkeit auch im Jenseits fortsetzt und, dass auch Tiere vor dem Jenseitsgericht als Kläger auftreten konnten. Und heute? Heute werden sie juristisch nur noch als Sache betrachtet. Welch eine Abwertung! Wir sollten uns schämen! Wir haben uns damit selbst abgewertet!

Wie wir erst seit einigen Jahren wissen, war die Interpretation des Finders des Steines – wenn sie so war – gar nicht so abwegig. Der Stein aus der Tiefe der Zeit war tatsächlich ein Geschenk des Kosmos. Da in allen Zeitaltern Chalzedone in der Steinschneidekunst die am häufigsten verwendeten Schmucksteine waren, lag es nahe, auch in diesem besonderen Stein einen Chalzedon zu sehen. Chalzedone sind Quarze, die durch auskristallisieren aus bis zu 400°C heißen wässrigen Lösungen im Inneren der Erdkruste, zum Beispiel als Auskleidungen oder als Ausfüllungen von Hohlräumen entstehen. Durch Beimengungen von diversen Metallen kommen sie in vielen verschiedenen Farbvariationen vor, als Achat, als Jaspis oder als Onyx, um nur einige wenige zu nennen. 1998 untersuchte der italienische Mineraloge Vincenzo de Michele den Skarabäus und stellte fest, dass er nicht aus Chalzedon, wie bisher angenommen, sondern zweifelsfrei aus Wüstenglas besteht. Dieses Wüstenglas ist hochreines Siliziumoxid und zählt zu den seltensten Mineralien, die auf der Erde vorkommen, sehr viel seltener noch als Diamanten. Es besteht des Weiteren kein Zweifel, dass das Wüstenglas durch ein kosmisches Ereignis vor 28 – 29 Millionen Jahren auf diese Welt kam, wie die Altersbestimmung ergab. Ein Meteorit schlug auf quarzhaltigen Untergrund. Seine Einschlagsenergie war so groß, dass sie den Quarz zu Glas schmelzen ließ.

Naturwissenschaften, Geisteswissenschaften und Glaube haben unbestritten ein und dieselben Wurzeln. Sie entstammen sowohl der Notwendigkeit, als auch der Neugier, sowie der Freude an der Suche und am Finden von Erklärungen. Geist und Intellekt sind ausschließlich interne Fähigkeiten unseres Gehirns, auch wenn sie von außen abhängig sind und wieder nach außen wirken. Obwohl die Anfänge im Dunkeln liegen, so können wir doch bereits bei sehr frühen Entwicklungsstufen anhand fossiler Zeugen, auf weit reichende, geistige Auseinandersetzung mit Lebensfragen schließen. Als solche fossilen Zeugen können neben den Höhlenmalereien auch die so genannten Petroglyphen gelten, das sind in Stein eingeritzte Darstellungen von Tieren, Menschen und Gebrauchsgegenständen. Des Weiteren darf mit Gewissheit angenommen werden, dass zunächst die Beantwortung solcher Fragen einheitlich geschah und die Trennung in Wissenschaft, Religion und Philosophie erst in jüngerer Zeit vorgenommen wurde. Vorher waren Religion, Magie, Heilkunst und Philosophie eins. Sie waren normative Instanzen und Lebenstheorie. Wertvorstellungen und ethisch zusammenhaltende, einende Strukturen haben sich immer an der Natur orientiert.

Nachfolgende Religionen haben einige Aspekte aus der Ägyptischen Mythologie übernommen, leider aber nicht das Verständnis von der Natur als Partner. In Holle, Welt- und Kulturgeschichte, bezeichnet der Autor die Einstellung des Menschen zur Natur als »*Die Auflehnung des Menschen gegen die Natur*« und erklärt: »Höhlen war der Wohnraum von Raubtieren. Dieser wird Ihnen streitig gemacht. Durch die Besiedlung der Höhlen wird zum ersten Mal eine erfolgreiche Auflehnung gegen die natürlichen Gegebenheiten beobachtet. Hinzu kommt, dass der Mensch sich von einer höheren Macht abhängig glaubte und deren Wohlwollen zu brauchen meinte. Die Welt um ihn herum war nicht einfach mehr vorhanden, sondern sie war für ihn da! Aus allem spricht eine neue Einstellung des Menschen zu seiner Umwelt. Ab jetzt konstruiert er Werte. Es genügt ihm nicht mehr, diese Welt zu verstehen. Er sucht sie nun auch zu verändern. Von hier aus führt der Weg konsequent zu unserer heutigen Einstellung. Der Mensch löste sich immer mehr von den natürlichen Gegebenheiten und beginnt, sich selbst, seine Natur, seine Welt aufzubauen. Damit aber sind alle technischen Neuerungen nicht eine Häufung von Zufällen, oder das Ergebnis von passiv beobachteten Naturerscheinungen, sondern das Ergebnis eines planenden, untersuchenden menschlichen Geistes, der sich vom Zwang der Natur freimachen will.«

Die Natur bot Nahrung, Werkzeug und Schutz. Die logische Konsequenz daraus: »Alles gehört mir.« Die Welt, die Natur, die Umwelt, egal was auch immer man für einen Begriff einsetzen mag, – besitzen kann ich, wie gesagt, nur ein Objekt. Umwelt gleich Natur, gleich Ökosystem, gleich draußen ist ein starker, einprägsamer Inhalt des Phänomens, der der Worthülse Umwelt zugeordnet wird. Keine Frage! Dieser Inhalt ist für viele Menschen einsichtig und nachvollziehbar. Er ist dadurch fest verankert und wird, zum Beispiel beim Müllsammeln, den Kindern weitergegeben, denen er sich durch Erleben nachhaltig einprägt. So wie sie es als Kinder gelernt haben, werden sie es als Erwachsene anwenden und ihren Kindern wieder weitergeben. Da im Alltagsleben meist ziemlich sorglos mit Fachausdrücken umgegangen wird, und mit biologischen sowieso, wirft man Umwelt und Ökosystem in einen Topf und glaubt, die Begriffe beliebig austauschen zu können: »Flatrate Umwelt«.

Objekte lassen sich je nach Wunsch manipulieren, verändern, oder auch ignorieren. Alles haben wir bisher reichlich getan. Über dem Eigenlob, das wir uns ob aller Errungenschaften selbst spenden, sehen wir das Dilemma nicht, in das wir uns hineinmanövriert haben: Den scheinbaren Gegensatz: Subjekt – Objekt, oder hier Mensch – hier Natur!

Subjekt und Objekt sind jedoch keine eigenständigen Größen. Sie stehen sich nicht voneinander unabhängig gegenüber, sondern sind von Anfang an durch Wechselbeziehungen aneinander gekettet. Auch sie sind im Sinne Bohr's komplementär. Denn das eine gäbe es ohne das andere nicht. Gäbe es keine erkennenden Wesen, gäbe es zwar all die Strukturen, aber es wären keine Gegenstände in einer individuellen Umwelt. Der Mensch steht der Natur nicht gegenüber! Er ist ein Teil von ihr. Das Leben jedes Individuums, jeder Pflanze, jedes Tieres und jedes Menschen ist so ausgelegt, dass es in seiner Wirklichkeit zweiter Ordnung, die es, beziehungsweise er für sich auf Grund seiner konstitutiven Merkmale aufbauen muss, zurechtkommt und möglicherweise einen Fortpflanzungserfolg erzielt.

Wer Umwelt nur als die umgebende Natur, als Ökosystem betrachtet, begeht der nicht einen kolossalen Rückschritt? Begibt er sich nicht auf eine Stufe vor der intellektuellen Evolution?

Ich erinnere mich lebhaft an ein Gespräch auf einem Klassentreffen: Wie das eben so abläuft, wenn man sich sehr lange nicht mehr gesehen hat, tauschten wir zunächst Informationen aus über uns selbst, unsere Familien und Berufe und tasteten uns zu einem Wiederkennenlernen vor. Mein Gesprächspartner erzählte stolz und ausführlich von seinem Unternehmen und seinen geschäftlichen Erfolgen – »und was machst du?« – »Ich bin Biologe.« – »Aha, was macht man denn da so?« Eines ergab das andere, und schon waren wir beim Thema Umwelt angelangt. »Da müsstest du dich mit meiner Frau unterhalten. Die interessiert sich dafür« – und damit war das Gespräch abgewürgt.

Wer nur das Wort kennt oder wenig weiß über das Thema Umwelt, der denkt auch nicht darüber nach. Er schiebt es von sich. Auf andere. Wer an der Überzeugung festhalten will, dass Umwelt pauschal alles sei, was uns umgibt, der wird nie eine andere Einstellung zu Umwelt erlangen als Besitz, Eigentum und Verfügbarkeit.

Wir stoßen an unserem Glauben, an unseren Gewissheiten und Überzeugungen an. Sie stehen uns im Wege, um weiter zu denken. In Anlehnung an Jakob von Uexküll´s bildhafte Sprache in seinem Büchlein »Streifzüge durch die Umwelten von Tieren und Menschen« könnte man sagen, dass der Zugang zu ›Umwelt‹ sich nicht jedem erschließt, da gewisse Überzeugungen geeignet sind, das Tor, welches den Zugang bildet, fest zu verrammeln.

Entscheidungsträger, überall auf der Welt, treffen täglich Entscheidungen gegen die Natur. Sie tun dies mit Argumenten, die nichts, aber auch gar nichts mit der Natur zu tun haben – mit naturfremden Argumenten. Um die Natur sollen sich andere kümmern, so lautet eine gängige Ausrede: Ein Verschiebebahnhof der Verantwortung! Es gibt tausend Ausreden und Strategien, sich der Verantwortung zu entziehen. Die genialste ist das Vorschieben der ›Objektivität‹. Objektivität verlangt die Trennung des Beobachters vom Beobachteten (von

Förster Konstruktivismus). Warum ist das so? Ein Beobachter kann nur in seiner Wirklichkeit zweiter Ordnung handeln und das Ergebnis seiner Beobachtung kann deshalb nur eine Wirklichkeit zweiter Ordnung, also etwas Subjektives sein. Eine Objektivität würde jedoch fordern, dass die Eigenschaften des Beobachters, seine Sinnesorgane und sein Gehirn, das Ergebnis seiner Beobachtung nicht beeinflussen würden. Das ist aber nicht möglich! Nichts desto trotz ignorieren wir diese Tatsache und mahnen immer und überall Objektivität an oder berufen uns auf sie.

Der Grund dafür liegt auf der Hand: In einem Gedankengebäude, das auf Objektivität gegründet ist, wird der Beobachter zum unbeteiligten Zuschauer. Somit ist es leicht, sich der Verantwortung zu entziehen. Nicht ich, sondern jemand anderes! Die allgemeine Devise lautet: **Du sollst!** (Siegfried J. Schmidt)

Ein Umweltverständnis entsteht nur sehr schwer oder gar nicht als Resultat von Appellen, oder aufgrund von Argumenten, denen die Menschen nur widerwillig nachkommen, weil sie sie von vornherein gar nicht hören wollen. Man fühlt sich nicht notwendigerweise persönlich einbezogen. Dieser unpersönliche Standpunkt hat schließlich zu den modernen Umweltproblemen geführt und wird deshalb auch in Zukunft wenig zu ihrer Bewältigung beitragen können.

Solange Umwelt in der Gesellschaft kein Thema war, stand rücksichtsloses wirtschaftliches Streben nach Wohlstand im Vordergrund allen Handelns. Erst die Folgen des blinden Wirtschaftens, die sich in den neuartigen Schäden in der Natur offenbarten, zwangen das Augenmerk auf die Verletzlichkeit der Natur. Plötzlich war sie nicht mehr die unerschöpfliche, allgewaltige Ressource. Ein ganz neues Handeln war gefragt, und zwar ziemlich schnell. Viele der wissenschaftlichen Grundlagen für das eingeforderte neue, sinnvollere Handeln fehlten jedoch oder wurden, wenn vorhanden, nicht als solche erkannt und konnten erst im Lauf der Zeit erarbeitet und hinzugefügt werden. Man war also gezwungen auf bewährte Konzepte zurückzugreifen. Nichts lag somit näher als auch die Umwelt im wirtschaftlichen Sinne zu managen, woraus schließlich das heute allgemeingültige Verständnis von Umwelt resultierte.

3. Teil

Das neue Verständnis
Kapitel 9

Wir sind angehalten, in einem neuen Denken zu einem umfassenderen Verständnis unserer Wirklichkeit zu gelangen, in der auch wir uns als Faser im Gewebe des Lebens verstehen, ohne dabei etwas von unserer besonderen menschlichen Qualität opfern zu müssen. Wir lernen, dass wir wie alles andere auch, untrennbar mit dieser wundersamen irdischen Geobiosphäre verbundene Teilnehmende und Teilhaber sind.

Hans-Peter Dürr

Die weiterführenden Gesichtspunkte.

Die Sichtweise »Du sollst« ist mit gravierenden Unzulänglichkeiten behaftet. Darüber hat man vergessen, dass jedes Lebewesen und jeder Mensch je eine ganz individuelle, persönliche Umwelt haben, nämlich die, die jeder im Laufe seines Lebens für sich individuell aufbaut.

Deshalb beschreiben alle Begriffsinhalte und Definitionen im herkömmlichen Sinne Umwelt immer als ein Objekt. Ein eigenständiges Objekt, ein Objekt das auf die Lebewesen einwirkt, also selbständig agieren kann. Dieses vermeintliche selbständige Agieren verstärkt natürlich die Vorstellung von einem fremden Objekt, einem Objekt das keinen unmittelbaren persönlichen Bezug des Betrachters erkennen lässt, sondern nur einen mittelbaren, einen unpersönlichen.

Wenn ich Umwelt nicht als ›biologische Umwelt‹ definieren soll, weil sie angeblich zu eng sei, wie im Enzyklopädischen Lexikon Brockhaus von 2006 behauptet wird, (siehe Definitionsbeispiel 6, Seite 57), als was definiere ich sie dann? Hier muss man sich doch fragen, kann ich denn Umwelt auf zweierlei Weise definieren? Einmal einfach als eine Welt voll von Dingen, die einfach existieren und alles unabhängig von jeglichem Lebewesen umgeben, oder aus der Sicht von Lebewesen? Das erstere hieße, dass auch unbelebte Materie eine Umwelt hätte. Materie neben Materie, Unbelebtes neben Unbelebtem, Totes neben Totem! Wenn dem so wäre, müsste man bei allen physikalischen Abläufen ja schon von Umwelteinflüssen sprechen. Rein formal tut man das auch, etwa bei der Zerstörung historischer Fassaden durch Abgase, oder das Zerfressen von Beton durch Streusalz. In allen technischen Belangen lassen sich die herkömmlichen Inhalte von Umwelt nicht einfach beiseite fegen. Als Zweckdefinitionen für die Bereiche der modernen Umwelttechnologie, des Umweltmanagements, sowie für die Komplexe des nationalen und internationalen Umweltrechts, werden sie weiterhin ihre Gültigkeit behalten müssen. Die zugehörigen Fachausdrücke sind längst etabliert. Daran rütteln zu wollen wäre töricht und auch nicht praktikabel.

Sie widersprechen allerdings der ursprünglichen Verwendung des Wortes Umwelt. Goethe meinte tatsächlich die Welt um ihn herum, die seine Sinne anregte. Das entspricht auch dem Umweltbegriff von von Uexküll.

Die Ergebnisse aus der Sinnesphysiologie und Gehirnforschung sprengen die Vorstellungen des herkömmlichen Begriffes. Dieser ist zwar historisch gewachsen und kommt deshalb nicht ganz von ungefähr, ob er aber in der modernen Zeit noch sinnvoll ist, darf bezweifelt werden.

Er kann nicht objektiv sein, da er doppelt beschnitten ist. Alle sensorischen Systeme, die Sinnesorgane mit ihrer jeweils zugehörigen zentralnervösen Verarbeitung, konstruieren eine Wirklichkeit zweiter Ordnung. Daraus schneiden die, von den persönlichen Erfahrungen abhängigen Wertungen nochmals einen Ausschnitt aus. Diese Wirklichkeit zweiter Ordnung stellt den individuellen Erlebens- und Handlungsraum dar, der sich erheblich von der pauschalierenden Sichtweise, alles was umgibt sei Umwelt, unterscheidet. Das Konstruieren ist ein Prozess, mit dem sich Individuen erst die Möglichkeit erfolgreichen Handelns und Kommunizierens schaffen. Von Glaserfeld lässt keinen Zweifel daran, dass Wahrnehmung und Erkenntnis **keine** abbildende Tätigkeit, sondern eine konstruktive Tätigkeit ist.

Sehr enthusiastisch erläutert Paul Watzlawick hierzu sinngemäß: Auf die Entstehung und die Lösung menschlicher Probleme angewandt, bedeutet dies, dass wir uns mit dem Leben, unserem Schicksal, und der Natur in Einklang fühlen, solange die von uns konstruierte Wirklichkeit zweiter Ordnung passt, das heißt nirgends schmerzlich anstößt. Solange wir dieses Gefühl haben, sind wir in der Lage, auch mit großen Widerwärtigkeiten einigermaßen gelassen fertig zu werden. Wörtlich sagt er: *»Der Irrtum, in dem wir alle versponnen sind, ist aber die Annahme, dass eine einigermaßen passende Wirklichkeitskonstruktion die Gewissheit gäbe, die Welt sei ›wirklich‹ so und endgültige Gewissheit und Sicherheit sei damit erreicht. Die möglichen Folgen dieses Irrtums sind schwerwiegend«.* Was Watzlawick hier einen ›Irrtum‹ nennt, bezeichnete von Uexküll, rund neunzig Jahre früher schon, als ›konventionelle Fabel‹! Seine Umwelttheorie besagt, dass die gleiche Welt sich für verschiedene Lebewesen ganz unterschiedlich darstellt und auswirkt. Zweifellos besteht überall ein grundsätzlicher Gegensatz zwischen der Umgebung, die wir um uns Menschen und Tiere ausgebreitet sehen, und den selbst aufgebauten Umwelten.

Dafür, dass seine Ideen nicht weiter verfolgt und weiter entwickelt wurden, gibt es wohl Gründe. Einer davon dürfte der sein, dass die moderne Sinnesphysiologie, sich erst so richtig ab den 50er Jahren des letzten Jahrhunderts, einhergehend mit dem technischen Fortschritt, entwickelt hatte. Erst mit leistungsfähiger Elektronik konnten die Leistungen der Sinnesorgane und des Gehirns immer besser untersucht werden. Je mehr man über die Sinne heraus fand und je fantastischere Leistungen entdeckt wurden, desto deutlicher wurden auch die Beschränkungen sichtbar, die durch den Aufbau der Sinnesorgane bedingt sind. Obwohl von Uexküll noch keine tiefer gehenden sinnesphysiologischen Daten kannte, war er in der Interpretation seiner Zeit weit voraus. Möglicherweise hat seine blumige Sprache die wesentlichen Erkenntnisse kaschiert und nachfolgende Wissenschaftler nicht mehr angesprochen.

Die objektiven Wirklichkeiten erster Ordnung der Umgebung treten nie als solche in den Umwelten auf. Sie werden stets in Merkmale verwandelt, zum Beispiel Hammer, Apfel, Buch, die sie erst zu wirklichen Gegenständen machen. Merkmale sind immer nur Äußerungen des Subjekts, hier gleich Betrachter, und die Objekte einer objektiven Wirklichkeit können nur als **Träger** der projizierten Eigenschaften angesprochen werden. Es gibt also nur rein subjektive Wirklichkeiten in den Umwelten. Was wir von der Welt sehen, unsere Gedanken und Gefühle, die resultierenden Entscheidungen und Handlungen sind nicht das Ergebnis der Erkenntnis der ›wirklichen‹ Welt, sondern immer die Erfassung einer individuell konstruierten Welt. Immer geben persönliche Erfahrungen den Ausschlag: Wann empfinden Sie – nur als Beispiel – etwas als obszön? Was ist schön oder was hässlich, was brauchbar, was nicht? Wie unterscheiden Sie zwischen Recht und Unrecht, zwischen gut und böse? Teilen andere uneingeschränkt ihre Meinungen?

Mittlerweile gilt ›das Konstruieren‹ in der Biologie bereits als selbstverständliche Tatsache. Aber auch schon in die Philosophie, die Psychologie und die Psychotherapie fand das Wissen davon und seine Auswirkungen Eingang, wenn auch nur in Ansätzen. Warum das so zögerlich vonstatten geht?

Zwar betonten bereits die alten Griechen in ihrer naturwissenschaftlichen Philosophie, dass nichts so ist wie wir es erkennen, aber dieser Gedanke setzte sich nicht durch, und zwar bis ins 20. Jahrhundert hinein. Erst mit der Erforschung der Sinnesorgane und ihrer Leistungen wurde allmählich klar, dass unsere Wahrnehmung äußerst beschränkt ist und allein von der Funktion der Sinne und der Arbeitsweise des Gehirns abhängt. Ins allgemeine Bewusstsein der Menschen sind diese Erkenntnisse jedoch noch kaum vorgedrungen. Wer möchte schon sein »objektives Urteilsvermögen« freiwillig aufgeben?

Während das Gehirn die externen Sinnesreize mit erlernten Erfahrungen verarbeitet, entstehen virtuelle Bilder im Kopf. Aber dadurch wird nicht die Realität erkennbar, sondern die bloße Illusion dessen, was wir dafür halten. Ich bin aktiver Teil der Konstruktion meiner Wirklichkeit. Mit anderen Worten, ich bin selbst an meiner erfundenen Wirklichkeit beteiligt (Siegfried J. Schmidt). Diese Wirklichkeit projiziere ich hinaus und stülpe sie der Wirklichkeit erster Ordnung über. Daraus folgt, dass ich bei allem, was ich erlebe, nur meine eigene, selbst konstruierte Wirklichkeit erlebe.

Antonio R. Damaso, nennt dieses Phänomen, da alle sensorischen Eindrücke, wie Sehen, Hören, Riechen, Fühlen, etc. gleichzeitig bearbeitet werden, bildhaft ›*geistige Multimedia-Show*‹ oder ›*Kopfkino*‹. Die Show alias Kino ist ausschließlich privat. Sie ist innerlich und eindeutig subjektiv. Plakativ könnte man es auf folgenden Nenner bringen: Das »Draußen« findet »drinnen« statt. Alles muss zuerst gedacht werden, erst dann können wir es nach außen projizieren. Somit kann der Beobachter kein unbeteiligter Zuschauer sein. Er sieht nur seine eigene Interpretation, nur seine Wirklichkeit zweiter Ordnung. Diese Umwelt eines Individuums ist ein konstitutives Merkmal seines Wesens, grad so wie seine Hand, sein Kopf, sein Handeln, sein Stoffwechsel oder seine Gefühle. Wir können diese Wirklichkeit zweiter Ordnung nicht verlassen, denn sie umgibt uns wie der Raumanzug den Astronauten. Das ist so, ob wir wollen oder nicht.

Der Titel, »Draußen ist drinnen«, nimmt dieses persönliche Einbezogensein schon vorweg. Umwelt kann nicht länger irgendetwas Pauschales, etwas Allgemeines, auch nicht das eigenständige, äußere Objekt sein. Die Welt eröffnet sich nur über die Bereiche, von denen man persönlich Kenntnis hat. Hier kommen die Radiolarien von Abbildung 1, Seite 40 als Symbole noch einmal ins Spiel. Die winzigen, einzelligen Lebewesen sind umgeben von ihrer Skelettschale ohne die sie schutzlos nicht überleben könnten. Mit der äußeren Welt können sie nur durch die kleinen Öffnungen in der Schale in Kontakt treten und alle außen – innen relevanten Lebensabläufe müssen über sie abgewickelt werden. In ähnlicher Weise kann ich nur über die Fenster meines Wissens mit der Welt außerhalb mir selbst in Kontakt treten und wechselwirken! Folglich kommt mein gesamtes Wissen meiner subjektiven Umwelt gleich.

In der Worthülse Umwelt ist noch Platz für diese neue Intension des Begriffs Umwelt, die allen Menschen hilft, ein neues Umweltbewusstsein aufzubauen. Umwelt kann nur das repräsentieren, womit sich jeder individuell auseinander setzt.

Ich selbst! Erkennen und akzeptieren wir diesen persönlichen Bezug, dass ich an meiner erfundenen Wirklichkeit beteiligt bin, dann ist es nicht mehr möglich, sich der Verantwortung zu entziehen: Nicht du, oder jemand anders soll! **Der neue Hoffnungsträger heißt ›Selbstbeteiligung‹. Die allgemeine Devise muss deshalb lauten: Ich! Ich will!**

Motivation

»Es geht alle an«, »Jeder ist gefragt«, »Tu was für die Umwelt« … und wie sie alle heißen die Appelle, die Aufforderungen. Jeder einzelne ist gefragt, ja natürlich, aber nicht mehr, weil andere dazu auffordern, sondern aus eigener Einsicht, aus eigenem Antrieb!

Der menschliche Raubbau an natürlichen Lebensräumen und die Änderung des Klimas zeigen immer deutlicher, wie problematisch Anpassungen sein können. Dies gilt ganz allgemein, obwohl extreme Spezialisten die Probleme am besten verdeutlichen. Sie sind die schwächsten Glieder, die durch Veränderungen am schnellsten bedroht sind. Der Eisbär, als Beispiel, braucht das Eis. Wenn er es nicht hat, stehen sein Jagderfolg, und seine Fortpflanzung und somit letztendlich sein Überleben auf dem Spiel. Die Bilder der frustrierten Bären, denen das Eis unter den Füßen abschmilzt, gingen um die Welt. Sie zeigen eines ganz deutlich: Er leidet Mangel. Die Eigenschaften des Individuums beziehungsweise einer Art bestimmen seine Umwelt. Nicht umgekehrt! Somit ist sie eine von innen nach außen gerichtete Projektion der Bedürfnisse. Solange »die Welt noch in Ordnung ist« und die Bedürfnisse immer gestillt werden, treten sie als solche nicht in unser Bewusstsein ein. Das Fatale an derlei Situationen ist die Tatsache, dass die Aufmerksamkeit meistens erst dann darauf gelenkt wird, wenn nicht mehr gegengesteuert werden kann. Umwelt allgemein kann als **das vernachlässigte oder gar vergessene Bedürfnis bezeichnet werden.**

Umwelt ist ein Grundbedürfnis wie Hunger, Durst, Schutz oder Liebe. Aus Bedürfnissen, ohne die niemand leben kann, entstehen die so genannten Primärmotivationen, im Gegensatz zu Sekundärmotivationen, die von außen herangetragen werden. Motivationen gelten als Motor des Verhaltens. Jeder Pädagoge weiß, dass er, wann immer möglich, die Primärmotivationen fördern soll, denn sie führen zu wesentlich höheren Handlungsbereitschaften als es die Sekundärmotivationen von außen je tun könnten. Dies bietet die Chance, seine eigenen Wertvorstellungen, und Begehrlichkeiten neu zu überdenken – im Kleinen wie im Großen. Noch einmal: Ab jetzt heißt es nicht du sollst, sondern ich soll.

Hans-Peter Dürr gibt uns in seinem Buch »Warum es ums Ganze geht« unmissverständlich zu verstehen: »*Die vielfältigen Krisen, mit denen wir heute konfrontiert sind und die uns zu überfordern drohen, sind Ausdruck einer gei-*

stigen Krise im Verhältnis von uns Menschen zu unserer lebendigen Welt.« Die »ich Komponente« – nicht zu verwechseln mit Egoismus! – zwingt uns zu positivem Denken: Ich akzeptiere, dass alle Lebewesen, Menschen mit eingeschlossen, so wie ich, ihr Leben nach ihren Fähigkeiten aufbauen und gestalten, »konstruieren«, und es deshalb kein höher oder niedriger, kein besser oder schlechter gibt, sondern nur ein im Grunde wertfreies anders, das nebeneinander existiert.

Die Einsichten setzen sich allerdings nur zögerlich durch. Zwar ist es schon erwiesen, schreibt Paul Watzlawick, dass sie auf viel größere Bereiche anwendbar sind, wie zum Beispiel der Managementlehre, den Problemen in Großorganisationen und in Gesellschaftssystemen; dass sie auch auf internationale Beziehungen anwendbar seien, scheint keine Utopie mehr zu sein. Trotzdem stellt er fest: *»Wir stehen erst am Anfang unseres Begreifens der Möglichkeiten, die der Konstruktivismus uns für die Lebenspraxis bietet. Für jeden von uns stellt er eine tiefe persönliche Möglichkeit dar.«*

Nicht das Artensterben, nicht die Klimaerwärmung und nicht die politischen Krisen werden uns zum Umdenken motivieren, sondern nur die persönlichen Einsichten vieler Einzelpersonen, die versuchen den neuen Grundgedanken, die neue Devise sich zu eigen zu machen und zu leben. Dann wird die subjektive Wirklichkeit zweiter Ordnung nicht mit der Wirklichkeit erster Ordnung kollidieren. Die Wirklichkeiten würden zueinander passen und dieses Passen käme dem Frieden gleich. Der Grundgedanke, wenn verwirklicht, würde Bescheidenheit und Toleranz stiften. Die neue Sichtweise verwandelt das bisher passive Element Umwelt in einen aktiven, dynamischen Teil der Persönlichkeit. Wer diesen Zusammenhang in sein Selbstverständnis aufnimmt, verändert sein Weltbild und gibt möglicherweise Anlass zur Nachahmung. Alles Leben ist handeln. Dazu bedarf es der Überzeugung, des Wollens, der Einsicht. Ohne diese werden wir die neuen Denkanstöße, die Möglichkeiten, die uns die neuen Erkenntnisse über Umwelt eröffnen, nicht umsetzen.

Welches Wissen und welche Werte nehmen die Entscheidungsträger von morgen jetzt aus ihrer Kindheit und Jugend mit in das Erwachsenenleben, in ihre zukünftigen Entscheidungsprozesse? *»Einseitigkeit der Erfahrung wird Einseitigkeit des Denkens produzieren!«* warnt Spitzer. Wird ihr Denken noch adäquat oder heillos veraltet sein? Die moderne Gesellschaft unterliegt einem raschen technologischen, sozialen und kulturellen Wandel, der das Leben der

Menschen beeinflusst. Das bedeutet auch, dass immer mehr, und immer schwerwiegendere Entscheidungen getroffen werden müssen. Eine naturwissenschaftliche und technische Bildung ist daher für die Lebensbewältigung in unserer Gesellschaft unerlässlich. Naturwissenschaftliche Inhalte sind Bestandteile von Bildungsstandards. Mit dem neuen Wissen lenken wir unsere Aufmerksamkeit zu einem neuen Umweltbewusstsein und zu einem neuen Umweltverständnis hin. Alle Bereiche, in denen es auf Verständnis grundlegender Zusammenhänge und auf Umweltkompetenzen ankommt, sollten neu gestaltet werden. Umweltbildung darf nicht nur als eine Aufgabe der Schulen gesehen werden, sondern ist ganz sicher ein noch weiter reichendes Feld. Vom Kindergarten bis zum Managerstudium, auf allen Ebenen der Bildung, sollten die Lerninhalte überprüft, entrümpelt und neu gestaltet werden! Sie sollte in alle Bereiche der Bildung eingehen, also auch in alle Berufsausbildungen, wie zum Beispiel des Handwerks, der verwaltenden und beratenden Berufe, einschließlich der akademischen Studienfächer.

So viele neue Erkenntnisse haben sich schon im Laufe der Menschheitsgeschichte durchgesetzt. Uralte Selbstverständlichkeiten wurden mit einem Male hinfällig – nicht immer auf dem einfachsten Wege, aber immer hin:

Lange Zeit hielt man die Erde für eine Scheibe. Heute weiß jedes Kind, dass sie eine Kugel ist. Desgleichen wird wohl niemand mehr ernstlich behaupten, die Erde stünde im Mittelpunkt und die Sonne und die Sterne würden sich um sie herum bewegen. Das heliozentrische Weltbild ist mittlerweile Allgemeingut und zur Selbstverständlichkeit geworden.

Noch vor ca. 100 Jahren übermittelte man im allgemeinen Sprachgebrauch Nachrichten und Grüße über den »Äther«. Er galt in der Physik sowohl als das hypothetische Medium für den Funkverkehr als auch als das Medium für die Ausbreitung des Lichtes im Vakuum. Erst nachdem sich Einsteins Relativitätstheorie durchgesetzt hatte und allgemein anerkannt war, verschwand der Begriff aus der Physik, und damit aus dem Sprachgebrauch und aus dem allgemeinen Bewusstsein.

Auf allen Gebieten werden Forderungen nach Veränderungen nicht nur formuliert, sondern auch angemahnt. Hans Küng fordert ein neues Weltethos und prominente Politiker und Wissenschaftler einen neuen Marshall Plan für die armen Länder. Auch tatsächliche Veränderungen um uns herum beobachten wir. Die Welt verändert sich, das ist von vornherein gegeben. So gesehen bestünde eine berechtigte Hoffnung, dass sich auch ein neues, erweitertes Umweltverständnis durchsetzen könnte.

Leben

Die antiken Naturphilosophen wussten schon, dass die Begriffe ›Stoff‹ und ›Form‹ auf verschiedenen Funktionen und Prinzipien der Natur beruhen, und dass die uns Menschen sichtbare Ordnung ihren Ursprung im Unsichtbaren hat. Leben ist die größte beobachtete Komplexität, entstanden aus der Selbstorganisation der Materie. In dieser Autopoiese findet sich Amorphes zusammen und formt in einer Lebensreaktion neue erkennbare Strukturen, die von der unbelebten Natur grundsätzlich verschiedene Naturerscheinungen sind. Wir können sie als ein geordnetes System definieren, das in der Lage ist, sich gegen die Tendenz zur Unordnung in Kreisprozessen zu erhalten, fortzupflanzen und zu entwickeln.

Geschabtes Blei
79 x 52
2009

Efeu

Ein Ökosystem stellt zwar eine in sich geschlossene und funktionierende Einheit dar, setzt sich jedoch aus schier unzähligen kleinen Untereinheiten zusammen. Der Efeu ist so eine kleine Einheit, die über viele Aspekte mit dem großen Ganzen verwoben ist. Er kann sicher bis zu 500 Jahre alt werden, möglicherweise sogar 1000. Ökologisch besonders bedeutend dürfte sein der allgemeinen Vegetationsperiode gegenläufiger Rhythmus sein. Er blüht erst spät im Jahr und seine Früchte reifen zeitig im folgenden Frühjahr. Somit deckt er in ausgesprochen mageren Zeiten für Viele den Tisch. Sein ganzjährig grünes Blätterwerk bietet vielen Lebewesen Schutz, Nahrung und Lebensraum. Den Menschen dient er als Heilpflanze, die schon in der Antike Hippokrates zu schätzen wusste.

Blei- und Buntstift
46 x 41
2007

Literaturverzeichnis

A New English Dictionary, Volume III ed. by Sir James Murray LL.D. and Henry Bradley,
M.A. Clarendon Press, Oxford 1897.

Abiturwissen Biologie, Lense Fritz Hrsg.
Fischer Kolleg, 2002.

Agenda 21. Bundesministerium für Umwelt, Naturschutz und Reaktorsicherheit,
Köln, Bonn 1992.

Bakadir M., H. Parlar, und M. Spittler, Springer Umweltlexikon,
2. Auflage, Springer Berlin 2000.

Beest, Du Ry van Holle, G. Hrsg.: Welt- und Kulturgeschichte,
Holle Verlag Baden Baden1970.

Biermann F., Simonis U. E.: Institutionelle Reform der Weltumweltpolitik?
Zeitschrift für internationale Beziehungen, Forumsbeitrag 1/2000.

Bildungsplan für Grundschulen in Baden-Württemberg,
1994–2004 Amtsblatt des Ministeriums für Kultus und Sport, Baden-Württemberg.

Bildungsplan für Hauptschulen in Baden-Württemberg, 1994–2004 Lehrplanheft 2 - Haupschule,
Stuttgart, 1994.

Bildungsplan für Grundschulen in Baden-Württemberg, ab 2004 Amtsblatt des Ministeriums für
Kultus und Sport, Baden-Württemberg, Lehrplanheft 1 - Grundschule, Stuttgart.

Brockhaus Enzyklopädie,
Band 28 Mannheim 2006.

Calvin, W.H. Der Strom der bergauf fließt, Eine Reise durch die Evolution, dtv
München, 1997.

Carson, R.: Der stumme Frühling. dtv, 1971

Continenza, B: Charles Darwin, Ein Leben für die Evolutionstheorie,
Spektrum der Wissenschaft, Biographie, deutsche Ausgabe 1999.

Damaso, A.R Wie das Gehirn Geist erzeugt. .
Spektrum der Wissenschaft, Digest, Rätsel Gehirn. 2002

Delius, P. Hrsg. Geschichte der Philosophie Könemann, 2000

Der Duden in 12 Bänden, Hrsg.: Wissenschaftsrat der Dudenredakton,
Dudenverlag 1989.

Der Duden, Band. 4 Grammatik der deutschen Gegenwartssprache,
Dudenverlag 1989

Descartes R. : Meditationes de prima philosophia. Hrsg. Lüder Gäbe,
Felix Meiner, Hamburg 1992.

Die Europäische Norm DIN EN ISO 14001, Umweltmanagementsysteme,
Spezifikation mit Anleitung zur Anwendung, Deutsche Fassung 1996.

Dieter Birnbacher, Bioethik zwischen Natur und Interesse,
Suhrkamp Frankfurt 2006.

Donella Meadows, Dennis Meadows und Jorgen Randes, Beyond the Limits to Growth:
A Report to the Club of Rome, Eduard Pestel, Universe Pub.

dpa/AZ., Washington , 17. 06. 2006. AZ. Nr. 137

Dürr, H-P.: Warum es ums Ganze geht, Hrsg. Klemm, D. Liesenorghs,
F. Oekom München 2009.

Eigen, M.: Leben, in: Mayers Enzyklopädisches Lexikon,
Bd. 14 Lexikonverlag 1979.

Epicharmos, zit. nach: Das große Zitatenbuch, Hrsg. J.H. Kirchberger,
Lexigraphisches Institut, München, 1986.

Ernst Mayr, Walther-Arnt-Vorlesung 26. Juni 2001
http://www.berlinews. de/archiv/2096.shtml

Forschungsraum Europa, Hrsg. Europäischen Kommission, Generaldirektion Bildung und Kultur,
und Generaldirektion Forschung, Brüssel 2000.

Fortey R. Leben, Eine Biographie dtv 1999

Förster H. von, Entdecken oder Erfinden. Wie lässt sich Verstehen verstehen? in: Einführung in
den Konstruktivismus, Piper München 2008.

George, U. Der Stein des Tutanchamun,
Geo Nr. 10/Oktober 2000.

Glaserfeld, E. von, Konstruktion der Wirklichkeit und des Begriffs der Objektivität in:
Einführung in den Konstruktivismus, Piper München 2008.

Godemann J., Michelsen G., Stoltenberg U.: Lehrerinnen – Umwelt – Bildungsprozesse, Ergebnisse einer Studie und Konsequenzen für Lehrerbildung. INFU-Diskussionsbeiträge 21/04
ISSN 1436–4202, Institut für Umweltkommunikation, Universität Lüneburg 2004.

Godeman Thau zit. nach Maturana, H. Was ist Erkennen?
Piper München, 1997.

Goethe J. W. v.: Italienische Reise,
Goldmann 1988.

Gruhl H. Umwelt: Wie lange leben wir noch?
in: Mayers Enzyklopädisches Lexikon, Bd. 24 Lexikonverlag 1979.

Hawking, S. Das Universum in der Nussschale, dtv, 2002.

Hazen, R. M., Lebensursprung, Der steinige Weg zum Leben,
Spektrum der Wissenschaft, 6/2001.

Häder, Donat-Peter (2010). Rock `n´ Roll – Wie Mikroorganismen die Schwerkraft spüren.
Spektrum extra, Europa forscht im Weltraum 114–120.

Hegele S.: Schon morgens super drauf.
Hohenzollerische Zeitung, 15. 04. 2008.

Hollemann, A.F., Wiberg, E. Lehrbuch der anorganischen Chemie,
Walter de Gruyter, Berlin 1964.

Höllische Hitze am Meeresgrund,
Bild der Wissenschaft 8/2006.Haeckel, E.: Kunstformen der Natur,
Prestel, München – New York, 1998.

Humbold, W. v.: Über die Verschiedenheit des menschlichen Sprachbaus und ihren Einfluss auf die geistige Entwicklung des Menschengeschlechts, Paderborn 1998.

Kandel, E.R. Psychiatrie, Psychoanalyse und die neue Biologie des Geistes, Suhrkamp Taschenbuch Wissenschaft, 2008.

Klein S. Tagebücher der Schöpfung, dtv
München 2004

Kniep, R.: Wer nichts als Chemie versteht , …! – Bio und das Feste. in: An den Fronten der Forschung, Kosmos – Erde – Leben, Verhandlungen der Gesellschaft Deutscher Naturforscher und Ärzte, Hrsg. Rolf Emmermann u. a. 122. Versammlung – Halle 2002 .
Hirzl Stuttgart 2003.

Kreeb, K.H.: Ökologie und menschliche Umwelt,
Gustav Fischer 1979.

Kuhlmann, Andreas, Die biologische Debatte in Deutschland.
In: Birnbacher D Bioethik zwischen Natur und Interesse. Suhrkamp, Frankfurt 2006.

Küng, H.: Projekt Weltethos.
Piper, München 2003.

Lojocono E Spektrum der Wissenschaft, René Descartes Biographie 3 2001

Lorenz, K.: Die Rückseite des Spiegels, Versuch einer Naturgeschichte menschlichen Erkennens,
Pieper München1973.

Lorenz, K.: Über tierisches und menschliches Verhalten. Band II,
Pieper München 1965.

Löb, W.: Über das Verhalten des Formamids unter der Wirkung der stillen Entladung. Ein Beitrag zur Frage der Stickstoff-Assimilation.
Berichte der Deutschen Chemischen Gesellschaft Band 46 1913.

Lüpke, G. v.: Unternehmen Menschheit, Startschuss für einen globalen Marshall-Plan:
Natur und Kosmos, August 2004.

Macdougall, J.D.: Eine kurze Geschichte der Erde, Econ Verlag 2000

Malinowski, B. Eine Wissenschaftliche Theorie der Kultur,
Suhrkamp Taschenbuch der Wissenschaft, 2. Auflage 2005).

Maturana, H. Was ist erkennen?
Piper München 1997.

Mayers Enzyklopädisches Lexikon, Bd. 18 Lexikonverlag 1979

Mayr, E.: Das ist Evolution,
Goldmann 2005

Meadows, Dennis, Limits to Growth.
Signet, 1972.

Mercier, P. Nachtzug nach Lissabon, btb
Verlag, 27. Auflage, 2006.

Miersch, Friedrich http://de.wikipedia.org/wiki/Nukleins%C3%A4uren

Miller, A.: Der Wendekreis des Steinbocks. Übersetzung Wagenseil K. Rowohlt,
Hamburg 1964.

Miller S. L.: A production of amino acids under possible primitive earth conditions.
Science. Band. 117, 1953.

Müller, Achim, Prof. Nanokosmos – Die kreative Welt im Kleinsten. in: An den Fronten der Forschung, Verhandlungen der Gesellschaft Deutscher Naturforscher und Ärzte, Hrsg. Rolf Emmermann u. a. 122. Versammlung – Halle 2002 Hirzel Stuttgart 2003

Ökologie und Ethik, Hrsg.: Dieter Birnbacher, Reclam,
Stuttgart 1986.

Palme, H.: Meteorite – Urmaterie des Sonnensystems in: An den Fronten der Forschung,
Kosmos – Erde – Leben, 122 Versammlung Hrsg.
Emmermann R. u. a. Hirzl Stuttgart 2003.

Pauen, S.»Denken vor dem Sprechen« in Gehirn und Geist, Magazin für Psychologie und Hirnforschung, Nr. 1 / 2003.

Pinel, P.J.: Biopsychologie, Hrsg. Wolfram Boucsein,
Spektrum Akademischer Verlag, Heidelberg – Berlin 2001.

Pollard Katherine S., Der feine Unterschied,
Spektrum der Wissenschaft, 07 / 2009.

Popper, K. R.: Alle Menschen sind Philosophen, Hrsg. Heidi Bohnet u. Klaus Stadler.
Piper, München 2002.

Propyläen Weltgeschichte, Herausgegeben von Golo Mann und Alfred Heuß, Band I Vorgeschichte, Frühe Kulturen; Propyläenverlag Berlin, Frankfurt, Wien 1961.

Richtlinie 92/43/ EWG des Rates vom 21. Mai 1992 zur Erhaltung der natürlichen Lebensräume
Roth ? zit. nach Eric R. Kandel, Psychiatrie, Psychoanalyse und die neue Biologie des Geistes,
Suhrkamp Taschenbuch Wissenschaft, 2008 sowie der wildlebenden Tiere und Pflanzen.

Saubere Landschaft ohne Dosenpfand Augsburger Allgemeine Nr. 136 vom 16/17. 06. 2001.

Schaub, H., Zenke, K.G. (Hrsg.) Wörterbuch Pädagogik,
München 1995.

Schmidt, S. J. Vom Text zum Literatursystem, Skizze einer konstruktivistischen (empirischen)
Literaturwissenschaft, in: Einführung in den Konstruktivismus, Piper München 2008.

Schopf, J. W. und C. Klein, The Proterozoic Biosphere.
Cambridge University Press 1992.

Schrödinger, E.: Was ist Leben?
Piper, München 1987.

Schwarz auf weis, Handschrift der Evolution,
Natur Nr. 4 1982.

Spitzer, M.: Lernen – Gehirnforschung und die Schule des Lebens,
Spektrum Akademischer Verlag, Heidelberg – Berlin 2002.

Stern, Horst, Naturschutz und Tierschutz in dieser Zeit,
Mayers Enzyklopädisches Lexikon, Bd. 16, 1976.

Stetter, O.: Feuerzwerge – Zeugen der Urzeit in: An den Fronten der Forschung, Kosmos – Erde – Leben, Verhandlungen der Gesellschaft Deutscher Naturforscher und Ärzte, Hrsg. Rolf Emmermann u. a. 122. Versammlung – Halle 2002 . Hirzl Stuttgart 2003.

Stöffler, D.: Bedrohung aus dem Weltall – Asteroiden und Kometen in: Verhandlungen der Gesellschaft Deutscher Naturforscher und Ärzte, An den Fronten der Forschung, Kosmos – Erde – Leben, 122 Versammlung Hrsg. Emmermann R. u. a. Hirzl Stuttgart 2003.

Terhart, E. et al.: (1994) zit. nach Godeman, J. et al. INFU-Diskussionsbeiträge 21/04 ISSN 1436–4202, Institut für Umweltkommunikation, Universität Lüneburg 2004.

Teutsch, G.M. Lexikon der Umweltethik, Vandenhoeck u. Ruprecht, Patmos, Düsseldorf 1985.

Tribe, L. H. Was spricht gegen Plastikbäume, in. Ökologie und Ethik, Hrsg.: Dieter Birnbacher, Reclam, Stuttgart 1986

Uexküll J. v. und Kriszat, G.: Streifzüge durch die Umwelten von Tieren und Menschen, ein Bilderbuch unsichtbarer Welten, verständliche Wissenschaft, Springer, Berlin 1934

Uexküll J. v.: Kompositionslehre der Natur. Hrsg.: Thure von Uexküll, Propyläen 1980.

Ullmann S.: Grundzüge der Semantik. de Gruyter 1972.

Upfield, A. W.: Bony kauft eine Frau, Goldmann.

Vester, F.: Der Wert eines Vogels, Hrsg.: Studiengruppe für Biologie und Umwelt München, Kösel 1984

Vester F.: Neuland des Denkens, vom technokratischen zum Kybernetischen Zeitalter dtv1985

Völker, D.: Greenpeace Zollenspieker Hamburg V.i.S.d.P. 2/2006.

Warnke, Camilla; Klaus Philosophisches Wörterbuch 1976.

Watzlawick P. Wirklichkeitsanpassung oder ›angepasste Wirklichkeit in: Einführung in den Konstruktivismus, Piper München 2008

Wächtershäuser, G.: Die Entstehung des Lebens in: Verhandlungen der Gesellschaft Deutscher Naturforscher und Ärzte, Unter jedem Stein liegt ein Diamant – Struktur-Dynamik-Evolution; 121 Versammlung Hrsg. E.-L. Winnacker, et al. Hirzel Stuttgart (2001).

Weizsäcker C. F. v.: Die Einheit der Natur, dtv München 1974.

Wessels, K. in: Der Wald in unseren Augen, Hrsg. Verlag Winfried Richter, München 1988.

Westall, Frances und Rosa de la Torre Noetzel, Meteoriten – Steine mit blinden Passagieren? Spektrum extra, ISDN 978-3-941205-48-2)

Winnacker, E-L.: Forschung der Zukunft – Zukunft der Forschung in: Verhandlungen der Gesellschaft Deutscher Naturforscher und Ärzte, Unter jedem Stein liegt ein Diamant – Struktur-Dynamik-Evolution; 121 Versammlung 144 Hrsg. E.-L. Winnacker, et al. Hirzel Stuttgart 2001.

Internetquellen

http://aronson.se/buchmann/0315.html

http://de.wikipedia.org/wiki/Begriff

http://de.wikipedia.org/wiki/Dennis_L._Meadows

http://de.wikipedia.org/wiki/Edicara-Fauna

http://www.de.wikipedia.org/wiki/Definition

http://de.wikipedia.org/wiki/Richard_Feynman/Zitate

http://de.wikipedia.org/wiki/Stromatolith

http://de.wikipedia.org/wiki/UN-Klimakonferenz_in_Kopenhagen#

http://en.wikipedia.org/wiki/Torino_Scale

htp://nachrichten.t-online.de/klimakonferenz-in-Kopenhagen-ergebnis-sorgt-fuer-frust...

http://protozoologie.de/Einzeller_des_Jahres/2007-Paramecium/page.html

http://zeus.zeit.de/text/2004/02/ Meadows_Interview

http://www.abendblatt.de/daten/2008/09/29/944610.html

http://www.astronews.com/news/artikel200309/0309-3p.html Deiters, Stefan

http://www.atmosphere.mpg.de/enid/Ozonloch_2_7/Ozonloch_2_4_1nl.html

http://www.bmu.de/reden/parl_staatssekretaerin_margareta_wolf/ doc /print/35888.php

http://www.clubofrome.org

http://www.chemie.uni-oldenburg.de/pc/al-shamery/pc1/ pc1/bews/wochenschau/katal...

http://www.greenpeace.de/themen/klima/klimapolitik/artikel/
Chronologie der UN-Klimaverhandlungen

http://www.gymun.de/daten/erde11a/tropen.htm

http://www.janko.at/Zitate/DE//041/htm Kierkegaard, S.

http://www.loske.de/116976. 2006

http://www.martin-neukamm.de/print /leben_d.htm)

http:// www.nachhaltigkeit.info/artikel/Bericht_des_club_odf_rome_1972_537.htm 03.07.2006

http://www.phillex.de/def/htm

http://www.stratigraphy.org. Geol. Zeitskala: International Commission on Stratigraphy

http://www.umwelt.schleswig –holstein.de/servlet/is/12193 Geschichte der der Agenda 21.

http://www.uni-erfurtde/sprachwissenschaft/personal/lehmann/CL_Lehr/Begriffe/beg

http://www.uni-stuttgart.de/soz/kvv/index.php
  Rensch, B., Sauter M. Gaugele M. Einführung in die internationale Umweltpolitik

http://www.wald.de/sdw/presse/ walschaden10

http://www.wickipedia. org Internationales Übereinkommen zur Regelung des Walfangs.

http://www.wwf.de/kampagne/indonesien/pressemeldungen/.

http://www.xpbulletin.de/t11540-15.html

Conventz, H. http://de.wikipedia.org/wiki/Hugo_Conwentz

http://de.Wikipedia.org/wicki/Rachel_Carson Special Message on Natural Resources

Register

Aitmatov, Tschingis
Seite 71

Aristoteles
Seite 50, 168, 208

Autrum, Hansjochem
Seite 124

Bakadir, M.
Seite 76

Biermann, Frank
Seite 84

Birnbacher, Dieter
Seite 74, 76

Bohr, Nils
Seite 209

Bolzmann, Ludwig
Seite 120

Brundtland, Gro Harlem
Seite 79

Bush, George W.
Seite 33

Carson, Rachel
Seite 65

Conwentz, Hugo
Seite 72

Crick, Francis
Seite 136

Dalai Lama
Seite 71

Damaso, Antonio R.
Seite 187, 221

Darwin, Erasmus
Seite 150

Darwin, R. Charles
Seite 103, 106, 150

Dellbrück, Max
Seite 151

Demokrit
Seite 197

Descartes, René
Seite 45, 47, 64, 191

Ditfurth, Hoimar von
Seite 71

Dürr, Hans-Peter
Seite 11, 71, 217, 222

Echnaton
Seite 199, 211

Eibel-Eibelsfeld, Irinäus
Seite 73

Eigen, Manfred
Seite 105

Einstein, Albert
Seite 168, 224

Epicharmos
Seite 63

Feynmann, Richard P
Seite 88, 118

Forrester, Jay
Seite 69

Förster, Heinz von
Seite 214 f

Galilei, Galileo
Seite 168

Glaserfeld, Ernst von
Seite 219

Godemann, Jasmin
Seite 24, 49

Goethe, Johan Wolfgang von
von Seite 39, 97, 218

Goodall, Jane
Seite 71

Goodman-Thau, Eveline
Seite 209

Gorbatschow, Michail S.
Seite 71

Gruhl, Herbert
Seite 94

Grzimeck, Bernhard
Seite 73

Haeckel, Ernst
Seite 40f, 61, 72, 97, 103, 106

Häder, Donat-Peter
Seite 175

Havel, Václav
Seite 71

Hawking, Stephen
Seite 124, 154, 167, 168, 203

Hazen, Robert M.
Seite 109, 139

Humboldt, Wilhelm von
Seite 45

Jasper, Karl
Seite 208

Kandel, Eric R.
Seite 189 ff

Kant, Immanuel
Seite 208

Kennedy, John F.
Seite 65

King, Alexander
Seite 69

Kirkegaard, Sören
Seite 93

Klein, C
Seite 107

Klein, Stefan
Seite 143

Kniep, Rüdiger
Seite 123

Kuhlmann, Andreas
Seite 87

Küng, Hans
Seite 11, 71

Lamarck, Jean-Baptiste de Monet
Seite 150, 162

Locke, John
Seite 45

Lorenz, Konrad
Seite 28, 45, 72 f, 117, 179, 181, 196, 200, 202 f

Macdougal, J. D.
Seite 114

Malinowski, Bronislaw
Seite 206

Maturana, Humberto
Seite 94, 138, 141, 177

Mayr, Ernst
Seite 152, 163 ff

Meadows, Dennis
Seite 70, 71, 85

Meadows, Donella H.
Seite 70, 71

Menuhin, Yehudi
Seite 71

Mercier, Pascal
Seite 200

Michelsen, Gerd
Seite 24, 49

Miersch, Friedrich
Seite 135

Miller, Arthur
Seite 19

Milling, Peter
Seite 70

Müller, Achim
Seite 152, 162 f

Obama, Barack
Seite 86

Oparin, Alexander I.
Seite 151

Palme, Herbert
Seite 102

Pauen, Sabine
Seite 189

Peccei, Aurelio
Seite 69

Pestel, Eduard
Seite 70

Pinel, John,
Seite 27, 186, 194

Platon
Seite 50, 168, 208

Pollard, Katherine S.
Seite 166

Popper, Karl R.
Seite 45, 75, 208

Roth, Gerhad
Seite 190, 192

Randers, Jorgen
Seite 71

Schaub, Horst
Seite 24

Schmidt, Siegfried J.
Seite 215, 220

Schopf, J. W.
Seite 107

Schrödinger, Ernst
Seite 10, 124

Sielmann, Heinz
Seite 73

Simonis, Udo E.
Seite 84

Spitzer, Manfred
Seite 25 f, 34, 45, 186 f, 223

Starlinger, Peter
Seite 151

Steiner, Rudolf
Seite 72

Stern, Horst
Seite 73

Stetter, Karl O.
Seite 146

Stöffler, Dieter
Seite 113

Stoltenberg, Ute
Seite 24, 49

Terhart, Ewald
Seite 49

Timoféef-Ressovsky, Niklai W.
Seite 151

Tinbergen, Nikolaas
Seite 160

Tutanchamun
Seite 201, 210 ff

Uexküll, Jakob von
Seite 41, 97, 143, 173, 195, 214, 218, 219

Ullmann, Stephen
Seite 38

Upfield, Arthur W.
Seite 13

Vester, Frederik
Seite 71, 86, 145, 154, 162

Wächtershäuser, Günter
Seite 99 f, 112, 137 ff, 147, 164

Wallace, Alfred
Seite 150

Watson, James
Seite 136

Watzlawick, Paul
Seite 205, 219, 223

Weinzierl, Hubert
Seite 73

Weizsäcker, Carl Friedrich von
Seite 44

Weizsäcker, Ulrich von
Seite 71, 73

Wessels, Klaus
Seite 67

Wiberg, Egon
Seite 110

Winnacker, Ernst-Ludwig
Seite 95 f, 142

Wittgenstein, Ludwig
Seite 37

Wolf, Margarete
Seite 87

Zahn, Erich K.O.
Seite 70

Zenke, Karl G.
Seite 24

Zimmer, Karl
Seite 151

Danke

Mein erster Dank gebührt meiner Frau, hat sie doch mit großer Geduld einen »schreibenden Mann« ertragen. Es war sicherlich nicht immer leicht, wenn er mehr in seinen Umwelten zuhause war als daheim. Ebenso sehr danke ich Frau Heide Kachel für die wiederholte Durchsicht des Manuskripts, für ihre zahlreichen kritischen Anmerkungen und Anregungen. Bei Herrn Professor Dr. K.H. Kreeb bedanke ich mich für seine Literaturhinweise und bei Herrn Jürgen Eberle für seine Beratung. Frau Sabine Heinle danke ich für ihre bereitwillige Hilfe bei den Abbildungen. Meiner Lektorin, Frau Darabas, danke ich für ihre freundliche Zusammenarbeit.

Darüber hinaus haben viele Menschen auf verschiedene Weise – ohne es zu wissen – durch ihre Fragen, durch ihre Teilnahme an einschlägigen Kursen, ihre persönlichen Kenntnisse und Erfahrungen, zu meinem Einblick in das allgemeine Umweltverständnis und damit zur Entstehung dieses Buches beigetragen. Ihnen allen danke ich, ohne sie namentlich nennen zu können. In gleicher Weise danke ich all den Autoren, deren Literatur mich anregte.

Verborgene Beziehungen

Warum regnet es unter manchen Bäumen trotz wolkenlosem Himmel? Warum tragen Erlensamen »Schwimmwesten«? In seinem neuen Buch beantwortet Josef H. Reichhol diese und andere ungewöhnliche Fragen. Er erzählt vom ewigen Wandel der Natur und macht bekannt mit dem Kosmos unserer Wild- und Kulturpflanzen, in dem es so viel zu entdecken gibt: Orchideen, die durch filigrane Schönheit locken, Herbstzeitlosen, die tödliches Gift produzieren, Bruchwälder, in denen der Erlkönig sein Unwesen trieb. Ein Buch wie ein Sommerspaziergang, eine grandiose Hommage an die Natur.

J. H. Reichholf
Das Rätsel der grünen Rose
und andere Überraschungen aus dem Leben der Pflanzen und Tiere

336 Seiten, Hardcover mit Schutzumschlag, 19,95 Euro, ISBN 978-3-86581-194-3

oekom
Die guten Seiten der Zukunft

Erhältlich bei www.oekom.de, oekom@verlegerdienst.de

Neues Denken, neuer Mut

Klimawandel, Kriege, Kapitalismuskrise – der Ausnahmezustand droht zum Normalfall zu werden. Spätestens seit Fukushima ist die Einsicht, »dass sich etwas ändern muss«, so weit verbreitet wie nie zuvor.
In seinem »Wörterbuch des Wandels« reflektiert Hans-Peter Dürr die zentralen Themen unserer Zeit: von A wie Arbeit bis Z wie Zukunft. Der Träger des Alternativen Nobelpreises zeigt Wege auf, wie wir die Krisen bewältigen können, um unser eigenes Leben wie das aller anderen wieder lebendiger werden zu lassen.

H.-P. Dürr
Das Lebende lebendiger werden lassen
Wie uns neues Denken aus der Krise führt

168 Seiten, Hardcover, 17,95 Euro,
978-3-86581-269-8

/// oekom
Die guten Seiten der Zukunft

Erhältlich bei www.oekom.de, oekom@verlegerdienst.de